**《반일 종족주의》의
오만과 거짓**

《반일 종족주의》의 오만과 거짓

전강수

한겨레출판

2부 일제의 경제 수탈을 부정하다

8장 일본군 위안부는 성노예가 아니었다?

2019년 7월, 전 서울대 경제학부 교수 이영훈이 중심이 된 여섯 명의 필자가 '반일 종족주의'라는 희한한 제목이 붙은 책을 출간했습니다. 당시 저는 미국에 있었는데, 출간 소식을 듣자마자 그 책의 위험성을 직감했습니다. 그래서 멀리 미국에서 책을 주문해 읽은 후 두 편의 비판 칼럼을 〈오마이뉴스〉에 기고했습니다. 즉시 학문적인 검토를 하여 사실관계를 정확히 해두지 않으면 장차 큰 혼란이 초래될 수도 있겠다는 판단이 들었기 때문입니다. 그중 첫 번째 칼럼 "'친일파' 비판이 억울? 자업자득이다"(2019년 8월 14일자)는 아마 《반일 종족주의》에 대한 최초의 비판이 아닌가 생각합니다. 제 예상을 뛰어넘어 《반일 종족주의》는 한국과 일본 양국에서 수십만 부가 팔리면서 베스트셀러 반열에 올랐고, 한국의 극우 유튜버들과 일본의 넷우익들은 기다렸다는 듯 이 책의 출간을 열광적으로 환영하며 그 주장을 유포하기 시작했습니다. 가히 '반일 종족주의 신드롬'이라고 부를 만한 상황이 전개된 것입니다. 한국의 극우 정치 세력과 일본의 집권 세력은 이 상황을 흐뭇하게 바라보며 즐기고 있습니다.

《반일 종족주의》바람이 태풍으로 진화하는 모습을 지켜보면서 저는 그 책에 담긴 주장을 칼럼으로 비판하는 수준에 그쳐서는 안 되겠다고 판단했습니다. 이 책을 써야겠다는 마음을 굳힌 것도 그때부터입니다. 그 사이《반일 종족주의》비판서가 여러 권 출간됐습니다. 개중에는《반일 종족주의》필자들이 뜨끔해 할 만한 내용을 담은 책도 있으나, 용어와 표현만 강경할 뿐 막상 비판의 내용은 솜방망이 수준인 책도 있습니다. 특히《반일 종족주의》속의 경제사 서술을 전반적으로 비판한 책은 한 권도 나오지 않았는데, 이는 지금까지의 비판이 정곡을 찌르지 못했음을 뜻합니다. 왜냐하면《반일 종족주의》필자 여섯 명 중 다섯 명이 경제사 전공자로 책의 중심 내용도 일제강점기 경제사 분야를 다루고 있기 때문입니다.

이 책의 주요 비판 대상은《반일 종족주의》의 경제사 서술 부분입니다. 무명의 백면서생인 저를 아는 독자들이 많지는 않겠지만, 만일 저를 아는 분이라면 이 책의 출간을 의아하게 여길 수도 있으리라고 짐작합니다. 부동산 정책 전문가로 알았는데 갑자기 역사 논쟁에 뛰어들어 비판 칼럼을 쓴 것도 모자라 책까지 출간하니 말입니다. 하지만 아마추어가 괜히 쓸데없는 짓을 한다고 생각하지는 말아주십시오. 저는 대학원에서 줄곧 한국경제사, 그것도 《반일 종족주의》의 관심 대상인 일제강점기 경제사를 전공했고 해당 분야와 관련된 주제로 학위논문을 집필한 이력도 있기 때문입니다.

사실 저는 이영훈 교수, 주익종 박사, 김낙년 교수와 제법 특별한 인연이 있습니다. 이영훈 교수와 주익종 박사는 서울대 대학원 시절 안병직 선생 아래에서 동문수학한 사이이고, 김낙년 교수는 저의 고등학교와 대학교 선배입니다. 김낙년 교수도 학문적으로 안병직 선생의 영향을 크게 받았기 때문에 네 사람 모두 안 선생의 제자라고 할 수 있습니다. 오늘날 안병직 선생은 뉴라이트 세력의 정신적 지주로 알려져 있지만, 우리가 대학원에서 공부할 때만 해도 선생은 서울대 운동권의 대부였습니다. 진보적 생각을 가진 수많은 서울대 학생들이 선생의 문하로 집결했습니다. 학부생들은 직간접적으로 그의 지도를 받아서 노동 현장에 뛰어드는 등 험난한 삶을 선택했고, 대학원생들은 그를 닮은 지식인이 되고 싶어서 그의 일거수일투족에 주목했습니다. 선생이 대학원에서 한국경제사 관련 강좌를 개설하면, 경제학과는 물론이고 국사학과나 사회학과 등 다른 학과의 대학원생들이 수강 신청을 하는 바람에 수십 명의 학생들이 비좁은 세미나실에서 어깨를 맞대고 함께 수강하는 진풍경이 벌어지기도 했습니다.

요즘 여러 대학에서 한국경제사는 강좌조차 유지하기 어렵고 대학원에서 전공하려는 학생도 드물지만, 저희가 대학원에 진학할 당시에는 한 해에 신입생 40여 명 중 절반이 그에게 지도를 받으려고 몰려들 정도였습니다. 박정희·전두환 독재에 당당히 맞서는 지식인으로서의 결기와 함께 누구도 따라오기 힘든 연구 열정을 품고 제자들을 지도했던 안병직 선생은 그 시절 저를 포함한 제자들에게 사표師表 그 자체였습니다. 세상 사람들은 선생의 제자 그룹을 '안병직 사단'이라고 불렀습니다. 안병직 사단의 멤버들은 경제학에서 변방 중의 변방인 한국경제사를 전공하면서도 전혀 위축되지 않았고, 오히려 남들이 가지 않는 좁은 길을 존경하는 스승과 함께 걷는다는 사실에 자부심을 느끼며 공부에 매진했습니다.

안병직 사단에는 수제자라고 부를 만한 인물이 몇 명 있었습니다. 이영훈 교수는 그중에서도 단연 발군이었습니다. 명민했을 뿐만 아니라 무척 성실했지요. '서울대 규장각이 소장한 조선시대 사료들을 몽땅 다 읽었다'는 소문이 날 정도로 그는 열심히 공부했습니다. 사료가 있는 곳이라면 전국 어디든 찾아가서 직접 확인할 정도로 철저하기도 했습니다. 그는 조선시대 토지 소유제도, 소농경영, 노비제, 개항기 지주제 그리고 일제강점기 토지조사 사업 등을 주제로 뛰어난 논문과 책을 여럿 집필했습니다. 2016년 12월에는 1천 페이지가 넘는 방대한 분량의 《한국경제사》(전 2권, 일조각)를 출간했는데, 뉴라이트 역사관이 투영됐다는 문제는 있지만 집필을 위해 활용한 자료나 다룬 내용의 측면에서 역대 최고의 한국경제 통사通史로 평가받고 있습니다. 현재 생존한 역사학자 중에 그 정도 역량의 저서를 써낼 만한 사람이 몇이나 있을지 모르겠습니다. 만약 그가 2000년대 중반 역사 교과서 개정 운동과 2016년 이후 이승만 학당을 근거지로 한 극우 사회운동에 발을 담그지 않았다면, 한국경제사 분야에서 역대 최고 연구자의 자리를 굳혔을 것입니다.

《반일 종족주의》의 공저자 중 한 명인 주익종 박사는 대학원 시절, 정직하고 성실한 연구자였습니다. 확실한 자료나 논거 없이 강경한 주장을 펴는 법이 없었습니다. 주 박사는 평양 메리야스 공업을 주제로 좋은 논문을 써서 박사학위를 받은 후, 한동안 일제강점기 조선인 공업을 다룬 논문들을 발표했습니다. 그렇게 계속 연구했더라면 그는 아마 일제강점기 조선인 공업 연구의 최고 권위자가 됐으리라고 여겨집니다.

김낙년 교수는 대학 졸업 후 한국개발연구원(KDI)의 연구원으로 근무하다가 일본 문부성의 장학금 지원을 받아 도쿄대로 유학을 갔습니다. 일본 유학 시절 그는 머리가 좋고 집중력이 뛰어나서 도쿄대 교수들뿐만 아니라 일본 경제사학자들에게 높은 평가를 받았습니다. 귀국 후 그는 동국대 경제학과 교수로 임용됐습니다. 2000년대에 들어 김낙년 교수는 낙성대경제연구소를 기반으로 한국의 장기통계를 추계하는 공동연구를 주도해, 2006년에 《한국의 경제성장 1910~1945》, 2012년에 《한국의 장기통계: 국민계정 1911~2010》, 2018년에 《한국의 장기통계》 1, 2를 연속 발간했습니다. 주익종 박사도 초기에는 이 공동연구의 일원이었습니다. 이 책들은 추계 방법에 문제가 있다는 비판을 받지만, 국내 최초로 20세기 초부터 최근에 이르는 기간의 장기통계를 구축했다는 점에서 국내외 학자들로부터 주목을 받았습니다.

  몇 년 전부터 김낙년 교수는 프랑스의 경제학자 토마 피케티Thomas Piketty의 방법을 활용해 한국의 불평등에 관해 집중적으로 연구하기 시작했습니다. 피케티는 오랫동안 '소득과 부의 불평등' 문제에 천착해온 경제학자입니다. 2014년 4월 하버드대 출판부가 그의 저서 《21세기 자본》의 영어 번역본을 출간한 이후, 불평등 문제는 세계 경제학의 최대 화두로 떠올랐고 그 자신도 '세계 경제학계의 스타'로 급부상했지요. 김낙년 교수의 한국 불평등 연구는 피케티 측의 관심을 끌어, 2014년 그의 연구 결과가 피케티가 운영하는 '세계 불평등 데이터베이스World Inequality Database'(WID)에 등재됐습니다. 덕분에 그는 '한국의 피케티'라는 별명을 얻었는데, 이는 학자로서 최고의 명예라고 할 수 있겠습니다.

제가 《반일 종족주의》의 필자 여섯 명 중 세 명에 대해서만 이렇게 상세히 소개하는 까닭이 있습니다. 다른 세 명의 필자들은 개인적으로 잘 모르기도 하거니와, 연배나 사회적 위치로 볼 때 《반일 종족주의》 출간은 이영훈 교수, 주익종 박사, 김낙년 교수 이 세 사람이 중심이 되어 추진한 일로 여겨지기 때문입니다. 이 세 사람은 대학원에서 공부할 때만 해도 매우 급진적인 사상을 품고 있었습니다. 학문 연구는 이들에게 사회 변혁을 위한 수단이었을 것입니다. 세 사람이 진보적 성향을 벗어던지고 이념적 우회전을 시작한 것은 1990년대 초반이었습니다.

모든 변화의 시초는 안병직 선생의 변신이었습니다. 1980년대 후반, 일본 도쿄대에서 2년간 연구하고 돌아온 선생이 식민지 시대에도 조선인 노동자의 성장이 있었다는 논문을 발표한 것입니다. 선생은 현대 한국경제와 관련하여 중진자본주의론을 설파하는 논문을 집필하기도 했습니다. 일본에 가기 전, 한국에서는 자본주의 발전이 불가능하다는 내용의 식민지 반봉건 사회론을 설파하던 선생이 그때와 전혀 다른 주장을 쏟아냈으니 제자들이나 주위 사람들에게는 큰 충격이었지요. 이미 일본에서 선생은 사상 전향을 했다고 합니다. 훗날 선생은 당시 연옥을 통과하는 고통을 느꼈다고 고백했습니다. 재미있는 점은 안병직 선생의 변모에 가장 강하게 반발했던 사람이 이영훈 교수였다는 사실입니다. 그때만 해도 저는 선생이 기존 식민지사 연구에서 간과됐던 한 부분을 새롭게 조명한다고만 생각했지, 식민지 근대화론을 피력한다는 생각은 전혀 하지 못했습니다. 하지만 그것은 시작에 불과했습니다.

그 후 안병직 선생은 식민지 시절 조선인의 성장이 있었다는 주장을 넘어서 일제의 식민지 개발이 해방 이후의 한국이 고도 성장하는 물질적 기초가 됐다는 식민지 근대화론과, 박정희의 개발독재가 한국의 캐치업Catch-up[1] 과정을 순조롭게 만들어서 고도성장을 견인했다는 개발독재 미화론을 적극적으로 피력하기 시작했습니다. 그러고는 마침내 노무현 정부 시절, 뉴라이트 재단을 만들어 극우 성향의 정치운동을 펼쳐 이명박 정권의 탄생에 결정적으로 기여했습니다. 초기에 조금 갈라진 길이 이렇게 큰 간격을 만들 줄은 정말 몰랐습니다.

안병직 선생의 변신에 반발했던 이영훈 교수도 점점 생각을

---

1   후진국이 선진국의 기술과 제도를 수용할 수 있는 능력을 갖고 있을 때, 경제발전의 수준이 낮더라도 경제성장을 개시해 선진국을 따라잡을 수 있다고 주장하는 경제이론을 '캐치업 이론'이라고 하는데, 이 이론에서 후진국이 선진국을 따라잡는 현상을 '캐치업'이라고 부릅니다.

프롤로그

바꾸기 시작했습니다. 그의 말에 따르면 1993년 '민주화를 위한 전국교수협의회'를 탈퇴하면서 운동권 교수라는 꼬리표를 뗐고, 1997년 IMF 경제위기를 지나면서 그간 미련을 버리지 못했던 마르크스주의와 완전히 결별했다고 합니다. 노무현 정부 시절 안병직 선생의 뉴라이트 운동이 '성공'을 거두게 된 배경에는 이영훈 교수의 '맹활약'이 존재합니다. 그는 안 선생의 변화된 생각을 전폭 수용했습니다. 정년퇴임한 안 선생을 대신해 2002년 서울대 경제학부로 자리를 옮긴 다음부터는 한 번 수제자는 영원한 수제자라는 듯이 스승을 능가하는 뉴라이트 운동가로 자리매김했습니다. 2005년 1월, 이영훈 교수는 교과서포럼을 만들어 고등학교 역사 교과서 개정 운동을 벌이기 시작했습니다. 이 운동은 상당한 사회적 반향을 불러일으키며 뉴라이트 세력에 힘을 보탰고, 2015년 박근혜 정권의 역사 교과서 국정화 계획으로 마침내 결실을 맺었습니다. 물론 그 결말이 초라하기 짝이 없었다는 것은 독자 여러분도 잘 아는 사실입니다.

주익종 박사와 김낙년 교수도 이영훈 교수만큼 격렬하지는 않았지만, 그와 비슷한 사상 변화를 겪었던 것으로 보입니다. 사실 그 세 사람뿐만이 아닙니다. 낙성대경제연구소에 모여 있던 안병직 사단의 멤버 대부분이 그 길을 따라갔습니다. 그 정도로 당시 안병직 선생의 영향력이 대단했던 것이지요. 다행히 저는 그때 한국경제사 연구에서 손을 떼고 있었던 터라 그리 끌려가지 않을 수 있었습니다.

2007년 발간된 안병직 선생과 이영훈 교수의 대담집 《대한민국 역사의 기로에 서다》와 이영훈 교수가 집필해 같은 해 출간한 《대한민국 이야기》를 보면, 《반일 종족주의》의 싹이 제법 선명하게 드러났음을 확인할 수 있습니다. 예컨대 토지수탈설과 쌀 수탈설에 대한 강한 비판이 등장하는가 하면, 노동자 강제동원설·노예노동설에 대한 부정적 평가와 한국정신대문제대책협의회(이하 '정대협') 활동에 대한 폄하도 나옵니다. 하지만 이때까지만 해도 일본 극우세력이 쌍수를 들고 환영할 만한 수준까지는 가지 않았습니다. 동화정책에 따른 실질적인 수탈의 무서운 결과를 이야기하기도 했고, 일본군 위안소 제도는 반인륜 범죄이자 일본군의 전쟁 범죄였으며 일본군 위안부는 성노예였다고 주장하기도 했으니 말입니다.

《반일 종족주의》는 1990년대부터 시작된 안병직 사단의 사상적 우경화가 끝까지 가서 도달한 종착점입니다. 이 책에서 필자들은 아예 식민지 수탈 자체를 부정합니다. 그뿐만이 아닙니다. 책을 읽어가다 보면, '일제가 조선 여인들을 전선으로 끌고 가 위안부로 삼은 사례는 단 한 건도 보고된 바가 없다'(309쪽), '위안부 생활은 어디까지나 그들의 선택과 의지에 따른 것이었고, 위안부

는 위안소라는 장소에서 영위된 위안부 개인의 영업이었다'(325쪽),
'한국은 일본과의 청구권 협상에서 애당초 청구할 것이 별로 없
었다'(122~123쪽), '을사조약의 책임을 이완용과 을사오적에게 돌리
는 것은 옳지 않다. 조약 체결은 고종의 결정이었다'(204쪽), '독도가
한국 영토임을 증명하기 위해 국제사회에 제시할 증거는 하나도
존재하지 않는다'(169쪽)와 같은 극단적인 주장을 여기저기에서 만
나게 됩니다. 그동안 일본 내에서 이런 말을 뇌까리던 일본의 극우
세력이 이 책을 얼마나 반가워했을지는 불 보듯 뻔한 일입니다.

《반일 종족주의》 필자들은 책이 한일 양국에서 베스트셀러
가 됐으니 지금은 기쁠지도 모릅니다. 하지만 시간이 많이 흐르고
나면 반드시 후회할 것입니다. 연구자의 자리를 굳건히 지켰더라
면 역사에 남을 인물이 될 수도 있었을 텐데, 머릿속에 들어간 잘
못된 생각 하나를 뿌리치지 못하고 어설프게 극단적인 사회운동
에 발을 담그는 바람에 '일본 극우세력의 앞잡이'라는 오명을 뒤
집어쓰게 생겼기 때문입니다. 이영훈 교수, 주익종 박사, 김낙년 교
수의 옛 모습을 생생하게 기억하는 저로서는 작금의 변해버린 그
들의 모습에 안타까운 마음을 금할 길이 없습니다.

대표 필자 이영훈 교수는《반일 종족주의》 출간 당시 청와대
민정수석이었던 조국 교수가 자신의 SNS에서 "구역질 나는 책"이
라고 비난하자, 유튜브 채널 '이승만TV'를 통해 반박 영상을 내보

내며 뜬금없이 도면회 교수가 쓴《한국 근대 형사재판제도사》라는 책을 읽기나 한 것이냐고 질문했습니다. 2019년 8월, 자신을 취재하러 간 MBC 기자에게도 먼저 책을 읽었는지 확인했지요.《반일 종족주의》에서도 학부 시절 자신을 가르친 신용하 선생을 향해 총독부가 편찬한 각종 자료를 세밀하게 읽지도 않았고 국유지 분쟁 관련 자료를 조사하지도 않았다고 비난을 퍼부었습니다. 자신들의 주장을 비판하는 상대방에게 관련 자료나 책, 논문 등을 읽었는지 묻는 일은《반일 종족주의》필자들이 보이는 공통된 양상인 듯합니다. 저는 이 모든 것이 그들의 지적 오만을 드러내는 태도라고 판단합니다. 예전의 그들이 보여준 연구 자세를 생각하면 도저히 상상할 수 없는 일이지만,《반일 종족주의》필자들은 책 곳곳에서 과장과 왜곡, 거짓말을 예사로 일삼습니다. 저도《반일 종족주의》를 처음 읽었을 때에는 의심할 생각을 갖지 못했습니다. 그러나 문제가 되는 내용을 곰곰이 따져보고 관련 자료를 일일이 조사하면서 과장과 왜곡, 거짓말의 증거를 찾을 수 있었습니다. 사상의 우경화가 성품의 퇴락까지 동반한 경우일까요? 제가 이 책의 제목을 '《반일 종족주의》의 오만과 거짓'으로 지은 이유는 여기에 있습니다.

《반일 종족주의》는 일제의 경제 수탈, 노동자 강제동원, 일본군 위안부 문제, 독도 문제, 대일본 청구권 문제, 을사오적 평가

문제, 특별지원병 문제, 쇠말뚝 신화 등 중대한 역사적 문제를 광범위하게 다루고 있습니다. 이 모든 문제를 검토하고 비판하기에는 제 역량이 부족하기도 하거니와 자칫 책의 초점이 흐려질 수도 있다는 판단 아래, 검토와 비판의 대상을 좁히기로 했습니다. 이 책이 다루는 주제는 반일 종족주의론, 토지 수탈, 쌀 수탈, 한일 청구권 협정, 일본군 위안부 문제 등 다섯 가지입니다. 노동자 강제동원과 독도 문제도 중요합니다만, 최근 출간된 호사카 유지 교수의 《신친일파》와 정혜경 박사 외 세 사람의 공저 《반대를 론하다》에서 이미 이 두 가지 문제에 대한 《반일 종족주의》의 관점을 적절하게 비판했다는 판단이 들어 제외했습니다. 일본군 위안부 문제에 대해서는 방대한 연구가 축적되어 있고, 최근에 나온 강성현 교수의 《탈진실의 시대, 역사부정을 묻는다》와 호사카 유지 교수의 책에서도 집중적으로 다루고 있지만, 제 나름대로 하고 싶은 이야기가 있어서 분석 대상에 포함했습니다.

2020년 4월 말 이 책의 원고를 완성해서 한겨레출판에 보낸 직후, 《반일 종족주의》 필자들이 새로 쓴 책 《반일 종족주의와의 투쟁》이 출간될 예정임을 알리는 SNS 광고를 접했습니다. 이미 제 손을 떠난 원고이기에 탈고한 그대로 출간할까 고민했지만, 새 책 《반일 종족주의와의 투쟁》에 대한 평가를 담지 않은 채 책을 출간하는 것은 무책임하다고 판단해, 추가 집필을 결심했습니다. 《반일 종족주의와의 투쟁》은 2019년 7월 《반일 종족주의》 출간 이후 제기된 비판에 대해 하나하나 반론하는 형식을 취하고 있습니다. 매에는 장사가 없는 듯, 《반일 종족주의와의 투쟁》은 그간의 비판을 의식해 《반일 종족주의》에서 펼친 무리한 주장을 완화하고 보완하는 내용을 일부 담고 있습니다. 하지만 전체적으로는 기존의 주장을 반복하거나 오히려 더 강경하게 주장한다는 느낌입니다. 방어용으로 새로운 논리나 사실을 제시하기 때문에 지난번보다 더 교묘해졌다는 느낌도 듭니다.

《반일 종족주의와의 투쟁》은 각 장의 서두에 비판자들의 비판 내용을 요약해서 제시하는 상자글을 배치했는데, 그 제목이 '반일 종족주의자 주장하길'입니다. 자신들을 비판하는 사람은 모두 '반일 종족주의자'라는 뜻이겠지요. 입만 열면 학문적 토론이 없다고 불평하던 사람들이 토론 상대를 몽땅 싸잡아 반일 종족주의자로 매도하는 행태를 보면, 진심으로 토론할 생각은 애초부터 없었던 것 같습니다. 그들이 어떤 마음으로 책을 썼건 저는 제 할 일을 해야겠지요. 《반일 종족주의와의 투쟁》에 대한 반론은 이 책의 해당 장에서 구체적으로 밝히도록 하겠습니다.

제가 이 책에서 사용하는 분석의 틀은 《반일 종족주의》의 관련 내용을 요약한 후, 그것이 과연 사실에 부합하는지 여부를 자료와 논리로 검토하는 형식입니다. 저는 논란이 될 수 있는 서술은 가능한 한 하나도 빼놓지 않고 모조리 그 사실 여부를 따져 보고자 했습니다. 분량은 적지만, 《반일 종족주의와의 투쟁》에 대해서도 동일한 방법으로 접근했습니다. 부디 이 책을 통해 진실이 선명하게 드러나기를 바랍니다.

이 책의 구성은 다음과 같습니다. 1부에서는 한국인이 집단적으로 '반일 종족주의'라는 원시종교에 사로잡혀 있다는 주장에 대해 검토합니다. 2부에서는 토지 수탈과 쌀 수탈은 없었다는 《반일 종족주의》의 주장이 어느 정도 근거를 갖는지 따져보고, 어디까지가 진실이며 어디부터가 거짓인지 가려봅니다. 아울러 한일 청구권 협정으로 식민지 지배 피해자의 청구권이 모두 소멸했다는 주장에 대해서도 그 진위를 따져보겠습니다. 3부에서는 일본군 위안부제는 일본의 전쟁범죄가 아니었고, 조선인 위안부는 성노예가 아닌 개인영업자였다는 견해를 비판합니다.

저도 제가 이런 책을 쓰게 될 줄은 꿈에도 생각하지 못했습니다. 1990년대 중반 이후 줄곧 헨리 조지 경제학과 부동산 정책 연구에 천착해왔기 때문입니다. 대학원 시절 일제강점기 경제사 연구에 많은 시간과 노력을 투입했던 것은 그저 박사학위를 따기 위한 투자로 여겼을 따름입니다. 그러다가 《반일 종족주의》 때문에 오래전 떠나왔던 지점으로 다시 돌아오게 됐습니다. 계획했던 일도, 예상했던 일도 아닙니다. 그냥 어쩌다 보니 이렇게 된 것이지요. 필자 중 다섯 명이 경제사학자이고 경제사 분야 서술이 중심 내용인데, 한국의 경제사학자 중 그들과 맞설 사람이 거의 남아 있지 않은 현실을 생각하면, 이 일은 제게 주어진 시대적 소명인지도 모르겠습니다.

책을 쓸 때에는 늘 주위 사람들의 도움을 받습니다. 이번에는 특히 아내의 도움이 컸습니다. 겨울방학 내내 심지어 개학 후에도 코로나19로 인해 집에 머물며 집필하는 저를 위해 단 한 번의 불평도 없이 세 끼 식사와 간식을 챙겨주면서 언제나 그랬듯이 '잘 쓸 수 있다'고 격려를 아끼지 않았던 아내 덕분에, 이 책을 완성해낼 수 있었습니다. 이제는 장성해서 집을 떠나 있는 우리 아이들도 책을 쓰느라 힘들다는 아빠의 말에 밝은 목소리로 응원하며 힘을 주곤 했습니다. 아내와 아이들에게 감사와 사랑의 마음을 전합니다. 원고가 예정보다 한참 늦어지는데도 인내심을 가지고 기다려주신 한겨레출판의 고우리 차장님과, 실력과 겸손함, 그리고 쾌활함을 겸비해서 고된 출간 작업에 활력을 불어넣어준 한아름 편집자에게도 고마움을 전합니다.

1부

《반일 종족주의》의
혐한론

1장

한국인은
'반일 종족주의'에
사로잡혀 있다?

경제적·문화적 선진국에
샤머니즘이라니!

우리 한국인에게 반일 감정이 있다는 말은 사실입니다. 한국의 민족주의가 다른 나라에 비해 강하다는 지적도 크게 틀린 말은 아닙니다. 해방 이후 때로 민족주의가 지나치게 발현되어 여러 가지 잘못된 역사 인식이 형성됐다는 점도 어느 정도는 사실입니다. 그렇다고 해서 다수의 한국인이 '종족주의'에 빠져 있으며, 그것이 반일 감정과 연결된다는 주장이 타당할까요?

우선, 이영훈 교수가 말하는 종족주의가 무엇인지부터 알아봐야겠습니다. 종족주의란 일종의 원시종교입니다. 그는 한국의 정신문화가 이웃을 악(惡)으로 감각하는 오래된 샤머니즘에 긴박되어 있다고 주장합니다. 종족주의의 관점에서는 자유롭고 독립적인 개인이라는 범주가 존립할 수 없고, 오로지 집단만이 중요합니다. 객관적 논변은 허용되지 않고, 그 대신 거짓말이 선으로 장려

됩니다. 한국 '종족'은 일본을 세세의 원수로 감각한다고 하는군요. 그리하여 한국인 집단의 종족주의는 '반일' 종족주의로 구체화합니다. 이영훈 교수는 한국인 집단이 가진 반일 종족주의 때문에 온갖 거짓말이 만들어지고 퍼졌다고 강변합니다. 그것이 다가 아닙니다. 반일 종족주의가 만들어낸 거짓말은 다시 종족을 결속하는 토템Totem의 역할을 한다고 주장합니다. 그에 따르면 소녀상은 반일 종족주의의 대표적 토템입니다.

한국은 경제협력개발기구(OECD) 회원국이 된 지 20년이 넘었고, 2019년 기준 국내총생산(GDP) 규모는 세계 12위를 차지했습니다. 경제적으로는 누가 봐도 선진국입니다. 그뿐인가요. 한류가 전 세계를 휩쓴 지도 이미 오래됐습니다. 2020년 2월에는 한국인이 만든 영화가 미국 아카데미 영화제에서 작품상을 비롯해 4개 부문을 석권했습니다. 주지하듯 영어가 아닌 외국어로 제작된 영화가 작품상을 차지한 것은 아카데미 역사상 최초의 일이라고 합니다. 이쯤 되면 문화적으로도 선진국이라고 불러야 마땅하겠지요. 한국이 이룩한 경제적·문화적 성과는 경제활동의 자유와 개인의 창의성이 충분히 보장되지 않고서는 불가능한 성취들입니다. 집단주의가 팽배한 곳에서는 꿈도 꿀 수 없는 일이지요. 현실이 이런 마당에 우리 한국인이 샤머니즘과 토테미즘에 사로잡혀 있다고 하니 황당하기 짝이 없습니다.

《반일 종족주의》 필자들은 책의 내용이 어디까지나 학문적 탐구의 소산이라고 주장합니다. 책 발간 직후 조국 당시 청와대 민정수석이 자신의 SNS에서 "구역질 나는 책"이라고 비판하자 발끈해서 그를 검찰에 고소한 것을 보면, 학자의 '자존심'이 크게 손상됐던 모양입니다. 하지만 저는 그들의 학자적 자존심을 훼손할 뜻이 없으니, 이영훈 교수가 어떤 논거로 한국인을 반일 종족주의라는 원시종교에 사로잡힌 집단으로 규정했는지 살피지 않을 수 없습니다. 만일 이영훈 교수 등이 사실과 정당한 논리를 근거로 그런 주장을 했다면 내용이 아무리 황당하다 할지라도 경청해야 할 것입니다.

정치적 편파성

이영훈 교수는 한국인이 반일 종족주의에 긴박됐다는 결론을 끌어내기 위해 '거짓말'에서부터 자신의 주장을 시작합니다. 용감하게도 우리 국민을 "거짓말하는 국민"으로 단정하면서 말이지요. 그에 따르면, 위증죄와 무고 건수가 일본의 수백 배이고, 보험사기는 미국의 100배에 달하며, 정부의 각종 지원금은 사기 때문에 줄줄 새고 있다고 합니다. 구체적인 수치를 제시하면서 주장하기 때문에, 독자들은 '아! 그런가?' 하며 그의 말에 현혹되기 쉽습니다.

하지만 언론의 팩트체크에 따르면, 이영훈 교수의 주장은 교묘한 눈속임에 거짓이 더해진 것으로 판명됐습니다.[1] 한일 간에 위증죄와 무고죄의 발생 건수에 큰 차이가 생긴 것은 사법 시스템과 문화의 차이 때문입니다. 한국은 고소·고발의 절차가 매우 간단한 반면, 일본은 수사기관이 고소·고발을 쉽게 접수하지 않습니다. 게다가 한국인은 권리 의식이 강한 반면, 일본인은 체제에 순응하는 경향이 있습니다. 그러니 고소·고발의 절차가 꼭 필요한 위증죄, 무고죄, 사기죄의 경우 발생 건수에서 한일 간에 큰 차이가 발생할 수밖에 없는 것이지요. 이 세 가지 범죄와 성격이 다른 절도죄의 발생 건수는 거꾸로 일본이 한국의 3배 이상입니다. 이 수치를 이영훈 교수 방식으로 해석하면 일본인이 한국인보다 훨씬 도벽이 강하다고 해야 할 텐데, 그렇게 보는 것이 과연 맞을까요? 살인죄 외에 범죄의 국제 비교는 무의미하다는 것이 법률 전문가들의 공통된 견해입니다.

이영훈 교수가 "어느 경제신문"을 거론하면서 한국의 보험사

---

1   YTN, 2019년 9월 4일자 보도.

기가 미국의 100배라고 주장한 것은 명백한 거짓말입니다. 2014년 한국의 보험사기 총액이 4조 5,000억 원 이상이라고 한 그의 진술을 그대로 믿더라도, 미국의 보험사기 피해액은 최소 40조 원 이상이기 때문입니다. 통계 인용과 해석에서 눈속임과 거짓을 섞으면서까지 이영훈 교수가 한국 국민을 거짓말쟁이라고 몰아붙인 이유가 무엇일까요? 그것은 아마도 다음 이야기를 하기 위해서였을 것입니다. 이영훈 교수는 한국의 정치·학문·재판에 거짓말이 횡행한다고 주장합니다. 이회창 후보가 대선에서 패배한 것이나 박근혜 전 대통령이 탄핵당한 것이 거짓말 때문이라고 말합니다. 그뿐만이 아닙니다. 서울 광화문에 세워졌던 세월호 천막을 "거짓말의 천막"이라고 단죄합니다. 세월호 침몰의 진상은 이미 다 밝혀졌다고 호언장담하면서, 이 천막에 항의하지 않은 사람들을 모두 죽은 영혼 내지는 좀비로 단정합니다. 그런데 이처럼 한국 정치판에 거짓말이 난무한다고 하면서도 문재인 대통령 후보와 박원순 서울시장 후보가 각자의 선거 과정에서 아들 문제로 상대 진영의 거짓말 공세에 시달린 이야기는 언급하지 않으니, 참 이상하지요.

박근혜 전 대통령 탄핵에 관한 해석은 더 이상합니다. 대통령에 관한 각종 소문이 탄핵의 가장 중대한 원인이었던 것처럼 서술하고 있기 때문입니다. 이영훈 교수는 최순실의 국정농단, 박근혜 전 대통령의 뇌물수수와 직권남용에 대해서는 일절 언급하지 않은 채 세월호 침몰 당시 대통령의 행적에 관해 항간에 나돌던 소문만을 줄줄이 읊을 뿐입니다. 평소 그는 사료를 통한 사실 확인을 강조해왔습니다. 그런 그가 어떻게 헌법재판소 탄핵 결정문의 내용을 이처럼 깡그리 무시하는 것일까요? 얼핏 보면 이영훈 교수는 한국 국민과 정치인을 모조리 거짓말쟁이로 간주하는 듯이 보이지만, 한나라당-새누리당-자유한국당-미래통합당으로 이어져온 계열에는 면죄부를 줍니다. 객관성을 엄청나게 강조하는 그가 어떻게 이런 편파적 입장을 취하는지 도무지 이해가 가지 않습니다. 세월호 천막에 대한 견해는 그가 사회적 약자에게 얼마나 무자비한지를 드러냅니다. 사실 그 태도 하나만으로 이영훈 교수의 정체는 이미 백일하에 드러났다고 해도 과언이 아닙니다. 술자리에서 정치를 가십거리로 삼는 일은 보통의 한국인들에게 공통되는 경향입니다만, 이영훈 교수의 정치 평론이 그 수준을 벗어나지 못하고 있는 듯해서 참으로 유감입니다.

학자와 대학, 그리고 대법관을
매도하는 이영훈 교수

　　한국 국민과 한국 정치인을 거짓말쟁이로 몰아붙인 다음, 이
영훈 교수는 학자들에게로 총구를 돌립니다. 이 교수에 따르면,
한국 정치인들이 거짓말을 정쟁의 수단으로 삼게 된 것은 거짓말
하는 학문 탓입니다. 그의 눈에 한국의 역사학이나 사회학은 "거
짓말의 온상"이고, 한국 대학은 "거짓말의 제조공장"입니다. 이
것 참, 용감하다고 해야 할지 무모하다고 해야 할지 모르겠습니
다. 그의 말이 사실이라면, 한국의 국민과 정치인은 수십 년 동안
엄청난 거짓말에 속아 살아온 어리석은 자들이고, 그런 거짓말을
'지어낸' 한국 학자들은 몽땅 '사기꾼 중의 사기꾼'이라고 해야 하
니 큰일이 생긴 셈입니다.

　　이영훈 교수가 학자들의 거짓말이라며 열거하는 예는 대부
분 역사학 분야, 그중에서도 특히 일제강점기에 관한 내용입니다.
조선총독부가 토지조사사업으로 전국 토지의 40%를 국유지로
빼앗았고, 식민지 조선의 쌀을 수탈해서 일본으로 가져갔다는 이
야기, 일제가 전시기에 조선인을 노동자로 강제동원하여 노예로
부렸다는 이야기, 헌병과 경찰이 조선의 처녀와 아낙네를 납치하
거나 연행하여 위안소로 데려갔다는 이야기 등이 그가 거짓말이

라고 일컫는 대표적 사례입니다. 한국의 역사학자들이 정말 이런 주장을 해왔는지, 만일 그랬다면 그 주장들이 이영훈 교수의 말처럼 새빨간 거짓말인지 꼼꼼히 따져봐야 합니다. 이에 대해서는 이어지는 장에서 상세히 다루기로 하고, 여기에서는 한 가지 이상한 점만 지적하기로 하지요.

설사 이영훈 교수의 주장이 모두 사실이라고 하더라도, 한국의 수많은 학문 분야 중 역사학, 그리고 기나긴 한국 역사 중 일제강점기를 다룬 연구에서 만들어진 '거짓말'이 어떻게 한국 국민을 통째로 거짓말쟁이로 만들 수 있을까요? 그 좁은 분야에서 저질러진 '잘못'이 어떻게 한국 대학 전체를 "거짓말의 제조공장"으로 만들 수 있을까요? 한국 국민과 한국 대학을 너무 우습게 보는 시선은 아닌가요?

이영훈 교수는 마침내 사법부까지 거짓말의 온상으로 단죄합니다. 거짓말하는 학문의 세례를 받고 자란 세대가 법관이 돼서 '정의의 원칙'을 외면하고 나라의 근간을 흔드는 엉터리 판결을 내리고 있다는 것입니다. 누가 봐도 명백한 범죄를 저지르고도 권력과 돈을 사용해서 무죄 판결을 받는 경우가 종종 있고, 심지어 대법원장이 개입한 사법농단 사건이 일어나기도 했으니 그의 말이 무조건 터무니없다고 할 수는 없겠습니다.

하지만 그가 사례로 드는 거짓말의 재판은 이런 범주가 아닙니다. 이영훈 교수는 어이없게도 2018년 10월, 일제강점기에 일본제철로 강제연행됐던 노동자 네 분이 신일철주금(일본제철의 후신)을 상대로 제기한 재판에서 대법원이 원고 승소 판결을 내린 것을 두고 엉터리 판결이라고 주장합니다. 권력자와 강자의 잘못에는 눈을 감고 약자에게는 비정한 태도를 보이는 이 교수의 성향이 드러나는 부분입니다.

　　그보다 더 눈여겨봐야 할 점은 대법원 판결이 엉터리임을 입증할 수 있는 명확한 증거를 제시하지 않는다는 사실입니다. 기껏 이야기하는 것이라고는 원고의 주장이 거짓말일 가능성이 크다는 '짐작'뿐입니다. 신일철주금의 전신인 일본제철이 원고들에게 월급을 지불하지 않은 것이 아니고 지급된 월급의 저축분을 기숙사 사감이 떼먹었거나 노동자 본가에 송금했을 수도 있다는 '추정'이 그의 주장을 뒷받침하는 논거의 전부입니다. 스스로도 취약한 증거 제시가 민망했던지, 뒤에 가서는 "원고의 주장을 부정하는 것이 아니라 그것의 진실 여부를 확인할 수 없다"(18쪽)라고 한발 물러섭니다. 거짓말하는 교육을 받고 자라서 법관이 된 자들이 나라의 근간을 흔드는 엉터리 판결을 내리고 있다는 실로 엄청난 말을 내뱉어놓고는 제시하는 근거가 너무 초라해서 놀라울 따름입니다. 여기에는 더 큰 문제도 숨어 있습니다만, 이에 대해서는 6장에서 설명하겠습니다.

극단적인 자학사관

  그렇다면 이처럼 한국 사회가 거짓말하는 문화에 지배당하게 된 근본 원인은 무엇일까요? 이영훈 교수는 갑자기 물질주의를 끄집어냅니다. 그가 말하는 물질주의는 "돈과 지위를 위해서라면 수단과 방법을 가리지 않는 행동 원리"(20쪽)를 뜻합니다. 물질주의 문화는 거짓말에 대해 관대하다고 하더군요. 문장 자체로만 본다면 수긍할 수 있는 주장입니다. 문제는 거짓말 문화를 배태한 근본 원인으로 물질주의를 거론하면서 왜 그러한지에 대해 아무런 설명도 덧붙이지 않는다는 점입니다. 그 까닭에 대해 자세히 소개하지는 않겠다고 눙치고 넘어가면서 "한국 사회가 유난히도 물질주의적인 것은 이미 여러 연구자가 여러 지표로 지적하고 있는 바"(20쪽)라며 주장을 황급히 마무리했을 뿐이지요. 이 정도 위상을 갖는 요인이라면, 적어도 그것이 한국 사회에서 유독 강해진 배경과 거짓말 문화를 만들어내는 경로에 대해 최소한의 설명이 있어야 하지 않겠습니까?

  문제는 더 있습니다. "장기적이고 거시적인 시야에서 물질주의의 근원을 추구해 들어가면" "오래된 샤머니즘"을 만나게 된다고 합니다. 이 샤머니즘의 세계에 등장하는 집단은 종족이나 부족입니다. 종족은 이웃을 악의 종족으로 감각하는 불변의 적대 감정을 품습니다. 여기에서는 거짓말이 선으로 장려될 뿐만 아니라 종족을 결속하는 토템의 역할을 한다는군요. 한국 사회에서 오래된 샤머니즘의 정체가 바로 반일 종족주의랍니다. 이영훈 교수가 마침내 반일 종족주의에 도달하는 논리 전개 방식에 주목할 필요가 있습니다. 그는 일단 한국 사회를 거짓말하는 사회로 규정하고, 거짓말 문화의 근본 원인으로 물질주의를 지목한 다음, 그것은 모두 반일 종족주의라는 오래된 샤머니즘 때문에 생겼다는 논리를 펼칩니다. 하지만 그는 거짓말 문화, 물질주의, 샤머니즘의 실재를 제대로 입증하지 않습니다. 게다가 오늘날 한국 사회에서 반일 종족주의라는 샤머니즘이 어떻게 물질주의를 초래하고, 또 물질주의는 어떻게 거짓말 문화를 만들어내는지 그 인과관계에 대해 일절 설명하지 않습니다. 어떻게 이런 무도한 논법을 구사할 수 있는지 아연할 따름입니다.

이영훈 교수의 '반일 종족주의론'은 일본 제국주의자들도 감히 펼치지 못한 극단적인 자학사관입니다. 그의 견해대로라면, 한국 사회는 원시종교에 매여 있고, 한국 국민은 불변의 적대 감정에 사로잡힌 원시종족과도 같으며, 한국인은 거짓말을 밥 먹듯 일삼으며 돈과 지위를 위해 수단과 방법을 가리지 않는 행동에 몰입한다는 이야기가 되니 말입니다. 그는 한국인의 반일 종족주의를 개탄하지만, 실상은 자신이 '혐한 종족주의'에 빠져 있습니다. 혐한 종족주의는 책 전반에 걸쳐 드러납니다. 한국 사람의 오류에는 하나라도 놓칠세라 눈을 부라리는 반면, 일본 제국주의자들의 수탈과 악행에는 한없이 관대한 모습을 보이는 것이 그 증거입니다. 나머지 다섯 명의 필자도 이영훈 교수의 입장에 전적으로 동의한다는 뜻이겠지요.

《반일 종족주의와의 투쟁》의 표적이 된 문재인 대통령

새 책《반일 종족주의와의 투쟁》은 문재인 대통령을 비난하는 데에서부터 시작합니다. 이영훈 교수는 프롤로그에서 코로나19 확산 초기에 문 대통령이 중국발 여행객의 입국을 전면 금지하지 않은 채 시진핑習近平 중국 주석에게 위로 전화를 걸어 한국과 중국은 운명공동체라고 한 것을 문제 삼습니다. 보좌관들과의 회의에서 대통령이 "중국의 아픔은 곧 우리의 아픔"이라고 발언했다며 비난을 퍼붓습니다. 문 대통령이 방역의 문제를 외교의 수준으로 다루는 통에 코로나19가 국내에 널리 퍼졌답니다. 이 교수는 중국의 아픔은 진정 우리의 아픔이 되고 말았다며 비아냥거립니다.

이영훈 교수는 지금쯤 자기 글을 보면서 얼굴이 화끈거리지는 않는지 모르겠습니다. 그가 원고를 집필할 때만 해도 코로나19 확산의 책임을 문재인 대통령에게 돌릴 수 있겠거니 생각했겠지요. 그러나 그 후의 상황은 이 교수의 예상과는 정반대로 전개됐습니다. 모두가 알 듯 한국은 코로나19 방역에서 세계 최고 수준의 실력을 발휘했고, 문재인 대통령은 한때 전 세계 여러 국가의 지도자들로부터 도움과 자문을 요청받는 이른바 '글로벌 대통령' 역할을 했습니다. 중국발 여행객에 대해 후베이성 출발자 입국 금지 정도로 대처한 것은 옳은 판단이었다는 사실이 드러났습니다.

이영훈 교수가 책의 화두를 잘못 잡은 셈입니다. 첫 단추를 잘못 끼운 채로 그는 자신의 핵심 논지를 전개합니다. 이 교수에 따르면, 문재인 대통령이 중국을 상대로 운명공동체를 운운한 것은 시진핑의 '중국몽中國夢'에 동조한다는 증거입니다. 중국몽이란 과거에 중국이 세계의 중심으로서 주변의 작은 나라를 보살피던 국제적 유대의 공동체를 재건하자는 시진핑의 통치이념을 가리킵니다. 이영훈 교수는 한 걸음 더 나아가 '1789년 프랑스혁명 → 1917년 러시아혁명 → 1949년 중국혁명'으로 이어지는 혁명의 연쇄에서 형성된 혁명사관이 문재인 대통령의 정신세계를 사로잡고 있다고 주장합니다. 이 교수가 중화사상과 혁명사관을 직접 연결시키는 데 유의하십시오. 그는 대통령과 동년배임을 강조하면서, 자신이 젊은 시절 심취했던 리영희 선생의 《전환시대의 논리》, 《8억 인과의 대화》와 송건호·강만길·박현채 선생 등이 편집한 《해방 전후사의 인식》 시리즈(전 6권)를 대통령의 역사관 형성에 지대한 영향을 끼친 책으로 꼽습니다. 그의 생각에 이 책들은 중국을 혁명의 나라로 상찬하고, 북한을 기지로 해 남한에서 민족·민주혁명을 수행할 것을 주장한 불온서적들입니다. 앞의 책들에 영향을 받아 형성된 역사의식은 "중국을 세계의 중심으로 간주한, 자국의 국체를 중화제국의 일환으로 간주한, 조선왕조가 배양한 문화적 유전자의 복제판"(《반일 종족주의와의 투쟁》 24~25쪽)이라고 합니다.

마침내 이영훈 교수는 속내를 드러냅니다. 문재인 정부와 그 지지 세력, 아니 한국인 모두가 야누스의 두 얼굴을 하고 있다는 것입니다. 한 얼굴은 중국을 향해 두 팔을 벌리면서 웃고 있는 친중 사대주의의 얼굴이고, 다른 한 얼굴은 일본을 향해 팔짱을 낀 채 찌푸리고 있는 반일 종족주의의 얼굴입니다. 독자 여러분, 이 교수가 얼마나 현란한 논리의 유희를 벌이고 있는지 느껴지십니까? 한국과 중국은 운명공동체라고 언급한 대통령의 발언 하나로, 시진핑의 통치이념, 유라시아 대륙 중심의 혁명사관, 북한의 민족·민주혁명론, 친중 사대주의의 유전자, 반일 종족주의를 한 덩어리로 연결해내는 논법에 저는 한동안 입이 벌어질 수밖에 없었습니다. 자기가 보기에 '사악한 것들'을 몽땅 끌어 모아서 문재인 대통령, 아니 한국 국민 모두에게 뒤집어씌운 셈입니다.

저는 이영훈 교수의 주장을 읽고 문재인 대통령이 어떤 취지로 운명공동체 발언을 했는지 검색해봤습니다. 검색 결과 확인한 내용은 다음과 같습니다.[2] 대통령은 시진핑 주석과의 통화에서는 그 발언을 하지 않았습니다. 단지 "중국의 어려움이 우리의 어려움"이라는 말로 시진핑 주석을 위로했을 뿐입니다. 이영훈 교수가 《반일 종족주의와의 투쟁》 원고를 완성하기 전이라고 여겨지는 시기에 문 대통령은 다른 자리에서 세 차례 운명공동체 발언을 했습니다. 첫 번째는 2017년 12월 13일 중국 국빈 방문 시 한중 비즈니스 라운드 테이블 행사에서, 두 번째는 같은 해 12월 24일 중국 청두에서 열린 한·중·일 정상회의에서, 그리고 세 번째는 2018년 11월 25일 부산에서 열린 한·아세안(ASEAN, 동남아시아국가연합) 특별정상회의에서였습니다. 첫 번째 발언은 한국과 중국의 관계를 두고 한 것이기는 하지만, 양국의 경제인들을 앞에 두고 경제협력을 강조하며 했던 말입니다. 두 번째 발언은 한국과 중국과 일본 세 나라의 경제적 관계를 두고 한 것이고, 세 번째 발언은 아세안을 상대로 한 것이었습니다. 그렇다면 문 대통령의 운명공동체론은 중국만을 염두에 둔 것이 아니라, 우호적인 관계를 유지해야

---

2   〈노컷뉴스〉, 2020년 2월 22일자 기사.

할 모든 나라를 상대로 하는 일종의 외교 철학에 가깝다고 봐야 합니다. 사실 문재인 대통령의 운명공동체 발언을 침소봉대해서 호들갑을 떨었던 것은 이영훈 교수뿐만이 아닙니다. 대통령의 그 발언은 중국발 여행객에 대해 전면 입국 금지 조치를 취하지 않는 것을 빌미로 문재인 정부에 집중포화를 퍼붓던 보수 언론의 메인 메뉴였습니다.

과장과 왜곡은 《반일 종족주의》 필자들의 습관인 만큼 이영훈 교수가 문재인 대통령을 두고 허수아비 치기를 하는 것은 그러려니 하고 그냥 넘기더라도, 여전히 문제는 남습니다. 그것은 반일 종족주의의 개념이 달라졌다는 점입니다. 앞에서 언급했듯이, 《반일 종족주의》에서 이야기하는 반일 종족주의는 일본을 악으로 감각하는 원시종교, 즉 샤머니즘입니다. 반면에 《반일 종족주의와의 투쟁》에서 이야기하는 반일 종족주의는 조선왕조가 배양한 친중 사대주의라는 "중세적 환상과 광신"입니다. 《반일 종족주의》에서 한국 국민이 원시종교에 빠져 있다고 주장한 내용이 지나쳤다고 스스로 판단한 것일까요? 실제로 《반일 종족주의》에서 20여 회나 나온 샤머니즘이란 단어는 《반일 종족주의와의 투쟁》에서는 단 한 번도 나오지 않습니다. 혹시 이영훈 교수의 성찰이 있었다면 다행스러운 일입니다만, 그렇다고 하더라도 여전히 씁쓸한 마음을 지울 수가 없습니다. 한국인을 원시종족에서 고작

중세인으로 '승격'시켜준 데 지나지 않으니까요. 게다가 이 교수가 《반일 종족주의와의 투쟁》에서 여전히 한국인을 악한 풍속과 천박한 문화에 매여 있다고 규탄하는 것을 보면, 예전 생각이 바뀌었는지도 분명치 않습니다. 《반일 종족주의와의 투쟁》 18장에서 이영훈 교수는 이렇게 묻습니다. "한국인이여, 그대는 누구인가?"(《반일 종족주의와의 투쟁》 302쪽) 저는 이영훈 교수에게 거꾸로 묻고 싶습니다. "이영훈 교수여, 그대는 한국인을 누구라고 생각하는가? 원시종족인가, 중세인인가?"

오락가락하는
반일 종족주의론

혼란스러운
반일 종족주의 기원론

이영훈 교수가 한국인이 품고 있는 반일 감정의 기원을 어떻게 설명하는지 궁금해집니다. 그는 '반일 종족주의의 신학'이라는 거창한 제목이 붙은 20장에서 한국인의 반일 감정을 "불변의 적대 감정"으로 규정합니다. 앞에서 말했듯이 불변의 적대 감정이란 샤머니즘 세계에서 종족이 이웃 종족에 대해 품는 감정입니다. 주목해야 할 점은 이 교수가 반일 감정의 기원을 일본 제국주의의 국권 침탈과 식민지 지배에서 찾지 않는다는 사실입니다. 이에 대해서는 아예 언급도 하지 않습니다. 대신에 그는 한국인이 반일 감정을 갖게 된 것은 "7세기 말 신라가 삼국을 통일하면서부터"(238쪽)라고 주장합니다. 그 후 천 수백 년간 한국은 일본과의 교류를 소홀히 하며 일본에 대해 지독한 무관심과 무지를 보여왔다는군요. 이 무관심과 무지가 때때로 강렬한 적대 감정으로 표출됐다고 합니다. 프랑스의 저명한 역사학자 페르낭 브로델^{Fernand} ^{Braudel}이 말하는 '장기의 시간'이라는 개념을 한국에 적용하면 그렇게 보인다는 듯, 이영훈 교수는 역사를 많이도 거슬러 올라갑니다. 장기의 시간이란 구조의 시간, 즉 오랜 시간에 걸쳐 형성되어 오래전부터 유지되는 구조가 지속하는 시간으로, 단기간에 일어나는 격동의 변화에도 불구하고 보통 사람들의 일상생활은 큰 변화 없이 이어져가는 현상을 표현하기 위해 브로델이 도입한 개념입니다.

일본에 대한 한국인의 무관심과 무지의 증거로 이 교수가 꼽는 것은 두 가지입니다. 하나는 조선왕조가 그린 여러 장의 일본 지도 중에서 일본을 제대로 그린 지도가 한 점도 없다는 것이고, 다른 하나는 오늘날 한국의 역사학자 중에서 일본 중세사에 관한 논문을 쓴 이가 한 사람도 없다는 것입니다. 정말 사실이 그러한지 확인해봐야겠지만, 그전에 이 두 가지만으로 오랜 세월 한국인이 일본에 무관심했고 무지했다고 단언하는 무모함에 대해 지적하지 않을 수 없습니다. 더구나 누가 봐도 한국인의 반일 감정을 만든 최대 원인인 일제 식민지 지배를 제외한 채 논의하는 것을 어떻게 이해해야 할까요? 이영훈 교수는 한국인에게 반중 종족주의는 없고 반일 종족주의만 존재하는 현상에 대해 현저한 불균형이라며 불만을 토로합니다. 아니, 그것이 이상한 일인가요? 식민지 지배의 가해자에게 적대감을 품고 그렇지 않은 나라에 보통의 감정을 품는 것은 지극히 자연스러운 현상 아닙니까? 샤머니즘 세계에서 종족은 이웃 종족에게 적대 감정을 품는다는 이 교수의 논리를 사용해 거꾸로 물어보겠습니다. 중국 역시 한국의 이웃 나라인데, 한국인은 일본에는 적대 감정을 품으면서 중국에는 왜 그러지 않을까요? 반일 감정의 근본 원인을 빼고 이야기를 전개하려다 보니 이렇게 앞뒤가 맞지 않는 주장을 하게 되는 것입니다.

이영훈 교수는 한국인이 품고 있는 반일 감정의 기원을 7세기 말에서 찾아놓고는, 몇 페이지 뒤에 가서는 조선시대에 전통문화와 유교가 상호작용한 결과 종족 수준의 적대 감정을 지속적으로 재생산하는 토지기맥론과 국토신체론이 강화됐다고 주장합니다. 토지기맥론은 토지에 어떤 길하거나 흉한 기맥이 흐른다는 생각을 뜻하고, 국토신체론은 전 국토를 인간의 신체로 감각하는 사고방식을 가리킵니다.[1] 《반일 종족주의》의 에필로그에서도 한국인의 정신문화는 15세기경부터 반일 종족주의의 핵심인 물질주의에 포획됐다고 적고 있습니다.(387쪽) 위의 내용만 읽으면 반일

---

[1] 이영훈 교수는 《반일 종족주의와의 투쟁》 프롤로그에서 토지기맥론과 국토신체론이 반일 종족주의를 강화하는 이유에 대해 제법 상세히 설명합니다. 그에 따르면, 한국인은 전통적으로 한반도를 중국을 향해서는 팔을 벌리고 서 있고 일본에는 등을 돌리고 있는 사람의 형상으로 인식해왔습니다. 그러니 일본에 적대 감정을 품게 된 것은 당연하다는 설명입니다.

종족주의의 기원은 무척 오래전으로 거슬러 올라간다는 느낌을 받습니다. 그러나 그로부터 두 페이지 정도 뒤에 가면 이영훈 교수는 반일 종족주의가 "1960년대부터 서서히 성숙하다가 1980년대에 이르러 폭발"했다고 말합니다. 1985년부터 학문과 사상의 자유가 허락되는 자율의 시대가 열린 것이 계기였다는군요. 한국의 역사학계가 본격적으로 '거짓말'을 지어낸 것도 이때부터랍니다. 하지만 책의 또 다른 곳에서는 해방 후 이승만의 시대와 박정희의 시대는 "반공주의와 조국근대화의 구호와 더불어 물질주의가 거대한 파도로 일렁인 시대"(386쪽)라고 말합니다. 1980년대 이전에는 물질주의가 거대한 파도로 일렁였고, 1980년대 중반 이후에는 학문과 사상의 자유가 허락되면서 물질주의와 반일 종족주의가 폭발했다고 이야기하니, 읽는 사람이 헷갈려서 도무지 이해할 수가 없습니다. 이 모든 것은 반일 종족주의의 기원에 관한 이 교수의 인식이 혼란스러움을 고스란히 보여줄 따름입니다.

학문과 사상의 자유가 주어지면 온갖 선진적인 사상이 꽃을 피우는 것이 자연스러운 흐름입니다. 그런데 이영훈 교수는 학문과 사상의 자유가 허락되는 국면을 계기로 역사학자들이 마구 거짓말을 지어냈고, 오래된 샤머니즘이 기독교 사상이나 자유주의, 민주주의, 사회주의, 사회민주주의 등 선진적인 사상을 모두 제압하고 한국인의 정신세계를 장악했다고 주장합니다. 이 교수는 탁월한 자유론을 전개했다는 이유로 이승만 전 대통령을 성인^{聖人}처럼 숭상합니다. 대한민국이 자유민주주의 국가로 세워진 역사를 자랑스러워하며 자유의 가치를 엄청나게 강조합니다. 그러면서도 자유가 주어지자 우리 민족의 정신세계가 샤머니즘으로 퇴락했다고 주장하다니 이를 어떻게 받아들여야 할까요? 입으로만 자유를 부르짖을 뿐, 자유의 실제적 효능을 믿지 않는다고 볼 수밖에요.

자가당착적인
이승만 숭배

이영훈 교수는 대한민국이 자유인의 공화국으로 세워졌지만 지난 30년간 반일 종족주의 때문에 정신문화가 갈수록 퇴락하여 급기야 망국을 예감하기에 이르렀다고 토로합니다. 그의 눈에 문재인 정부는 헌법에서 자유를 삭제하자고 주장하는 세력이 장악하고 있어서, 망국의 경향을 되돌리기는커녕 도리어 촉진할 것 같습니다. 책을 마지막까지 읽어가면 말미에 흘러넘치는 비장함 때문에 홀연 숙연해지기도 합니다. "우리의 본향은 자유입니다. 건

국의 아버지 이승만이 평생을 걸었던 순례의 그 길입니다"(392쪽)
라는 마지막 문장에서는 종교적인 분위기마저 느껴집니다.

　이 교수에게 반일 종족주의의 대립항은 '자유'입니다. 이승
만 전 대통령이 평생 추구했던 가치라고 합니다. '반일 종족주의
대 자유'라니. 어떻게 이런 논리 구조를 만들었는지 신기하기만
합니다. 반일 종족주의 때문에 나라가 망할 것이라는 주장은 선
뜻 납득이 가지 않지만, 자유가 억압되면 나라가 망할 것이라는
주장은 일견 그럴듯해 보입니다. 문재인 정부는 경제정책에 실망
스러운 부분도 있지만, 자유와 민주주의를 신장했다는 면에서는
높은 평가를 받습니다. 문재인 대통령이야말로 평생 자유의 길을
걸었던 인물 아닙니까? 그런데 이 정부 때문에 나라가 망할 지경
이라니요.

　대한민국에서 자유를 신장시킨 정치인과 그와는 반대로 자
유를 억압한 정치인을 떠올려봅시다. 전자는 김대중, 노무현, 문재
인 등으로 대표되는 민주화 세력이고, 후자는 박정희와 전두환으
로 대표되는, 소위 근대화 세력이라고 불리는 인물들이지요. 이승
만은 굳이 분류하자면 후자에 속합니다. 주지하듯이 후자로 꼽히
는 이들은 모두 독재자들입니다. 이승만 전 대통령이 평생 자유를
추구했다고요? 이 교수는 이승만이 쓴 책 《독립정신》의 내용을
그 증거로 제시합니다만, 이승만의 삶 가운데 어느 부분이 자유

의 추구와 관련이 있는가에 대해서는 단 한 구절도 서술하지 않습니다. 2007년에 출간한 《대한민국 이야기》에 이승만의 삶에 관한 내용이 좀 나옵니다만, 그것도 자유의 추구와는 별 관련이 없습니다. 그저 열악한 조건 속에서 '나라 세우기'에 성공했다는 정도입니다. 제 기억으로는 이승만에게 자유란, 전쟁 중에 시민을 버리고 혼자 내뺄 자유, 정적을 제거할 자유, 헌정을 유린할 자유, 독재할 자유, 부정선거를 저지를 자유, 꽃 같은 청춘들에게 발포할 자유에 지나지 않았습니다. 독재자를 미화하는 이영훈 교수의 방식은 거칠기 짝이 없습니다.

말이 나왔으니 좀 더 부연하자면, 이승만이야말로 이영훈 교수가 말하는 반일 종족주의의 화신쯤 되는 인물입니다. 1941년에 이미 《일본의 가면을 벗긴다 *Japan Inside Out*》라는 책을 출간해 일본의 제국주의적 침략 야욕을 경고한 바 있고, 대통령이 된 후에는 강력한 반일정책을 추진했지요. 한일 국교 정상화 이전에 상호 불가침 조약을 체결해야 한다고 요구했는가 하면, 장제스 대만 총통에게 일본을 주축으로 하는 미국의 동아시아 구상 대신 한국과 대만이 주축이 되는 지역 방위 동맹을 구축하자고 제안하기도 했습니다.[2] 1952년 1월에는 소위 '이승만 라인'을 설정하여 독도를 한

----

2   〈중앙일보〉, 2019년 11월 24일자 기사.

국 수역으로 공식 선언하기도 했지요. 이영훈 교수의 논리대로라면, 자유를 억압하고 반일정책을 밀어붙인 이승만이야말로 나라를 망국의 길로 몰고 간 형편없는 지도자입니다. 따라서 이 교수가 이승만 학당을 만들어 이승만 숭배에 열을 올리는 것은 이율배반이요, 자가당착입니다.

반일 종족주의론의
과장과 거짓

이영훈 교수는 한국의 민족은 서유럽의 민족과 다르다고 주장합니다. 서유럽의 민족은 왕과 귀족의 횡포에 저항하며 형성된 자유 시민의 공동체인 반면, 한국의 민족은 일반 민서民庶와 분리되어 그들 위에 군림하는 독재주의 내지는 전체주의로서, 자유로운 개인의 공동체와는 거리가 멀다는 것입니다. 한국에서 개인은 집단에 몰아沒我로 포섭되며 집단의 이익과 목표와 지도자를 몰개성으로 수용한다는군요. 이런 형태의 민족이 순수 형태로 완성된 것이 북한의 김일성 민족이라고 합니다. 같은 민족인지라 남한도 그와 유사하다고 하네요. 근래 한국 사회에서는 오히려 개인주의가 팽배해서 걱정스러운 판국에 자유롭고 독립적인 개인이 존재하지 않는다니 말이 되는 소리입니까? 게다가 남한이 북한과 유사한 민족주의를 갖고 있다니요. 평생 연구실에서 자료에 파묻혀 연구만 했다고 자부하는 분이 어쩌면 이렇게 난폭한 글쓰기를 할수 있는지 모르겠습니다.

세상에 거짓말 문화가 없는 나라가 어디에 있겠습니까? 돈과 지위를 위해 수단과 방법을 가리지 않는 물질주의가 없는 나라는 또 어디에 있겠고요. 이런 문화는 인간 본성의 악한 면과 관련이 있는 만큼 인류 사회에서 완전히 소멸시키기란 불가능합니다. 샤머니즘은 어떤가요? 아무리 문화가 발달하더라도 오래전부터 내려오는 샤머니즘의 흔적은 남아 있기 마련입니다. 한국 사회에 거짓말 문화와 물질주의, 그리고 샤머니즘의 흔적이 존재한다는 것과, 한국인의 정신세계가 그것들에 사로잡혀 있다는 것은 전혀 다른 말입니다. 이영훈 교수는 정확한 근거도 제시하지 않은 채 후자를 주장했습니다. 졸지에 한국인은 정신문화의 발전을 시작하지도 못한 원시인으로 추락하고 말았습니다. 일제 식민지 지배에 저항하는 과정에서 형성된 항일 민족주의를 반일 종족주의로 매도하는 것을 보면, 이승만과 박정희, 전두환의 독재를 타도하고 이명박, 박근혜의 연성 파시즘에 저항하면서 뿌리내린 민주화의 빛나는 전통도 거짓말에 취한 대중의 난동쯤으로 폄훼하고 싶은 모

2장·오락가락하는 반일 종족주의론

양입니다.

이영훈 교수는 《반일 종족주의》 출간 이후 큰 소동이 일 것을 예상했는지, "우리의 실증과 이론이 우리를 보호하는 창과 방패가 될 것입니다"(392쪽)라고 보호막을 칩니다. 하지만 저는 이 교수의 반일 종족주의론에서 거짓 증거와 사이비 이론을 발견했을 뿐입니다. 평생 연구실에 머물며 자료 분석에 천착했다고 자부하는 그가 왜 이런 극단적 입장으로 넘어가게 됐는지 정말 궁금합니다.

왜 강제동원 노동자에게는
개인의 자유와 사권을 인정하지 않는가?

이영훈 교수는 《반일 종족주의와의 투쟁》 18장을 자신의 법무연수원 강의 경험으로 시작합니다. 젊은 검사 40여 명을 대상으로 한 강의에서, 이 교수가 참석한 검사들에게 "우리나라에서 민법이 성립한 것은 언제인가"라고 물었더니 아무도 대답을 못 하더랍니다. 한참 뒤 한 검사가 "1958년이 아닌가요?"라고 조심스럽게 답하자 이영훈 교수는 그것을 오답이라고 판정했습니다. 그는 검사들이 한국 민법의 성립 시기도 모른다며, 법학 교육에 심각한 문제가 있다는 둥 하늘 아래 역사에 대한 무지가 가득하다는 둥 한탄하다가 자신이 알고 있는 비답秘答을 풀어놓습니다. 이 교수에 따르면, 한국에서 민법이 성립한 때는 조선총독부가 조선민사령을 공포해 일본 민법을 조선에도 적용하기 시작한 1912년으로, 그때부터 조선에 거주하는 모든 개인이 비로소 사권私權을 향유하는 주체로 인정됐습니다. 그해에는 조선형사령도 공포되어 자의적이며 폭압적인 재판을 금지했습니다. 그 이후 한국인은 점차 자유인으로 변모해갔고, 조선의 경제는 사유재산제도를 근간으로 하여 근대적 경제성장의 길로 접어들었다고 합니다. 그러니까 이영훈 교수에게 1912년은 한국에서 비로소 근대가 시작됐다는 엄청난 의미를 갖는 해입니다.

논의를 더 이어가기 전에 한 가지 사실을 미리 밝혀두고 싶습니다. 저는《반일 종족주의와의 투쟁》18장 앞부분을 읽으면서 이영훈 교수가 누군가를 희생양으로 삼아 자기 논지를 전개하기를 좋아한다는 사실을 새삼 깨달았습니다.《반일 종족주의》에서는 조정래 작가와 신용하 선생이 희생양이었다면,《반일 종족주의와의 투쟁》18장에서는 익명의 검사들이 희생양이 됐습니다. 그 자리에 참석한 검사들이 알면서도 대답을 안 했는지 정말 몰랐는지 확인할 길은 없습니다. 하지만 한 가지는 확실합니다. 현재 법대

학생들과 로스쿨 학생들이 배우는 민법 교과서에서는 우리나라 민법의 성립과 변천의 역사적 과정이 제법 소상하게 다뤄지고 있다는 사실입니다. 이영훈 교수는 우리나라 법학 교육에 심각한 문제가 있다고 주장하기 전에 법대 학생들이 공부하는 민법 교과서를 한 번이라도 들춰봤어야 합니다.

대한민국 민법의 성립을 1912년으로 보는 데 대해서는 논란의 여지가 있다고 생각하지만, 여기에서 그 문제를 다룰 여유는 없습니다. 우리나라 민법은 1912년에 성립했고, 그때부터 한국인은 법 앞에 평등한 자유인으로서 사권을 행사하기 시작했으며, 같은 해 공포된 조선형사령 덕분에 한국인은 자의적이며 폭압적인 재판 권력으로부터 해방됐고, 그런 까닭에 한국의 근대는 1912년부터 시작됐다는 이영훈 교수의 주장이 다 맞다고 칩시다.

이영훈 교수에게는 자유로운 개인과 사권의 성립이라는 사실이 절대적으로 중요합니다. 그렇다면 신일철주금에 소송을 제기한 강제동원 노동자들의 자유와 권리도 존중하는 것이 마땅합니다. 하지만 유감스럽게도 이 교수는 강제동원 피해자들을 언급할 때에는 정반대의 시선을 드러냅니다. 다음은 《반일 종족주의와의 투쟁》 에필로그에서 이 교수가 서술한 내용입니다.

그들의 행위를 보통의 일본 국민은 어떻게 받아들였을까요? 근

세 일본에서는 번藩을 이탈하여 막부幕府에 소송을 제기하면 자신의 주군을 배반했다 해서 우선 목을 친 다음 소장을 열어보았다고 합니다. 어느 신생국의 국민이 국경을 넘어 원 지배국에 가서 금전 보상을 목적으로 소송을 제기한 것은 안 그래도 취약한 그 나라의 명예를 크게 훼손하는 일입니다.(《반일 종족주의와의 투쟁》 426쪽)

몇 푼의 돈을 위해서라면 나라의 명예 따윈 안중에도 없이 원 지배국에 가서 소송을 제기하는 그 천박한 문화로서 물질주의입니다.(《반일 종족주의와의 투쟁》, 432쪽)

사권을 행사하는 자유로운 개인이라면, 자신의 권리가 침해됐다고 판단할 경우 어디든 가서 무슨 내용으로든 소송을 제기할 수 있어야 합니다. 말 그대로 자유로운 개인으로서 자기 권리를 당당하게 행사한 강제동원 피해자들을 두고, 옛날 일본에서는 그런 경우 목을 쳤다느니 몇 푼의 돈을 위해 신생국 국민이 원 지배국에 가서 소송을 제기해 모국의 명예를 훼손했다느니 하는 표현을 구사하는 것을 어떻게 이해해야 할까요? 일제가 조선민사령과 조선형사령을 도입해 이 땅에 자유로운 개인과 사권을 성립시켰다며 입에 침이 마르도록 찬양하는 분이 강제동원 노동자의 자유와 사권을 아무렇지 않게 부정하는 것은 지독한 자기모순입니다. 이런 표현을 함부로 쓰는 이영훈 교수에게서 옛적 일본 천황의 심기를 거스르지 않으려고 노심초사했던 충실한 황국신민의 모습을 느낀다면 지나친 말일까요?

광복을 '건국'으로 보는
뉴라이트의 희한한 시각[3]

거짓말도 자꾸 하면 는다더니 곡학아세하는 글쓰기도 마찬가지인 모양이다. 뉴라이트 인사들의 온갖 역사 왜곡은 어제오늘 일이 아니지만, 광복 70주년을 맞아서 늘어놓는 궤변은 왜곡의 절정이라고 할 만하다. 2015년 8월 13일, 이인호 KBS 이사장은 "광복절은 대한민국 건국을 기념하는 날이다"라는 제하의 〈중앙일보〉 칼럼에서 "이번 8월 15일을 '광복 70년'이라 불러서는 안 된다"라고 강변했고, 서울대 경제학과 이영훈 교수는 8월 12일자 〈문화일보〉 칼럼에서 광복절의 주년週年을 바로잡자고 주장하면서 "올해는 광복 67주년이 되는 해"라고 선언했다.

온 국민이 광복 70주년을 기념하고 있는 가운데 왜 이런 황당한 주장을 펼칠까? 논거는 다음과 같다. '우리나라가 1945년 8월 15일에 해방을 맞기는 했으나 세계를 향해 독립을 선포한 것은 1948년 8월 15일이다. 1949년 9월 이승만 정부는 '국경일 제정에 관한 법률'을 공

---

3 이 글은 〈오마이뉴스〉에 게재한 2015년 8월 17일자 칼럼을 일부 수정한 것입니다.

2장·오락가락하는 반일 종족주의론

포하여 그날을 광복절로 지키기로 하고, 1950년, 1951년 8월 15일을 각각 제2회, 제3회 광복절로 경축했다.'

그런데 1951년, 한 언론의 실수로 제3회가 제6회로 기록되면서 혼란이 시작됐다. 한 언론의 실수가 전체 언론계에 파급됐고 정부도 슬그머니 그것을 받아들였다. 그 결과 주년이 오기되고 경축 대상도 정부 수립(건국)이 아닌 해방으로 바뀌었다.

요컨대 애초에 광복절은 건국을 경축하기 위해 제정됐으며 초기 2년 동안 그 정신에 입각하여 횟수를 붙였으므로, 지난 수십 년간의 잘못된 광복절 개념과 주년 부여를 정정해서 원래의 정신을 회복해야 한다는 것이 그들의 주장이다.

광복은 '해방'이 아니라 '건국'?

희한하게도 이들은 해방과 독립을 구분한다. 광복은 해방이 아니라 독립을 의미하고, 독립은 바로 건국이라는 것이 이들의 생각이다. 그 생각에 따르면, 1945년 8월 15일은 해방일이 되고, 1948년 8월 15일은 '독립=광복=건국'이 이뤄진 날이 되는데, 광복절은 당연히 후자를 기념하는 날이 되고 만다. '8·15 해방은 진정한 독립이 아니었다'라는 식의 말을 들은 적은 있어도, 독립이 해방과는 무관하다는 주장은 태어나서 지금껏 들어본 적이 없다. 오히려 내게 상식이 되어 있는 개념은 해방은 독립이요, 광복이라는 것이다. 1945년 8월 15일에 수많은 군중이 거리로 뛰쳐나와 한목소리로 외친 구호가 무엇이던가? '대한 독립 만세!' 아니었던가? 정부 수립 이전, 제1회 해방 기념일에 백범 김구 선생이 연단에서 만세 삼창하며 외쳤던 말이 무엇이던가? '대한 독립 만세!' 아니었던가? 뉴라이트의 주장대로라면 김구 선생은 존재하지도 않는 대상을 놓고 만세를 외친 셈이다. 당시 우리 국민 모두에게 독립은 곧 해방이었다.

독립운동가들이 추구했던 광복 또한 해방이 아니라 독립, 즉 건국을 의미한다는 것이 이인호 이사장과 이영훈 교수의 주장이다. 포털에서 '광복'을 키워드로 검색을 해봤더니 광복을 건국으로 인식하는 글은 도무지 찾을 수 없었다. 이승만 정부가 공모 과정을 거쳐 채택한 '광복절 기념가'가 노래하는 대상도 건국이 아닌 해방의 기쁨이다.

이영훈 교수가 2006년에 처음 건국절 제정을 주창하며 쓴 〈동아일보〉 칼럼을 찾아보았다. 거기에서는 이 교수 스스로도 분명 (1945년 8월 15일의) 해방을 '광복'으로 이해하고 있었다.

> 나에게 1945년의 광복과 1948년의 제헌, 둘 중에 어느 쪽이 중요한가라고 물으면 단연코 후자이다. (…) 1945년 8월의 광복에 나는 그리 흥분하지 않는다.[4]

---

4   이영훈, "우리도 건국절을 만들자", 〈동아일보〉, 2006년 7월 31일자 칼럼.

학자로서 기본 개념을 이렇게 함부로 바꿔 사용해도 좋은지 의문이다. 사실 2006년 이영훈 교수가 가졌던 광복 개념이 해방 정국에 우리 국민이 갖고 있던 보편적 인식에 부합하며, 현재 우리 국민 대다수가 생각하는 개념과도 일치한다. 보편타당한 개념을 왜곡해서 스스로를 속이고 국민들을 혼란에 빠뜨리는 것은 학자가 할 일이 아니다.

이승만의 인식과도 다른 뉴라이트의 생각

그렇다면 뉴라이트 인사들이 국부로 추앙하며 복권을 시도하고 있는 이승만 전 대통령의 인식은 어땠을까? 그는 1948년 8월 15일 정부 수립 기념식에서 행한 연설에서 이렇게 말했다.

8월 15일 오늘에 거행하는 식은 우리의 해방을 기념하는 동시에 우리 민국民國이 새로 탄생한 것을 겸하여 경축하는 것입니다.

이때 이승만은 분명 8월 15일의 의미를 해방 기념을 겸한 정부 수립 경축으로 이해하고 있었다. 그의 인식은 시간이 가도 바뀌지 않았다. 1949년 8월 15일 정부 수립 1주년 기념식에서 그는 "민국 건설 제1회 기념일인 오늘을 우리는 제4해방일과 같이 경축하게 된 것입니다"라고 연설했고, 1950년 8월 15일 광복절 기념사에서는 "금년 8·15 경축일은 민국 독립 제2회 기념일로서 전 국민이 다 지켜야 할

이때에"라고 했지만 1951년 8월 15일 광복절 기념사에서는 다시 "이 8월 15일 해방 독립 기념이 주는 위대한 교훈은"이라고 말했다.

'해방 건국 이중기념 축하 근역槿域에 미만瀰滿'[5]이라는 제목을 단 1949년 8월 16일자 〈경향신문〉 기사는 8·15를 해방 기념 및 정부 수립 경축으로 인식하고 있었던 이승만의 태도를 정확하게 반영한 것이다.

이승만은 1952년과 1953년에는 아예 광복절 기념사 제목을 각각 '8·15 해방 독립 기념일에 제하여', '독립절 기념사'로 붙였다가, 1954년과 1955년에는 광복절 주년을 오늘날과 같은 방식으로 변경하여 기념사를 발표했다(제9주년 광복절 기념사, 제10주년 광복절 기념사). 1955년 기념사에서 이승만은 "오늘은 우리가 소위 해방한 지 제10회 기념일을 축하하자는 것인데"라고 말해서 광복절을 해방 기념일로 규정했다. 요컨대 광복절을 두고 이승만은 해방 경축과 정부 수립 기념 사이를 오락가락했음을 확인할 수 있는데, 이는 그에게 광복절이란 해방 기념일이자 정부 수립 기념일이었기 때문에 생긴 일이 아닐까 짐작한다.

이영훈 교수는 《대한민국 역사》에서 1951년 이후 광복절을 해방 기념일로 인식하게 되는 변화를 혼란과 무지의 결과로 파악하는

---

[5]   '근역에 미만'이라는 말은 '우리나라에 가득 차다'라는 의미입니다.

데,[6] 이는 상식에 부합하지 않는다. 정부 내 혼선은 정부 수립 초기나 전쟁 시기에 생기기 쉽고 안정기에는 오히려 수습되는 법이 아닌가. 이승만이 광복절을 두고 해방 기념일과 정부 수립 기념일 사이를 오락가락하고 1950년, 1951년 기념사에 각각 '제2회 광복절 기념사', '제3회 광복절 기념사'라는 제목을 붙인 것은 바로 혼란기에 생긴 일이다. 1950년대 중반, 광복절 주년을 제9주년과 제10주년으로 붙인 것은 정부 안정기에 생긴 일이다. 혼선이 빚어지기 쉬운 정부 수립 초기에 정확한 행정처리가 이뤄지고, 혼선이 수습되기 쉬운 정부 안정기에 오히려 혼란과 무지의 결과가 뿌리내렸다고 보는 것은 비상식적이다.

이승만은 자신이 건국한다고 생각했을까?

지금까지의 논지를 벗어나기는 하지만, 여기에서 잠깐 이승만이 건국을 어떻게 이해했는지 확인할 필요가 있다. 그는 1948년 8월 15일의 정부 수립을 건국으로 이해하지 않았다. 나라를 새로 세운다는 생각을 하고 있지 않았던 것이다. 이는 1948년 8월 15일 정부 수립 기념식 연설문 중 "세계 정부 중에 우리 새 정부가 다시 나서게 됨으로"라는 말이나 연설문 말미의 날짜 표기("대한민국 30년 8월 15일")에서 분명히 드러난다. 그는 분명 대한민국 건국 시점을 3·1운동이 일어난 1919년으

---

6   이영훈, 《대한민국 역사》, 기파랑, 2013, 181쪽.

로 인식하고 있었다. 그와 같은 인식은 다음의 1951년 광복절 기념사에도 드러나 있다.

> 1919년(기미년)에 우리 13도를 대표한 33인이 우리나라 운명을 개조하기 위하여 1776년에 미국 독립을 선언한 미국 창립자들의 정신을 본받아 우리 한국을 독립 민주국으로 공포한 것입니다. 이 민주 정부가 서울서 건설되어 임시로 중국에 가 있다가 3년 전 오늘에 우리 반도 남방에서 실현된 것입니다.

뉴라이트 인사들이 정부 수립의 공헌을 상찬하며 추앙하는 이승만 본인이 1948년의 정부 수립을 건국으로 이해하지 않았다는 사실은 실로 의미심장하다. 가만히 생각해보면 그것은 당연한 일이다. 이승만은 '독립운동의 원훈元勳'이라는 명성을 배경으로 대통령이 됐고 통치 권위의 상당 부분도 바로 거기에서 확보하고 있었다. 그런 그가 정부 수립을 해방에서 따로 분리하여 그 중요성을 별도로 강조할 이유는 전혀 없었다. 정부 수립 기념일을 8월 15일로 잡은 것도 자신의 정부를 감격스러운 해방의 분위기와 자연스럽게 결합하려는 의도에서 내린 결정일 가능성이 크다.

광복절을 건국절로 바꾸자든지, 광복절의 주년을 3년 줄이자든지, 광복절을 독립기념일로 변경하자든지 하는 뉴라이트의 주장은 역사적 사실의 지지를 받을 수도 없고, 그들이 존숭하는 이승만의 인식과도 조화될 수 없다. 그렇다면 그들이 궁극적으로 노리는 바는 무엇일까? 과연 이승만 복권일까? 어쩌면 친일파 복권이 아닐는지.

2부

일제의 경제 수탈을 부정하다

토지 수탈이
없었다?

상궤를 벗어난
《아리랑》 비판

이영훈 교수는《반일 종족주의》1장의 제목을 '황당무계《아리랑》'으로 정하고는, 조정래 작가의 소설《아리랑》을 맹렬히 비난합니다. 토지 신고서에 도장을 찍어주지 않은 지주총대를 밀쳐서 다치게 한 조선 농민 차갑수를 주재소 소장이 마을 당산나무에 결박시킨 후 즉결 총살하는 장면이 특히 마음에 들지 않았던 모양입니다. 이 교수에 따르면, 이 장면 때문에《아리랑》을 읽은 많은 국민이 일제가 토지조사사업으로 토지 수탈을 획책했다고 착각하게 됐습니다. 그는 조정래 작가가 "그 시대를 법도 없는 야만의 시대로 감각하고 있다"(28쪽)라고 비판합니다. 백인 사냥꾼이 아프리카에 들어가 노예 사냥을 하는 야만의 장면을 상정한다고 조정래 작가를 조롱하기도 합니다. 이런 식의 즉결 총살형은 토지조사사업 당시에 없었고, 있을 수도 없는 일이었다고 합니다. 그러면서 드는 근거가 재미있습니다. 당시 언론에서 그런 사건이 보도된 적이 단 한 차례도 없었고, 총독부가 그런 보도를 막을 이유가 없었다는 것입니다. 사실 여부를 차치하고 당시의 언론과 총독부를 무한 신뢰하는 이 교수의 모습이 참 우스꽝스럽습니다. 언론에 보도되지 않는 사실은 그때도 지금도 무수히 많지 않습니까?

물론 저도 《아리랑》에 나오는 즉결 총살 장면은 허구에 가깝다고 생각합니다. 또한 즉결 처형이 전국적으로 4,000여 건이나 됐다는 조정래 작가의 말은 지나치다고 봅니다. 하지만 학자인 이영훈 교수가 이를 빌미로 조정래 작가를 "광기 서린 증오의 역사 소설가"(24쪽)로 매도하는 것은 상궤를 벗어난 일입니다. 사실을 따져야 하는 학자가 허구를 다루는 소설가와 왜 논쟁을 벌이는 것일까요? 이영훈 교수처럼 접근하자면 지금까지 나온 수많은 역사소설과 사극은 모두 맹렬한 비판의 대상이 돼야 합니다. 허구가 담기지 않은 소설과 드라마, 영화는 단 한 편도 없을 테니까요. 특히 최근에는 주인공이 현재와 과거를 오가는 내용의 소위 '퓨전 사극'이 유행인데, 이를 두고 거짓말이라고 비판하며 그것 때문에 국민정신이 심하게 오도되고 있다고 열을 올린다면 사람들이 이를 어떻게 볼까요?

이영훈 교수는 소설 《아리랑》이 "실재한 역사를 환상의 역사로, 곧 학살과 겁탈의 광기로 대체"(32쪽)했다고 평가합니다. 이 소설이 한국 사회에 반일 종족주의를 뿌리내리게 하는 데 결정적인 역할을 했다는군요. 이 교수의 비판에 대해 조정래 작가도 반론을 펴서 두 사람 사이에 논쟁이 벌어졌지만, 이 논쟁은 애초부터 말이 안 되는 일이었습니다.

'40% 토지 수탈설'[1] 부정은 역사학계의 통설

괜히 소설을 가지고 열을 올린 것이 민망했던지, 이영훈 교수는 《반일 종족주의》 2장에서 국사 교과서와 신용하 선생의 《조선토지조사사업연구》를 검토합니다. 여기에 허구가 들어 있다면 그것은 문제이겠지요. 이영훈 교수는 1960년대부터 2010년까지 중·고등학교의 국사 교과서에 전국 토지의 40%가 총독부 소유지로 수탈됐다는 내용이 들어 있었음을 지적하고는, 그것이 아무 근거도 없는 거짓말이라고 단언합니다.

---

1   여기에서 토지는 맥락상 농경지라야 합니다. 그러나 이영훈 교수는 이 점을 분명히 하지 않은 채 토지 또는 전국 토지라는 용어를 대신 사용해서 혼선을 야기합니다.

우선, 40%라는 수치가 증명된 적이 없다고 합니다. 그러고는 토지 수탈설이 근거로 삼는 수탈의 메커니즘을 소개합니다. 총독부는 토지조사사업을 시행하면서 신고주의를 채택했는데, 소유권 의식이 약하고 무지한 조선 농민들이 신고를 태만히 하자 총독부가 그들의 토지를 국유지로 몰수해서 동양척식회사나 일본인 이민에게 불하했다는 내용입니다. 이영훈 교수는 배우는 학생들의 눈물을 자아내는 통한의 역사 서술이기는 하지만, 실제로 이런 일은 없었다고 말합니다. 조선 농민들은 자기 땅에 대한 권리 의식이 매우 강했고, 조선왕조 500년간 3년에 한 번씩 꼬박꼬박 호적을 신고했기 때문에 신고 행위에도 익숙했다고 합니다. 그러니 신고를 태만히 하다 땅을 뺏기는 경우는 없었다는 것이지요.

일제가 신고주의를 활용해 조선 농민 소유지의 40%를 국유지로 수탈한 일은 없었다는 이영훈 교수의 지적은 대체로 정당합니다. 문제는 이영훈 교수뿐만 아니라 다른 학자들도 그렇게 주장한다는 사실입니다. 1980년대 말 이후 배영순 교수와 조석곤 교수가 김해 지역 토지대장을 분석하여 '신고주의를 활용한 토지 수탈'을 실증적으로 부정한 이래, 토지 수탈설은 역사학계에서 자취를 감췄습니다. 2013년 한국역사연구회 토지대장연구반이 출간한 《일제의 창원군 토지조사사업》이라는 책에 따르면, 창원군에서도 신고 유무로 토지 소유권을 박탈한 사례는 없었습니다. 그

책은 신고주의를 통한 수탈 문제는 실증적으로 검증이 끝났으므로 재론할 필요가 없다고 못 박고 있습니다.[2] 이 입장은 오늘날 한국 역사학계의 통설입니다. 그런데 이영훈 교수는 국사 교과서의 '오류'를 빙자하여, 마치 현재 한국의 역사학자들이 '40% 토지 수탈설'이라는 무지막지한 거짓말을 신봉하고 있는 듯 서술합니다. 꾸준히 토지조사사업을 연구해온 역사학자들 입장에서는 억장이 무너질 일입니다. 이처럼 이영훈 교수는 허수아비 치기에 익숙한 사람입니다.

신용하 선생을 향한
도를 넘은 비난

국사 교과서의 '40% 수탈설'이 근거 없음을 주장한 다음, 곧바로 이영훈 교수는 신용하 선생의 《조선토지조사사업연구》에 비판의 칼날을 들이댑니다. 신 선생의 책은 1982년에 나왔으니 비교

---

2   한국역사연구회 토지대장연구반, 《일제의 창원군 토지조사사업》, 선인, 2013, 41쪽.

적 초기의 연구라고 할 수 있겠지요. 이 교수는 신용하 선생이 "토지조사사업을 피스톨이 발사되는 폭력적 과정으로 묘사"(37쪽)했다는 사실에 주목합니다. 신 선생이 토지조사사업 추진 과정에서 일어난 국유지 분쟁을 분석하면서 "한 손에는 피스톨을, 다른 한 손에는 측량기를"이란 말을 지어내 민간인이 총독부를 상대로 토지 소유권을 주장하면 총독부는 피스톨로 제압한 것처럼 표현한 것은 완전히 엉터리라는 지적입니다. 당시 토지조사국 직원들이 권총을 차고 다닌 것은 사실이지만, 그것은 어디까지나 호신용이었을 뿐 농민에게 권총을 발사한 적은 없다는군요.

저는 여기에서 우선 내용을 가지고 비판하기 전에 신용하 선생에 대한 이영훈 교수의 비난이 도를 넘었다는 점을 지적하고 싶습니다. '국사 교과서의 40% 토지 수탈설'이라는 절 바로 다음에 '피스톨과 측량기'라는 절을 배치하여 마치 신용하 선생이 '40% 토지 수탈설'의 원흉인 것처럼 만들어버렸습니다. 이영훈 교수가 고령의 선배 학자를 어떻게 매도하는지 한번 살펴보겠습니다.

왜 신용하라는 학자는 '한 손에는 피스톨을, 다른 한 손에는 측량기를'이라는 엉터리 학설을 만들었나요. 그는 토지조사사업에 관한 책을 쓰면서 일선 군청이나 법원에 있는 토지대장이나 지적도를 열람한 적이 없습니다. 당시 농민들이 제출한 신고서를 발굴하거나 정리한 적도 없습니다. (…) 토지조사사업에 대해 총독부가 편찬한 각종 월보나 보고서를 세밀하게 읽지 않았습니다. 심지어 그 일부를 자신의 입맛에 맞게 조작하였습니다. 토지조사사업을 이해하기 위해서는 조선시대 토지제도에 대한 이해가 선행되어야 합니다. 그런데 그런 준비를 전혀 하지 않았습니다.(38쪽)

현재 신용하 선생은 80세 중반의 고령입니다. 짐작건대 선생은 이 부분을 읽고 나서 피가 거꾸로 솟았을 것 같습니다. 얼마나 억울하고 화가 났으면 노령의 나이에도 불구하고 《반일 종족주의》가 나온 지 석 달 남짓 만에 《일제 조선토지조사사업 수탈성의 진실》이라는 책을 출간했을까요? 이 책에서 신 선생은 이영훈 교수가 자신을 중·고등학교 교과서와 《아리랑》에 담긴 토지 수탈설의 원흉이라 모함했다고 소회를 밝히고 있습니다.[3] 부디 노학자의 건강이 상하지 않기만을 바랍니다.

자, 이제 내용을 한번 따져보겠습니다.[4] 신용하 선생은 1982년

---

3 신용하, 《일제 조선토지조사사업 수탈성의 진실》, 나남, 2019, 187쪽.
4 아래에서 서술하는 신용하 선생 관련 내용은 네이버 카페 '부흥'(https://cafe.naver.com/booheong)에 포스팅 되어 있는 토지조사사업에 관한 글 두 편에서 힌트를 얻었습니다.

부터 현재까지 일관되게 '신고주의를 활용한 토지 수탈'이 자행되었다는 주장을 하기는 합니다. 이것만 보면 선생이 시대착오적인 견해를 고집하는 것처럼 보이지요. 그런데 말입니다. 1982년 책과 2019년 책에서 신용하 선생은, 그런 일이 있기는 했으되 매우 드물었고 오히려 조선 농민의 소유지는 대부분 신고한 대로 소유권과 경계가 결정됐음을 분명히 밝히고 있습니다. 이쯤에서 선생의 말을 직접 들어보겠습니다.[5]

> 일제 '조선토지조사사업'의 사정 실적을 살펴보면, 사정 총 필수 1,910만 7,520필 중에서 지주 신고를 그대로 시인한 경우가 총 필수의 99.5%에 해당하는 1,900만 9,054필이었다.

> 여기서 명확히 알 수 있는 것은 일제의 농경지에 대한 토지조사사업 사정은 신고주의 방법에 의해 99.5%가 신고된 그대로 사정되어 그 토지의 소유자 및 강계를 확정하는 행정처분이 내려졌다는 사실이다.

신용하 선생의 말에 따르면, 신고가 없어서 최종적으로 국유지로 편입된 농경지는 8,944필로 전체 사정 필수의 약 0.05%에 불과합니다. 총독부가 이 얼마 안 되는 농경지를 조선 농민에게서 수탈했다는 이야기이므로, 신용하 선생의 견해는 국사 교과서의 '40% 토지 수탈설'과는 전혀 다른 내용이라고 해야 합니다. 굳이 이름을 붙이자면 '0.05% 농경지 수탈설'이라고 부를 수 있겠습니다. 다만, 선생은 조선 농민의 미신고 농경지 외에 원래 국유지였던 농경지, 임야, 기타 미개간지 등을 총독부 소유지로 편입한 것까지 토지 약탈로 간주하여, 전체 토지의 50.4%를 일제가 수탈했다고 주장합니다. 하지만 이는 국사 교과서의 '40% 토지 수탈설'과는 맥락이 전혀 다른 이야기입니다. 사실 사유지를 강제로 빼앗은 것은 아니라고 하더라도 원래 조선의 국유지였던 땅을 총독부가 꿀꺽했으니 토지 수탈이라고 불러도 상관은 없겠지요.

당시 농경지의 면적은 487만 정보[6], 전체 토지의 면적은 2,300만 정보였습니다. 토지조사사업은 농경지를 대상으로 했으므로, 사업 과정에서 신고주의를 활용한 토지 수탈이 40%나 됐다는 말은 당연히 농경지의 40%가 수탈됐다는 뜻으로 해석돼야 하지요. 그런데 《반일 종족주의》에서 이영훈 교수는 '농경지'라는 말이 들어가야 할 자리에 '토지' 또는 '전국 토지'라는 말을 대신 집어넣습니다. 토지의 범위를 전체 토지로 넓히게 되면, 농경지

5 신용하, 《일제 조선토지조사사업 수탈성의 진실》, 나남, 2019, 108~109쪽.
6 정보는 토지 면적의 단위로 일제강점기에 주로 쓰였던 용어입니다. 1정보는 3,000평, 9,917.4제곱미터에 해당합니다.

에서 수탈이 행해지지 않았더라도 다른 지목의 토지에서 수탈이 행해져서 전체 토지의 40%가 수탈될 여지가 있었습니다. 수치에서 약간의 차이가 있기는 하지만, 신용하 선생이 바로 이런 논리를 펼쳤습니다. 이영훈 교수는 신용하 선생을 '농경지 40% 수탈설'의 원흉인 것처럼 몰아붙였지만, 사실 신 선생은 극히 작은 비중의 미신고 농경지와 원래 국유 토지들을 합쳐서 '전국 토지'의 50.4%가 수탈됐다고 주장했습니다. 신 선생도 《일제 조선토지조사사업 수탈성의 진실》에서 직접 "일제가 한국 전국토지의 50.4%를 약탈했다는 의미는 농경지 등과 임야 등을 빼앗았다는 것이지, 한국 농민의 농경지만 빼앗았다는 것이 아니다"[7]라고 분명히 밝히고 있습니다. 국사 교과서의 '40% 토지 수탈설'도 토지를 농경지가 아닌 전체 토지로 해석할 경우, 반드시 틀렸다고 단정할 수는 없습니다. 이처럼 신용하 선생은 물론이고 국사 교과서까지도 '혐의'를 벗게 됐으니, 오히려 이영훈 교수가 자기 함정에 빠진 셈입니다.

물론 조선왕조의 국유지를 총독부가 승계한 것을 수탈로 보지 않는다면, 대가 없이 총칼로 빼앗는 방식의 '토지 수탈'은 거의 없었다고 할 수 있습니다. 앞서 말했듯이 이는 현재 한국 역사학계의 통설이기도 합니다. 토지 약탈이라는 말을 과도하게 사용해

---

7   신용하, 《일제 조선토지조사사업 수탈성의 진실》, 나남, 2019, 186쪽.

서 그렇지, 내용상 신용하 선생의 견해도 이 범주에 속합니다. 그런데도 이영훈 교수는 신용하 선생을 비롯한 한국 역사학자들이 '40% 토지 수탈설'을 주장한다며 한탄하고 있으니, 이는 마치 한 편의 코미디 같습니다.

이영훈 교수는 부조적 수법의 달인

이영훈 교수에게서 보이는 더 큰 문제는 수탈의 개념을 '대가 없이 무력으로 빼앗아가는 행위'로 좁혀놓고는 그에 해당하는 증거가 보이지 않으니 일제의 식민지 수탈은 없었다는 식의 결론을 내린다는 점입니다. 이는 김낙년 교수도 마찬가지입니다. 기존 연구에서 '수탈'의 개념을 넓은 의미로 사용해온 점을 고려하면, 대가 없이 무력으로 빼앗아가는 행위를 표현하는 데 적합한 용어는 '약탈' 또는 '강탈'이 아닐까 생각합니다.

그림 1을 보면서 이야기해봅시다. 상식적인 역사 연구자라면, 사료를 검토한 결과 '대가 없이 빼앗는 수탈'(그림 1의 (A))의 증거가 많이 보이지 않는다고 해서 바로 제국주의의 경제 수탈이 없었

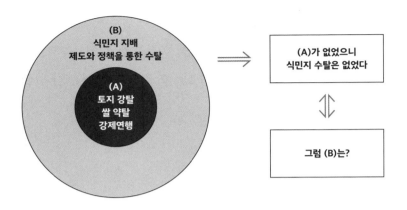

그림 1 ● 일제의 경제 수탈을 이해하기 위한 개념틀

다고 결론을 내리지는 않을 것입니다. 사실 다른 나라를 식민지로
병탄하는 행위 자체가 영토 수탈이지요. 신용하 선생처럼 총독부
가 기존의 국유지를 승계한 것을 토지 수탈로 볼 수도 있겠지요.
그런데 또 하나의 수탈을 말하지 않을 수 없습니다. 바로 그림 1의
(B), 즉 '제도와 정책을 통한 수탈'입니다.

실제로 지금까지 일제강점기 농업사 연구는 대부분 여기에
초점을 맞추었고 상당한 성과를 축적했습니다. 일제강점기에 관
한 많은 연구 성과가 이런 성격의 것임에도《반일 종족주의》에서
는 그에 관해 일절 언급하지 않습니다. 토지조사사업과 산미증식
계획에 관한 기존 연구 성과 중에서 이영훈 교수와 김낙년 교수가
비판하는 그런 노골적인 약탈론을 펼친 연구는 거의 없습니다(산

미증식계획에 관해서는 뒤에서 자세히 설명하겠습니다). 대부분의 연구는 일제의 식민지적·지주적 농업정책이 어떻게 식민지 지주제의 발달과 조선 농민의 몰락, 그리고 농업구조의 왜곡을 초래했는지에 초점을 맞췄습니다. 아울러 일본인 대지주의 토지 겸병, 소작료 수탈, 쌀 대량 이출 과정에 대해서도 소상하게 분석했습니다. 제도와 정책을 통한 수탈이 분석의 중심을 차지한 셈입니다.

　이런 다수의 견해는 깡그리 무시하고, 만만해 보이는 국사 교과서나 조정래 작가의 소설, 그리고 신용하 선생의 저서를 비판하며 한국 역사학계가 거짓말을 늘어놓았다는 결론을 도출했으니, 부조적浮彫的 수법을 구사했다는 비난을 면하기 어렵습니다. 부조적 수법이란 자기 견해를 입증하는 데에 유리한 사례만 선택해서 부각하거나 비판하는 논리 전개 방식을 뜻합니다. 자신이 보여주고 싶은 부분만 의도적으로 부각하는 방식인 만큼, 객관성을 최고의 가치로 삼는 학자로서는 절대 채용하면 안 되는 서술 방법입니다.

　사실 오래전부터 이영훈 교수는 부조적 방법을 썼다는 이유로 '자본주의 맹아론'을 비판해왔습니다. 이 이론은 한때 한국 역사학계의 주류학설이었지요. 조선 사회가 오랜 기간 정체해 있었다고 주장한 '식민사관=조선 사회 정체성론'에 대항해, 한국 전통사회에도 자본주의로 발전할 요소가 존재했음을 밝힌 이론입니다. 일본 제국주의의 침략이 없었다면, 한국은 스스로 자본주의를 발전시킬 역량을 갖고 있었다고 보는 이론이지요. '내재적 발전론'이라고 불리기도 합니다. '식민사관=조선 사회 정체성론'이 한국인의 자존심을 무참하게 짓밟은 이론이었다면, 자본주의 맹아론은 한국인의 자존심을 지키기 위해 한국 전통사회의 역사 현실을 장밋빛으로 그린 이론이라고 할 수 있습니다. 자본주의와 조금만 가까워 보이는 현상이 발견되면 그것을 과도하게 부각해서, 마치 조선 사회 전체가 자본주의로 이행하고 있었음을 시사했습니다. 자본주의 맹아론은 이처럼 부조적 방법론을 사용했다는 이유로 맹렬한 비판을 받았습니다. 민족의 자존심을 지키는 일도 중요하지만, 역사 현실을 과장하지 않는 것은 그보다 더 중요하다는 반성이 뒤따른 결과입니다. 이영훈 교수는 자본주의 맹아론 비판의 선두에 섰던 학자입니다. 그런 점에서는 이 교수가 한국 역사학의 발전에 기여했다고 평가할 수 있습니다.

그런데 이영훈 교수 스스로가 맹렬히 비판했던 부조적 수법을 《반일 종족주의》 곳곳에서 마구 구사하고 있으니 이를 어찌해야 할까요? 부조적 수법을 구사하기는 다른 필자들도 마찬가지입니다. 자본주의 맹아론자들이 자본주의 맹아의 존재를 입증할 증거를 찾을 때 부조적 방법을 구사했다면, 《반일 종족주의》 필자들은 비판 대상을 선택할 때에도 이 방법을 사용합니다. 지금까지 이영훈 교수를 중심으로 한 뉴라이트 학자들은 주장이 편향됐다는 비판을 받기는 했지만, 통계와 사료를 중시한다는 점에서 일정한 평가를 받아왔습니다. 하지만 《반일 종족주의》에서는 그들의 연구 방법에도 심각한 결함이 있다는 사실이 드러났습니다.

제도와 정책을 이용한
토지 수탈의 메커니즘

일본은 단순히 약탈로 식민지를 지배하는 유치한 수준의 제국주의 국가가 아니었습니다. 서울대 도서관을 한번 방문해보십시오. 지금은 배치가 달라졌는지 모르지만, 제가 이용할 시기에는 한 층이 온통 조선 사회를 조사·분석한 총독부 간행 문헌들로 가득 차 있었습니다. 일제는 식민지 지배를 위해 얼마나 치밀하게 조사하고 분석했는지 모릅니다. 단지 총칼로 조선인의 것을 빼앗아 가려 했다면 무엇 때문에 그런 방대한 작업을 했겠습니까? 사람 몸에 빗대어 표현하자면, 대가 없이 빼앗는 약탈은 피부에 상처를 내지만, 제도를 이용한 수탈은 뼈를 손상시킵니다. 후자는 그만큼 영향도 오래갈 수밖에 없습니다. 오늘날 한국인이 겪는 허다한 어려움 중에는 일제의 식민지 지배에서 비롯된 것이 많습니다. 예컨대 부동산 문제의 역사적 기원은 바로 토지조사사업입니다. 이렇게 말할 수 있는 것은 토지조사사업을 통해 처음으로 토지 소유자에게 절대적·배타적 권리를 인정하는 토지사유제가 한국 사회에 전면 도입됐기 때문입니다. 자, 이제 일제가 어떻게 제도와 정책을 이용하여 조선인의 토지를 수탈했는지 살펴보겠습니다.

일본은 한국을 병탄하자마자 토지조사사업에 착수했습니다. 무력으로 조선 농민의 농경지를 빼앗을 의도가 아니었다면, 도대체 무슨 목적으로 이 사업을 추진한 것일까요? 1918년 조선총독부가 발간한 《조선토지조사사업보고서》에 따르면, 토지조사사업을 실시한 목적은 "토지제도 및 지세제도를 확립하여 일반 시정의 근본을 마련"하는 데 있었습니다. 총독부 스스로 밝힌 바이기는 하지만, 이는 사업의 목적을 비교적 정확하게 표현한 것으로 보입니다. 다른 말로 하면, 토지제도와 지세제도를 정비해 식민지 통치의 제도적 기반을 구축하는 것, 그것이 토지조사사업의 목적이었습니다. 이는 남의 나라를 무력으로 점령하자마자 토지 빼앗기부터 시작했다는 이야기보다는 훨씬 자연스럽습니다.

일본은 조선을 영구 병합할 생각을 품고 있었다고 합니다. 그렇게 하려면 일본인들을 조선으로 이주시켜서 영구히 거주하도록 만들 필요가 있었습니다. 조선의 토지제도는 이 과정에서 가장 커다란 장애로 작용할 수밖에 없었습니다. 일본인들이 조선 땅에 영구 거주하려면 무엇보다도 먼저 토지를 소유해야 했는데, 당시 조선에는 토지 소유권을 공적으로 뒷받침해주는 제도가 없었습니다. 고려 말 과전법이 시행된 이래 유지되어온 국전제國田制의 흔적도 남아 있었습니다.[8] 직접 농사를 짓는 농민이 어떤 권리를 가졌는지도 불투명했지요. 한마디로 조선 후기 이래 사적 토지 소유가 발달하기는 했지만, 한 토지에 여러 종류의 권리가 중첩되는 중층적 소유가 완전히 정리되지 않은 상태였습니다. 일본인의 눈에 그와 같은 토지제도는 매우 불확실하게 보였겠지요. 조선총독부도 그런 상태로는 일본인의 조선 이주를 권장하기도 어렵고, 식민지를 안정적으로 통치하기도 어렵다고 판단했을 것입니다.

총독부는 토지조사사업을 통하여 조선의 농경지와 대지를 대상으로 소유권자, 토지 경계, 지목, 지형·지적, 지가 등을 조사하고 확인했습니다. 필지별로 조사한 내용은 토지대장과 지적도로 만들어 군청과 재판소에 비치했습니다. 이를 기반으로 토지 소유권 증명제도인 등기제도도 도입했습니다. 이로써 오랜 세월에 걸

---

8 국전제란 모든 토지를 왕의 소유로 간주하여 국가의 지세 수취를 정당화하고 토지의 사유화를 금지하는 제도로 조선왕조 토지제도의 근간이었습니다. 이 제도 하에서 모든 토지는 국가의 소유였고 백성들은 국전을 빌려서 경작하는 존재였습니다. 조선 후기에 민간의 사적 토지 소유가 발달하면서 국전제의 원칙은 점차 형해화됐습니다. 하지만 한일병탄 당시까지도 이 원칙은 공식적으로 폐기되지 않은 상태로 남아 있었습니다.

3장·토지 수탈이 없었다?

쳐 국토 전반에 영향을 미쳤던 국가의 권리가 완전히 폐기되고, 일물일권적一物一權的인 소유권이 토지 소유자에게 인정됐습니다. 일물일권적 토지 소유권이 공인됐다는 말은 중층적 소유가 소멸하고, 다른 재산과 마찬가지로 한 토지에는 하나의 소유권만 성립하게 됐다는 뜻입니다. 이와 같은 제도의 변화 속에서 직접 농사를 짓던 농민은 토지 소유자가 아닌 경우 아무런 권리도 인정받지 못했습니다.

토지조사사업으로 절대적·배타적 토지 소유권이 공적으로 인정되고 이를 증명하는 등기제도가 도입되자, 드디어 일본인들은 한국에 와서 마음 놓고 토지를 매입하고 경영할 수 있게 됐습니다. 일제강점기에 일본인 대지주를 중심으로 식민지 지주제가 급속히 발달할 수 있었던 배경에는 바로 이런 토지제도의 정비가 있었지요.

이제 지세제도의 정비로 넘어가보겠습니다. 지세제도의 정비는 토지제도의 정비와 함께 토지조사사업의 양대 축을 이뤘습니다. 일제가 지세제도의 정비를 꾀한 목적은 분명합니다. 식민지 통치에 필요한 안정적 재정 수입원을 확보하려는 것이었지요. 지세는 1910년 당시 총 세수의 66%를 차지할 정도로 조선에서 가장 중요한 세목이었습니다. 앞에서 총독부는 토지조사사업을 시행하면서 소유권자, 토지 경계, 지목, 지형·지적과 함께 지가를 조사했다고 했습니다. 여기에서 지가란 과세지가를 뜻합니다. 실제 땅값이 아니라, 세금을 매기기 위해 등급을 정해서 일정한 공식에 따라 산정하는 가격이지요. 지가를 산정하기 위한 공식에 포함되는 변수로는 수확량, 곡물 가격, 각종 공제액, 환원율 등이 있었습니다. 총독부가 채택한 공식의 내용은 대체로 합리적이었습니다. 토지조사사업으로 전국 토지에 관한 각종 정보가 수집되고 아울러 필지별로 과세지가가 산정됐기 때문에, 총독부의 지세 징수도 매우 쉬워졌습니다. 한 가지 주목해야 할 점은 사업의 결과, 1910년 말 240만 정보에 불과했던 과세 대상지가 1918년 7월 말에는 434만 정보로 무려 81%나 증가했다는 사실입니다. 과거에는 과세 대상에서 빠져 있던 은결隱結[9]이 대거 파악됐기 때문이지요. 재정 수입원이 예상외로 늘어나자 일제는 처음에 과세지가의 3%를 지세로 걷으려 했던 계획을 변경하여 세율을 1.3%로 낮췄습니다.

지금까지의 이야기를 요약해볼까요? 일제는 토지 소유권 조사로 일본인들이 조선에서 토지재산을 소유할 때 수반되는 불확실성과 위험을 제거하는 한편, 지가조사로 식민지 통치에 필요한 안정적 재정 수입원을 확보했습니다. 《조선토지조사사업보고서》

---

9 조선시대에 지세 부과를 회피하기 위해 불법적이고 부정한 방법으로 과세 대상에서 누락시킨 토지를 말합니다.

3장·토지 수탈이 없었다?

가 사업의 목적이라고 밝힌 내용이 상당히 정확했던 셈입니다. 일제가 무력으로 조선 농민의 토지를 마구 강탈하지 않았다고 해서, 식민지 지배의 부당성이 부정되는 것은 아니라는 점에 유의해야 합니다. 일본인들이 마음 놓고 토지를 매집할 수 있도록 보장하는 제도적 환경을 만들었으니, 이것이야말로 '고차원의 수탈 전략'이 아닙니까? 실제로 토지조사사업 이후 조선에서는 일본인 대지주를 중추로 한 식민지 지주제가 급속하게 확대됐습니다. 1920년대 산미증식계획 실시 이후 조선인 토지 소유자들이 소유 토지를 상실하고 몰락하는 한편, 일본인 대지주들이 토지를 집중해가는 과정에 대해서는 다음 장에서 좀 더 살펴보기로 하겠습니다.

식민지 지배의 일환으로 대량의 자본이 건너와 손에 물을 묻히고 좁쌀을 줍듯이 저가의 토지를 대량 매수한 것 자체가 이미 식민지적 수탈이지요.

이것은 누가 한 말일까요? 바로 이영훈 교수가 자신의 책《대한민국 이야기》에서 했던 말입니다.[10] 정확하게 제 견해와 일치합니다. 문제는 그 책이 출간된 해가 2007년이라는 사실입니다. 10여

---

10   이영훈, 《대한민국 이야기》, 기파랑, 2007, 261쪽.

년이 지나는 사이에 제도와 정책을 통한 수탈이라는 개념이 이영 훈 교수의 머릿속에서 슬그머니 사라지고 말았습니다. 《반일 종 족주의》에서 이 교수는 '토지 수탈설'이 거짓말이라는 주장으로 지면을 도배하면서도, 일제가 한국을 수탈했다는 말은 단 한마디 도 하지 않습니다. 이제 이영훈 교수 주장의 방점은 수탈이 없었 다는 쪽에 찍혀 있습니다. 정말 통탄할 일입니다.

한 가지 더 추가할 내용은 토지조사사업으로 식민지 지배의 동맹세력이 만들어졌다는 사실입니다. 바로 조선인 지주들입니다. 이들 중에는 양반 출신도 있었지만 개항기에 부를 축적해 토지를 사 모은 사람이 많습니다. 이들은 토지조사사업 덕분에 자신들 이 소유한 토지에 대해 절대적·배타적 권리를 행사할 수 있게 됐 습니다. 더욱이 일본 국내에 비해 낮은 지세율을 적용받는 혜택까 지 누리게 됐지요. 제국주의자들이 나라를 집어삼키자 자신들도 뭔가 피해를 입지 않을까 마음을 졸이던 조선인 지주들은 크게 안심했을 것입니다. 게다가 세금까지 가볍게 해주니 자연스레 일 본 제국주의를 지지할 마음이 생겼을 테지요. 일제는 이렇게 토지 조사사업을 통해 조선 사회 안에서 식민지 지배를 옹호할 든든한 동맹군을 확보했던 것입니다.

'부동산공화국' 출현의
역사적 배경으로서의 토지조사사업

일물일권적 토지 소유권은 절대적·배타적 권리이기도 합니다. 사람이 만든 생산물이나 그 생산물을 저축해서 형성한 재산처럼, 토지도 절대적 소유의 대상이 된 것이지요. 많은 사람이 한국의 토지사유제 역사가 매우 오래됐다고 생각하지만, 실은 100년 남짓밖에 되지 않았습니다. 게다가 제도를 공식적으로 도입한 주체가 일본 제국주의였으니 그것을 신성불가침으로 여기는 것은 어리석지 않은가 생각합니다.

1960년대 이후 한국에서는 주기적으로 부동산 투기 열풍이 불어 사회를 혼란에 빠뜨렸습니다. 땀 흘려 일하려는 근로 의욕과 모험심을 가지고 투자하려는 기업가 정신은 약해지고, 부동산으로 일확천금을 노리는 경향이 국민 다수의 마음을 사로잡게 됐습니다. 지금은 부동산 불로소득으로 인한 불평등과 비효율이 심각한 상황입니다. 저는 이런 상태를 '부동산공화국'으로 명명한 바 있습니다.[11] 서구의 경제학자들은 이런 사회를 '지대추구 사회Rent-seeking society'라고 부르지요. 대한민국을 부동산공화국으로 전락시킨 원인은 여러 가지이지만, 근본 원인은 일제가 토지조사사업으로 도입한 토지사유제입니다. 앞에서 제도를 이용한 수탈은 뼈를 손상시키며 그만큼 영향도 오래갈 수밖에 없다고 했습니다. 바로 이 경우가 대표적 사례입니다. 다행히 1987년 제정된 현행 헌법에서 토지공개념 조항[12]이 도입됐지만, 정부가 토지공개념 정신에 부합하는 법률과 제도를 도입하려고 할 때마다 그 정체성을 의심하는 비판과 반대가 쏟아졌습니다. 제도와 정책이 헌법 정신과 맞지 않는 모순적 상황이 오랫동안 지속됐는데, 여기에도 일제가 토지조사사업으로 확립한 토지 소유권 절대주의가 큰 영향을 끼쳤습니다.

제도와 정책을 통한 수탈과 현재에 미치는 영향을 외면하고 나니, 이영훈 교수에게는 토지조사사업의 긍정적 측면만 남았겠지요. 이 교수가 일제가 남긴 토지대장, 지적도, 주소 부여 방식 등을 상찬하는 것을 한번 보십시오.

당시 만들어진 토지대장과 지적도는 지금도 이 나라가 펼치는 온갖 토지 행정의 기초 자료로 긴요하게 사용되고 있습니다. 여러분이 사는 집터의 번지와 주소는 언제 붙여진 것입니까. 다름

---

11   전강수, 《부동산공화국 경제사》, 여문책, 2019.

12   "국가는 국민 모두의 생산 및 생활의 기반이 되는 국토의 효율적이고 균형 있는 이용·개발과 보전을 위하여 법률이 정하는 바에 의하여 그에 관한 필요한 제한과 의무를 과할 수 있다."(대한민국 헌법 제122조)

아닌 1910~1918년의 토지조사사업에서였습니다.(39쪽)

마치 일제의 식민지 지배가 없었다면 한국인 스스로 토지대
장과 지적도도 못 만들고 집터의 주소도 제대로 부여하지 못했을
것처럼 이야기하는 모습에서 일본 극우의 체취를 느낀다면 지나
친 말일는지요?

조정래 작가와 신용하 선생에 대한
《반일 종족주의와의 투쟁》의 여전한 집착

《반일 종족주의》에서는 두 장을 할애해 다뤘던 토지조사사
업을 《반일 종족주의와의 투쟁》에서는 세 장을 할애해 다룹니다.
분량이 많아진 것은 물론입니다. 주익종 박사, 이영훈 교수, 이우
연 박사 세 사람이 각자 한 장씩 집필했습니다. 주 박사는 토지조
사사업 때 학살이 있었다는 주장을 비판하는 데 초점을 맞추고,
이 교수는 자신이 1993년에 쓴 논문 〈토지조사사업의 수탈성 재
검토〉를 요약·정리하면서 국유지 수탈을 토지조사사업의 목적으
로 보는 견해를 논박합니다. 이 박사는 조선총독부가 임야 면적의

59.1%에 해당하는 956만 정보를 수탈했다는 학설을 일제강점기 임야정책의 역사에 비추어 반박합니다.

《반일 종족주의와의 투쟁》에서 세 사람이 비판의 대상으로 삼는 인물이 여전히 조정래 작가와 신용하 선생이어서 저는 많이 놀랐습니다. 특히 신용하 선생에 대해서는 두 장(16장과 17장)이나 할애해서 반박하는 것을 보고 그 집요함에 혀를 내두를 수밖에 없었습니다. 앞에서 지적했지만, 조정래 작가의 《아리랑》과 신용하 선생의 토지조사사업 연구는 현재 한국 역사학계의 연구 동향을 전혀 대표하지 못합니다. 실증 연구가 깊이 진행된 오늘날, 신고주의를 이용한 토지 수탈이나 민유지 약탈을 통한 국유지 창출을 주장하는 역사학자는 거의 없습니다. 주익종 박사는 《반일 종족주의와의 투쟁》 15장 앞부분에서 조정래 작가에게 비난을 퍼붓다가는, 갑자기 과녁을 바꾸어 전영길 교수와 이성익 교수가 2017년에 쓴 논문 〈토지조사사업을 통한 일제의 토지수탈 사례 연구〉(《한국지적정보학회지》 19-3)에 화살을 퍼붓습니다. 김종성이라는 작가가 그 논문을 근거로 해서 조정래 작가의 견해를 지지하며 이영훈 교수를 비판했다는 이유에서입니다. 그런데 토지조사사업을 전문적으로 연구하는 역사학자의 눈으로 보면, 그 논문은 비전공자들이 토지조사사업 연구사도 제대로 파악하지 않은 채 쓴 에세이 같은 글입니다. 그러니 전문 경제사학자인 주익종 박사가 눈에 불을 켜고 그 글의 오류를 추적할 일은 아니지요.

《반일 종족주의와의 투쟁》16장의 말미에서 이영훈 교수는 자신이 《반일 종족주의》에서 신용하 선생에게 함부로 해서는 안 될, 강한 어조의 비판을 했다고 자인합니다.(《반일 종족주의와의 투쟁》287쪽) 신 선생에게 도를 넘은 비난을 했다는 사실 때문에 그동안 다소 마음이 불편했던 모양입니다. 그래서 제가 권면합니다. 앞으로는 부디 괜히 엉뚱한 데 화살을 겨누지 말고 역사학계의 통설과 씨름하기를 바랍니다. 그리고 제발 다른 연구자가 자신의 주장을 외면한다고 불평을 늘어놓지 말고 자신이 먼저 다른 연구자의 견해에 관심을 기울이기를 바랍니다. 사실 《반일 종족주의》 출간 후 역사학계 본진이 침묵으로 일관한 것은 그 허수아비 치기가 너무나도 황당했기 때문이 아닐까요?

쌀 수탈도
없었다?

일제, 조선 쌀로 일본 국내의
식량문제를 해결하려 하다

조선총독부는 토지조사사업으로 식민지 통치를 위한 제도적 기반을 마련한 다음, 1920년부터 산미증식계획으로 불리는 농업 개발 정책을 추진했습니다. 이는 식민지 조선에서 쌀을 대량 증산해서 일본으로 대량 이출[1]하기 위해 실시한 정책입니다. 1910년대 말 일본은 농업과 공업의 불균등 발전으로 식량 부족과 고미가高米價 현상에 시달렸습니다. 1918년에는 일본 전역에서 쌀값이 폭등해서 민중 봉기가 일어날 정도였지요. 일본에서는 '쌀 소동'이라고 불리는 유명한 사건입니다. 일제는 일본 내의 쌀 부족 문제를 식민지에서 해결하려고 했습니다.

---

1   일제강점기에 일제는 조선에서 일본으로 상품이 수출(수입)되는 것을
     이출(이입)이라 불렀습니다. 이는 이국異國 간 상품 거래와는 다름을 표현하기 위한
     명명이었습니다.

● 제물포항에 쌓여 있던 일본 이출용 쌀가마니.

1920년에서 1934년까지 실시된 산미증식계획은 조선에서 농사개량 사업과 토지개량 사업을 대대적으로 벌여서 쌀을 800~900만 석 증산한 다음, 그 절반 이상을 일본으로 이출한다는 내용이 중심이었습니다. 일제는 사업의 추진 실적이 크게 부진하여 1926년에 계획을 수정해서 추진하기도 했고, 1934년에는 세계 대공황의 여파로 결국 사업을 중단하게 됐지만, 조선 쌀 대량 이출이라는 목적은 기어코 달성했습니다. 이는 쌀 증산 실적이 계획에 못 미쳤던 것과는 대조를 이룹니다. 1916~1920년 5개년과 1931~1935년 5개년을 비교하면, 연평균 쌀 생산량은 1,370만 석에서 1,726만 석으로 26% 증가했습니다. 356만 석이 늘기는 했지만 원래 증산 계획이 800~900만 석이었던 것을 생각하면 많이 부족한 양입니다. 이에 비해 연평균 쌀 수이출량[2]은 215만 석에서 852만 석으로 295%나 증가했습니다. 무려 637만 석이 늘어서 계획을 초과 달성한 것이지요. 조선의 쌀 생산량 중에서 수이출된 양의 비율은 15.7%에서 49.4%로 크게 상승했습니다. 조선 쌀의 절반 정도가 일본으로 흘러가게 된 셈입니다. 그 결과, 조선 내 1인당 쌀 소비량은 0.686석에서 0.428석으로 급감했습니다. 일제는 조

---

[2] 수출량과 이출량을 합쳐서 일컫는 말입니다. 쌀 이출량에 비하면 수출량의 비중은 미미했습니다.

4장 · 쌀 수탈도 없었다?

선인의 쌀 소비를 억누르면서 일본으로 조선 쌀을 대량 이출했던 것입니다.

여기까지는 모두 팩트입니다. 문제는 해석이지요. 《반일 종족주의》 3장에서 김낙년 교수는 일제가 조선을 식량 공급 기지로 만들어 쌀을 수탈해갔다는 견해를 논박하면서, 조선은 쌀을 수탈당한 것이 아니라 일본으로 수출했다고 주장합니다. 그도 이영훈 교수처럼 수탈의 개념을 대가 없이 강제로 빼앗아가는 행위로 좁히고는 고등학교 한국사 교과서에서 '수탈'이라는 용어를 사용하는 것을 문제시합니다. 조선 농민들은 일본과 쌀을 자발적으로 거래했기 때문에 '수출'이라고 표현해야 옳다는 것입니다. 용어 사용의 문제점을 지적하는 정도라면 억지로라도 이해할 수 있겠습니다만, 당시 상황에 대해 "조선 농민의 입장에서 보면, 일본이라는 대규모 쌀 수출 시장이 생긴 덕분에 유리한 입장에 있었다"(47쪽)라고 의미 부여하는 대목에서는 논리 비약이 심하다고 느낄 수밖에 없습니다. 김 교수는 거기에서 한 걸음 더 나아가 산미증식계획이 조선 농민의 소득 증가에 크게 기여했다고까지 주장합니다.

산미증식계획이 실시되던 시기에 대가 없이 강제로 쌀을 빼앗아가는 약탈은 없었습니다. 문제는 제도와 정책을 통한 수탈입니다. 김낙년 교수는 이것까지 부정하는 입장을 취합니다. 지금부터 저는 일제가 산미증식계획을 통해 어떻게 조선인의 쌀과 토지를 수탈했는지 밝히려고 합니다. 사실 이는 저의 독창적인 주장이 아니라 현재 역사학계의 통설을 정리해서 소개하는 것에 지나지 않습니다.

총독부 권력의 강제와 감시

일제는 산미증식계획을 추진하면서 결코 조선 농민의 자발성에 의존하지 않았습니다. 농사개량 사업은 신품종 보급, 경종법 개선, 시비施肥 증대 등이 중심이었는데, 총독부는 이를 추진하면서 단순히 신품종을 심고 비료를 더 투입하도록 권장하고 새로운 농사 방법을 홍보하는 차원에 머물지 않았습니다. 권력을 동원하여 명령하고, 농민이 관청의 지시를 따르는지 일일이 감시했습니다. 수원고등농림학교 교수와 조선총독부 도소작관道小作官을 지낸 히사마 겐이치久間健一의 표현에 따르면, "가장 극단적인 권력적 지도"가 조선 농민에게 가해졌습니다. 그의 말을 들어보지요.

농민에게는 (…) 가장 극단적인 권력적 지도指導가 가해졌다. 이

4장 · 쌀 수탈도 없었다?

러한 권력적 개발은 일본인의 성급함이 작용했기 때문에 농민의 이해 따위는 고려하지 않았으며, 고려할 여유도 없었다. 농민은 오로지 관청의 지도가 명하는 대로, 배급받는 종자를, 지시받은 못자리에 뿌리고, 주어진 못줄로 정조식正條植을 행하고, 정해진 날에 비료를 주고, 제초를 행하고, 명령받은 날에 피를 뽑고, 예취刈取를 하고, 지시받은 방법에 따라 건조·조제를 행할 뿐이었다. 거기에는 오로지 감시와 명령만 있을 뿐이었다. 만일 다른 것이 있다고 하더라도 농민의 창의와 같은 것은 전혀 존재하지 않았다.[3]

저명한 관변 학자가 이 정도로 묘사했다면, 당시 총독부가 조선 농민에게 얼마나 혹독한 강제력을 행사했는지 충분히 짐작할 수 있습니다. 일제의 농사개량 사업은 "'감시와 명령'에 의해 행해진 개발이자, 자발적인 것이라곤 전혀 없는 외래적 강제"[4]였습니다.

총독부의 감시와 명령이 사업을 좌우했다는 점에서 토지개량 사업도 농사개량 사업과 다를 바 없었습니다. 토지개량 사업은

---

3   久間健一, 《朝鮮農政の課題》, 成美堂, 1943, 8쪽.

4   앞의 책, 11쪽.

관개 개선, 지목 변환, 개간·간척 세 가지로 나뉘는데, 총독부는 이를 수리조합이라는 반관반민의 조직이 주도하게 했습니다. 수리조합에 의하지 않은 토지개량 사업도 있었습니다만 중심은 아니었습니다. 일제는 수리조합의 설립과 운영에 대해 엄격하게 감독하고 통제했습니다. 조합을 설립하거나 폐지할 때에는 조선 총독의 인가를 받아야 했으며, 도지사가 조합장을 임명했습니다. 조합 운영과 관련한 주요 사안은 조선 총독이나 도지사의 인가를 받게 했지요. 조합 설립을 위해서는 조합원이 될 자 1/2 이상, 조합구역이 될 토지 2/3 이상에 상당하는 토지 소유자의 동의를 얻어야 했는데, 이 조건을 충족하기까지 상당수의 토지 소유자들이 관청의 압력 아래 동의 날인을 강요받는 경우가 많았습니다. 일제가 수리조합에 의한 토지개량 사업을 무리하게 밀어붙이자, 전국 각지에서 조선인들의 수리조합 반대 운동이 들불처럼 일어났는데, 그때마다 총독부는 경찰력을 동원해서 이를 진압했습니다. 관헌이 수리조합 회의장을 감시하고 의사 진행을 좌지우지하는 일도 다반사였습니다.

앞에서 1916~1920년과 1931~1935년 사이에 연평균 쌀 생산량이 356만 석이 늘었다고 했는데, 그 배경에 총독부 권력의 강제와 감시가 있었다는 점을 기억해야 합니다. 생산 단계 또는 생산 기반 조성 단계에서부터 총독부의 강제력이 강하게 작용했다는 사

● 전라북도 익산 소재 '익옥수리조합'의 대아저수지. 1927년 6월 17일에 열린
대아저수지 낙성식에는 사이토 마코토齊藤實 총독이 참석해 축사를 했다.
(사진 출처는 도리우미 유타카, 《일본학자가 본 식민지 근대화론》, 지식산업사, 2019, 35쪽.)

실을 인정한다면, 감히 조선 농민이 유리한 입장에 있었다느니 자발적 거래를 했다느니 하는 말을 할 수는 없을 것입니다.

총독부와 대지주의
유착

조선총독부의 조선 쌀 대량 증산을 통한 대량 이출 정책에 충실히 협력한 자들이 있었습니다. 바로 일본인 대지주를 중심으로 한 지주층입니다. 일제는 토지조사사업을 추진하면서 식민지 지배의 동반자로 지주층을 선택했습니다. 일본인 대지주는 이 세력의 중심이었고, 그 외곽에는 일본인 대지주를 모방하는 일부 조선인 대지주가 존재했습니다. 총독부와 대지주는 상호 윈윈^{Win-win}하는 관계였습니다. 총독부는 산미증식계획을 추진하면서 대지주들을 적극적으로 활용했습니다. 농사개량과 토지개량의 지침을 이들에게 직접 전달하거나 이들을 매개로 농민에게 하달했던 것이지요. 대지주들은 관청의 지도와 감독에 편승해 자기 토지를 경작하는 소작농에 대한 통제와 지대 수취를 강화했으며(여기에서 지대는 소작료를 뜻합니다), 급속히 확대되고 있던 쌀 상품화 과정에

대응하며 비약적으로 발전했습니다.[5]

일본인 대지주 중에는 농경지 1,000정보 이상을 소유한 초대형 지주도 있었습니다. 이들의 농장에서는 엄격한 노동과정 통제, 개량농법 강제, 수확물 처분과 품질에 관한 규제, 소작인 관리조직 강화가 행해졌습니다. 물샐틈없는 통제로 지주 수입의 극대화와 안정화를 꾀했던 것이지요. 생산과정에 적극적으로 개입했다고 해서 이런 대지주를 '동태적 지주'라고 부릅니다. 이들 중에는 직접 정미소를 운영하고 미곡상까지 겸하는 사람들도 있었습니다. 스스로 미곡 유통에 손을 대지 않았던 동태적 지주들도 미곡상과는 밀접한 관계를 맺고 있었습니다. 조선 쌀 대량 이출의 주역은 바로 이 동태적 지주와 미곡상이었습니다. 일본인 대지주는 러일전쟁 이후 조선에 들어오기 시작했는데, 본래부터 자산가였던 사람은 많지 않았습니다. 그중에는 강 주변 저습지나 상습 침수지를 저가로 다량 매입한 다음, 수리시설을 설치해서 비옥한 농지로 개선하는 방법으로 농장을 개척한 사람이 많았습니다.[6]

하지만 당시 지주들이 모두 동태적 지주처럼 행동하지는 않았습니다. 농업 생산에 별로 간여하지 않으면서 '마름'이라고 불리

---

5 전강수, 《부동산공화국 경제사》, 여문책, 2019, 30쪽.

6 앞의 책, 30~31쪽.

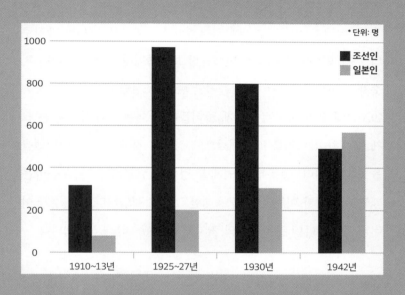

그림 2 ● **경지 100정보 이상 소유 대지주 수의 추이**

출처: 전강수, 『부동산공화국 경제사』, 여문책, 2019, 32쪽.

4장 · 쌀 수탈도 없었다?

던 대리인에게 소작농 선발과 소작료 수취를 맡겼던 지주도 있었지요. 이들은 '정태적 지주'라고 부르는데, 조선인 대지주의 다수와 중소지주 대부분이 여기에 속합니다. 동태적 지주는 총독부의 농업정책에 부응하며 쌀 상품화 과정에 적극적으로 대응한 반면, 대체로 정태적 지주는 그러지 않았습니다.

그림 2는 일제강점기에 경지 100정보 이상을 소유한 대지주의 수가 민족별로 어떻게 변했는지 보여줍니다. 일본인 대지주의 숫자는 1940년대까지 계속 늘어난 반면, 조선인 대지주의 숫자는 1920년대 후반 이후 뚜렷하게 줄어듭니다. 이는 동태적 지주는 크게 성장하며 토지를 집중해갔으나 정태적 지주는 점차 쇠퇴했음을 의미합니다. 총독부 농업개발 정책과 쌀 상품화에 대응하는 태도의 차이가 이런 결과를 초래한 것으로 보입니다. 대지주가 이런 상황이었다면 중소지주의 처지도 비슷했으리라 짐작됩니다.

수리조합과
일본인 대지주

수리조합은 동태적 지주들이 '맹활약'을 펼친 주요 무대였습니다. 강 주변 저습지나 상습 침수지를 저렴하게 매입한 일본인들은 자기 토지의 개량을 위해 주변 일대의 농지까지 편입하여 수리조합을 설치하려고 했습니다. 수리조합의 사업비로는 총독부 보조금도 동원됐지만, 주로 조선식산은행이나 동양척식회사 등 금융기관으로부터 차입한 자금이 활용됐지요. 차입 원리금의 상환은 조합원에게서 수리조합비를 걷어서 할 수밖에 없었습니다. 조합 설립을 주도한 일본인 지주들은 이 비용을 전가하기 위해 다수의 조선인 토지 소유자들을 조합원으로 강제 편입했습니다. 강제 편입도 문제였지만, 더 큰 문제는 이들 가운데 관개 개선이 필요 없는 사람들이 다수 포함되어 있었다는 점입니다. 그들은 이미 수리시설을 갖춘 우량 전답이나 아예 관개 개선이 불가능한 토지를 가진 사람들이었습니다.[7] 조선 각지에서 수리조합 설치 반대 운동이 들불처럼 일어난 배경에는 그런 사정이 있었습니다. 그러나 총

---

7 전강수, 〈일제하 수리조합 사업이 지주제 전개에 미친 영향〉, 《경제사학》 8, 1984, 160~162쪽.

독부의 개입에 힘입어 동태적 지주들은 곳곳에 수리조합을 설립했고, 자신들에게 유리한 방향으로 조합을 운영하면서 비용을 조선인 토지 소유자들에게 전가했습니다. 이와 관련해 당시 상황을 생생하게 증언한 〈동아일보〉 사설 하나만 소개하겠습니다.

그러면 오늘날 조선 민중 속에서 수리조합 반대의 소리가 일어나는 주요한 이유는 무엇이냐. 이는 오직 몽리구역蒙利區域에 넣을 필요가 없는 기성답旣成畓을 몽리구역에 편입하여 수세(수리조합비의 다른 이름—인용자)를 징수하는 까닭이다. 기성 수리조합이 인민의 원성을 듣게 된 것도 이 까닭이요, 설계 중에 있는 모든 수리조합에 반대 진정이 사태가 나는 것도 이 까닭이다. 모르기는 모르거니와 현재 기성 수리조합 몽리 면적의 2할 이상 3할까지는 기성의 양답良畓이 억지로 몽리구역 내에 편입된 것이다. (…) 수리조합이 기성 양답을 몽리구역 내에 끌어들이려는 까닭은 세 가지가 있다. 첫째는 수리조합의 설계자(황무지의 점유자인 동시에 대개는 일본인으로 된) 대지주가 그 수세의 일부를 다른 사람에게 전가하여 자가自家의 부담을 경감하려는 것, 둘째는 몽리구역을 확장해야 보조금이 많아지는 것, 셋째는 양답에 수세를 부과함으로써 그 지가를 하락시키고 저가低價를 틈타서 토지 겸병을 실행하는 것 등이다. 수리조합이 한번 계획되면 그 근방에 있는 기

- 〈동아일보〉, 1931년 1월 1일자 사설의 일부. (위)
  〈동아일보〉, 1928년 1월 1일자 기사의 일부. (아래)

성답은 홀연 지가의 폭락을 보게 되는데 이는 이와 같은 소식을 웅변으로 말하는 것이다.[8]

토지 등급 사정이나 수리조합비 등급별 부과액 책정은 조합의 실권을 장악하고 있던 일본인 대지주에게 유리했습니다. 재래의 우량 전답을 갖고 있던 조선인 토지 소유자들이 상대적으로 무거운 조합비를 부담하는 반면, 열등지를 갖고 있던 일본인 대지주는 오히려 가벼운 조합비를 부담하는 일이 허다했습니다. 그 결과 수리조합 지역 내에서는 수리조합비 부담이 너무 무거워서 소유 토지를 팔아버리는 조선인들이 속출했습니다. 수리조합비 과중 부담 문제는 1930년대 농업공황기에 쌀값이 폭락하면서 더욱 심각해져서, 조선인 중소 토지 소유자들이 주축이 된 수리조합비 납부 거부 내지는 납부 연기 운동을 야기했습니다. 조선인들이 방매하는 토지는 근방의 일본인 대지주들이 헐값으로 매집했습니다. 다시 한 번 히사마 겐이치의 말을 들어보겠습니다.

이들 기업적 지주는 조선 각지에 광대한 근대적 지주경제를 확립하는 동시에 주위를 점차 겸병하여갔다. (…) 1920년 저 방대한 미곡증식계획(산미증식계획을 가리킨다—인용자)의 실시는 이런 대토지사유제도를 한층 촉진했다. 국가자본에 의한 경지의 확대

개선은 주로 수리조합에 의해 연차적으로 강행됐는데, 지역 내 영세소유는 가차 없이 대지주에게 겸병되어갔다.[9]

문장만으로 근거를 제시하여 신뢰하기 어렵다고 생각한다면, 통계표 두 개만 더 보기로 하겠습니다.

다음 페이지의 표 1은 산미증식계획 기간 중에 일본인 지주가 밀집했던 전라북도 소재 5개 수리조합 지역에서 토지 소유 상황이 어떻게 변해갔는지 보여줍니다. 1925~1931년에 조선인 토지 소유자들은 급격히 몰락하는 반면, 회사·농장의 형태를 취한 대지주는 빠른 속도로 토지를 집중해갔음을 알 수 있습니다. 회사·농장의 형태를 취한 대지주는 대부분 일본인이었습니다.

표 2는 1930년 말 50정보 이상을 소유한 대지주의 민족별 경지 소유의 상황을 보여줍니다. 대지주 소유지 중 일본인 소유지의 비중은 전국적으로는 48%였던 데에 비해, 수리조합 지역에서는 무려 85%에 달했습니다. 수리조합 지역 내에서 일본인 대지주로의 토지 집중이 얼마나 심했는지 분명히 확인할 수 있습니다. 일본인 대지주가 토지를 집중해갔다는 말은 역으로 조선인 토지 소

---

8   "수리조합과 민원의 정체 그 원인의 소재를 알라", 〈동아일보〉, 1931년 8월 12일자 사설.

9   久間健一, 《朝鮮農政の課題》, 成美堂, 1943, 15쪽.

* 단위: 명, 정보

연도	조선인		일본인		회사·농장		계	
	인원	면적	인원	면적	인원	면적	인원	면적
1920	3,491	4,104	417	7,883	25	2,694	3,993	14,681
1925	3,441	6,335	647	9,626	32	3,164	4,120	19,125
1931	2,960	3,545	828	8,999	71	7,292	3,859	19,836

표 1 ● **전라북도 5개 수리조합 내 토지 소유 상황 변화**

출처: 전강수, 〈일제하 수리조합 사업이 지주제 전개에 미친 영향〉,
《경제사학》 8, 1984, 179쪽.

* 단위: 명, 정보

	조선 전체		수리조합 지역	
	인원	소유 면적	인원	소유 면적
조선인	2,241(79%)	195,300(52%)	73(30%)	8,816(15%)
일본인	580(21%)	182,774(48%)	171(70%)	51,723(85%)
계	2,821	378,074	244	60,539

표 2 ● **1930년 말 50정보 이상 소유 대지주의 민족별 경지 소유 상황**

출처: 전강수, 〈일제하 수리조합 사업이 지주제 전개에 미친 영향〉,
《경제사학》 8, 1984, 175쪽.

유자들이 소유 토지를 상실하고 몰락했다는 뜻이기도 합니다.

허수열 교수의 추정에 따르면, 1910년 당시 일본인들의 논 소유 면적은 42,585정보로 조선 전체 논의 2.8%에 불과했습니다. 그랬던 것이 1935년에는 308,083정보, 18.3%로 급증했습니다.[10] 어떻게 이런 일이 가능했을까요? 여기에는 토지조사사업이 창출한 제도적 환경, 일제의 권력적 강제와 지주 중심적 농업정책, 그리고 일본인 대지주의 토지 겸병 의지가 함께 작용했음이 틀림없습니다. 이를 토지 수탈이라고 하지 않으면 도대체 뭐라고 불러야 할까요? 이영훈 교수와 김낙년 교수는 '칼만 안 들었다 뿐이지 순 날강도'라는 말이 있다는 것도 모르는 모양입니다.

일본인 대지주 농장의
조선인 소작농

일본인 대지주들이 물샐틈없는 통제로 농장을 관리했다는 내용은 앞에서 말했습니다. 여기에 한 가지 더, 수리조합 지역에서

---

10   허수열, 《개발 없는 개발》, 은행나무, 2016(개정 2판), 349쪽.

는 수리조합비가 여러 가지 방식으로 소작농에게 전가됐음을 지적하고 싶습니다. 대부분의 수리조합 지역에서 지주들은 수리조합비의 50%를 소작농에게 직접 부담시키거나 아니면 수리조합비 부담과 수확 증가를 빌미로 소작료율을 종래의 50%에서 60%로 인상했습니다. 심한 경우에는 수리조합비의 80% 내지 전액을 소작농에게 부담시키기도 했습니다.[11]

'수리조합 구역 내의 소작료'라는 제목이 붙은 당시 〈동아일보〉의 사설을 한번 보겠습니다.

> (…) 최근 수년간 산미증식계획의 진행에 따라 여러 곳에 신설된 수리조합 구역 내에서는 지주가 조합비를 부담하는 관계로 그 일부 혹은 전부를 소작인에게 전가하기 위하여 소작료를 6-4제(지주 6, 소작인 4) 혹은 7-3제로 고쳐서 실행하는 풍습이 유행하는데, (…) 이를 원인으로 일어나는 소작쟁의가 상당히 많다.[12]

저는 일제강점기 수리조합을 연구한 논문[13]에서 조합 설립을

---

11 전강수, 〈일제하 수리조합 사업이 지주제 전개에 미친 영향〉, 《경제사학》 8, 1984, 168쪽.

12 〈동아일보〉, 1929년 4월 25일자 기사.

13 전강수, 〈일제하 수리조합 사업이 지주제 전개에 미친 영향〉, 《경제사학》 8, 1984.

주도한 대지주가 자신이 부담해야 할 비용을 다른 토지 소유자에게 떠넘기는 행위를 수리조합비의 '횡적 전가', 지주들이 비용을 소작농에게 떠넘기는 행위를 수리조합비의 '종적 전가'라고 불렀습니다.

횡적 전가가 수리조합 구역 내 토지 소유자 사이에 일어난 일이라면, 종적 전가는 수리조합 구역 내 소작지에서 지주와 소작농 사이에 일어난 일입니다. 전자는 조선인 중소 토지 소유자의 몰락을 초래했고, 후자는 조선인 소작농의 빈곤을 가져왔습니다. 같은 종적 전가라고 하더라도 대지주와 중소지주 사이에는 그 동기와 형편의 차이가 있었다고 생각합니다. 대지주의 경우 수리조합 설립·운영 비용을 다른 중소 토지소유자에게 횡적으로 전가한 다음, 다시 자기 소유지의 소작농에게 종적으로 전가하여 생산성 증가분을 최대한 흡수하고 지가 상승의 이익까지 챙기려는 것이었다면, 중소지주의 경우에는 자신이 이미 과중한 수리조합비 부담에 시달리고 있었기 때문에 이를 어떻게든 줄여야만 했던 불가피한 측면이 있었습니다.

수리조합 구역 내 일본인 대지주 농장에서 농사를 지었던 소작농들은 종자 선택과 비료 사용의 강제, 경작 과정 전반에 대한 감독, 소작지·관개시설 관리 강제, 수확물 품질과 처분에 관한 규제, 자금 전대前貸를 통한 지배, 연대 소작인 제도 적용 등 물샐틈없는 지배체계 아래에서 농사를 지으면서,[14] 다른 지역보다 더 무거운 60% 소작료까지 부담했습니다. 그 결과 수리조합 구역 내 일본인 대지주는 수리개선에 따른 생산성 상승의 이익을 마지막 한 방울까지 짜낼 수 있었고, 그렇게 조선인 소작농을 들들 볶아서 걷은 쌀을 직접 또는 미곡상에게 팔아서 일본으로 이출했습니다. 이를 쌀 수탈이라고 일컫지 않는다면 도대체 뭐라고 불러야 할까요?

산미증식계획으로
조선 농민들이 잘살게 됐다고?

이영훈 교수를 비롯한 뉴라이트 학자들은 일제강점기에 조선의 경제성장률이 이례적으로 높았음을 강조합니다. 프롤로그에서 소개한 《한국의 경제성장 1910~1945》에 따르면, 1911~1940년에 조선 경제는 연평균 3.7% 성장했습니다. 같은 기간 인구 증가율이 연평균 1.33%였기 때문에, 1인당 국민소득은 연평균 2.37% 증가했다는 이야기가 됩니다. 이는 같은 기간 세계 다른 지역의 경

---

14   전강수, 《부동산공화국 경제사》, 여문책, 2019, 35쪽.

제성장률보다 훨씬 높은 수준입니다. 뉴라이트 학자들은 일제강점기 조선 경제가 이처럼 비교적 빠르게 성장하는 과정에서 조선인들의 소득도 증가했고 생활수준도 높아졌다고 주장합니다. 이런 견해를 '식민지 근대화론'이라고 부르지요. 《한국의 경제성장 1910~1945》 출간을 주도했던 김낙년 교수는 《반일 종족주의》에서 다시 한 번 산미증식계획이 조선 농민의 소득 증가에 크게 기여했다고 주장해서 자신이 14년 전이나 지금이나 식민지 근대화론자임을 여지없이 드러냅니다.

저는 김낙년 교수가 식민지 근대화론자의 길을 선택한 데 대해 심히 안타깝게 생각하고 있습니다. 앞에서도 말한 바와 같이, 그는 최근 몇 년 사이 한국의 불평등에 관해 세계적 수준의 연구 성과를 내놓아 '한국의 토마 피케티'라는 별명까지 얻은 사람입니다. 토마 피케티는 1970년 이후 주요 선진국에서 자산 소유의 불평등과 소득 불평등이 심화하고 있음을 통계 자료로 입증한 다음, 이 상태로 21세기가 지나가면 불평등이 극심했던 벨 에포크 Belle Époque, 즉 세습자본주의 시대가 다시 찾아오리라고 전망했습니다. 분배 문제와 불평등 문제를 철저히 외면해왔던 주류 경제학자들은 그의 저서 《21세기 자본》이 전 세계적으로 커다란 반향을 일으키자 엄청난 충격을 받았고, 그 후 불평등 문제는 세계 경제학계의 화두로 떠올랐습니다.

자본주의는 무조건 성장을 촉진하고 국민을 잘살게 만든다고 믿는 뉴라이트 학자와 자본주의에는 그 기초를 잠식하는 중요한 모순이 내재한다고 믿는 토마 피케티 사이에는 넓은 간극이 존재합니다. 이런 상반하는 경제철학이 김낙년 교수의 머릿속에 공존한다니 정말 이상한 일입니다. 재미있는 것은 김 교수가 지난 몇 년간 불평등 문제에 천착한 흔적이 《반일 종족주의》 3장에 드러난다는 점입니다. 여기에서 김낙년 교수는 해방 전 소득 상위 1%가 차지하는 소득 비중이 20% 전후였다는 사실을 밝힘으로써 일제강점기에 소득 불평등이 얼마나 심각했는지 보여줍니다. 이는 실로 놀라운 수치입니다. 소득 불평등이 OECD 국가 중 미국 다음으로 심각해서 아우성이 터져 나오는 요즘에도 이 비율은 약 12% 정도에 머물고 있으니 하는 말입니다. 부디 김낙년 교수가 자신의 두 연구 분야의 방향이 서로 충돌한다는 사실을 속히 깨달아 옳은 길로 돌아오기를 기대합니다.

앞에서 산미증식계획 기간을 거치면서 조선인 1인당 쌀 소비량이 현저하게 감소했음을 지적했습니다. 이 시대를 연구한 학자들은 대부분 이를 '기아 이출'의 증거로 봅니다. 즉, 일본인들의 쌀 수요를 충족시키기 위해 조선인들을 굶기면서까지 쌀 이출을 강행했다는 것이지요. 학자들은 가난한 조선 농민의 쌀 판매를 궁박판매窮迫販賣라고 부르기도 합니다. 돈을 벌 목적으로 쌀을 시장에 내놓았던 것이 아니라 가난 때문에 어쩔 수 없이 자기 식구가 먹을 쌀까지 팔았다는 뜻입니다.

그림 3은 1916~1941년에 자작농, 자소작농, 소작농의 비중이 각각 어떻게 변화했는지 보여줍니다. 자작농은 자기 땅을 경작하는 농민, 소작농은 지주의 토지를 빌려서 경작하는 농민, 그리고 자소작농은 경지 일부는 자기 땅, 다른 일부는 지주 땅이었던 농민을 의미합니다. 1910년대 후반부터 1933년까지 자소작농의 비중은 뚜렷하게 감소하는 대신 소작농의 비중은 두드러지게 증가했다는 사실을 알 수 있습니다. 자작농의 비중은 1920년대 중반부터 완만하게 감소했습니다. 자작농과 자소작농이 감소하는 대신 소작농이 증가했다는 것은 조선 농민이 자기 땅을 잃고 몰락해갔음을 뜻합니다. 그 땅이 지주의 수중에 집중됐으리라는 점은 쉽게 짐작할 수 있습니다. 일본인 대지주의 성장과 조선 농민의 몰락은 동전의 양면과도 같은 일이었지요.[15] 자소작농과 자작농의 몰락 외에도, 1920년대 이후에는 영세농의 증가, 가난에 빠진 농민의 해외 이주와 유리流離 방황, 도시 빈민의 형성과 같은 현상이 나타나는데, 이는 모두 산미증식계획 기간에 조선 농민의 빈곤이 심화했음을 입증하는 증거입니다. 초근목피草根木皮라든가 보릿고개라는

---

15   전강수, 《부동산공화국 경제사》, 여문책, 2019, 33~34쪽.

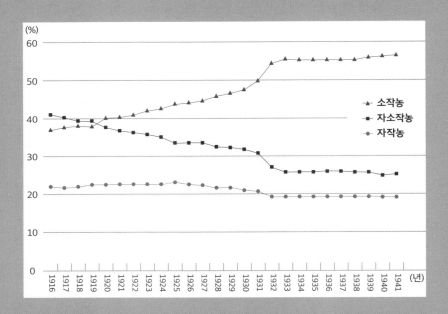

그림 3 ● **경작 형태별 농가 구성의 추이**

출처: 전강수, 《부동산공화국 경제사》, 여문책, 2019, 34쪽.

말을 들어보셨을 것입니다. 실제로 1930년에 소작농의 68%가 보릿고개를 걱정하는 춘궁농가였다고 합니다. 이들은 가을에 수확한 식량이 다 떨어진 다음에는 풀뿌리와 나무껍질을 끓여 먹으며 연명했다고 하지요. 가난에 빠진 농민들 가운데 일부는 농촌에 머물지 못하고 산으로 들어가 화전을 일구는 화전민이 되거나 경성이나 일본, 만주로 가서 도시의 최하층 노동자가 됐습니다. 경성으로 몰려든 빈농들로 인해 경성 주변부에는 움막집에 거주하는 도시 빈민, 즉 토막민의 마을이 형성되기도 했지요.[16]

그런데 김낙년 교수는 조선인 1인당 쌀 소비량이 현저하게 감소한 현상에 대해 희한한 해석을 내놓습니다. 조선 농민이 비싼 쌀을 팔고 대신 값이 싼 잡곡을 더 소비한 것은 맞지만, 이것이 생활수준의 하락을 뜻하지는 않는다는군요. 쌀 판매금으로 다른 소비나 저축을 더 했으리라는 것이 김 교수의 주장입니다. 김 교수는 송이버섯 채취 농가의 예를 들어 설명합니다.(50쪽) 송이버섯 채취 농가가 송이버섯 생산량을 늘렸다 해도 일본으로 더 많이 수출한다면 송이버섯의 한국 내 소비는 줄어들 것이라는 비유를 들면서 일제강점기에 조선인의 1인당 쌀 소비량이 감소한 현상

---

16 마츠모토 다케노리, 〈일본 덕분에 조선이 풍요로워졌다〉, 이타가키 류타·김부자 엮음, 배영미·고영진 옮김, 《Q&A '위안부' 문제와 식민지 지배 책임》, 삶창, 2016, 137쪽.

4장·쌀 수탈도 없었다?

도 그와 마찬가지 맥락이라고 주장합니다. 소득이 늘어났는데 쌀 소비는 줄이고 잡곡 소비를 늘렸다니, 쌀 판매금으로 다른 소비를 늘렸다니, 이것이 과연 말이 되는 소리인가요? 김낙년 교수는 조선 농민이 쌀 판매금으로 무슨 재화를 더 소비했는지에 대해서는 밝히지 않습니다.

이 주장은 경제학원론에서 배우는 초보적인 경제이론과 배치된다는 점에 유의하시기 바랍니다. 경제학원론 교과서에서는 소득과 소비의 관계를 설명하면서 우등재와 열등재라는 개념을 활용합니다. 우등재는 소득이 증가할 때 소비량도 증가하는 재화이고, 열등재는 소득이 증가할 때 소비량이 감소하는 재화입니다. 경제학원론을 배운 학생이라면 쌀이 우등재, 잡곡이 열등재라는 사실을 압니다. 일제강점기에 조선 농민의 소득이 증가하고 생활수준이 향상됐다면, 재화의 속성상 당연히 쌀의 소비량은 늘고 잡곡의 소비량은 줄어야 합니다. 그런데 김 교수는 반대로 주장합니다. 경제학원론이 틀렸을까요, 김 교수가 억지 주장을 펼치는 것일까요?

김낙년 교수는 《한국의 경제성장 1910~1945》에 실린 주익종 박사의 글 '민간 소비지출의 추계'를 염두에 두고 있는지도 모릅니다. 주 박사는 1912~1939년에 조선인 1인당 곡물 소비량은 약 14% 감소했다고 추정했습니다. 1인당 쌀 소비량의 감소보다는 훨씬 작은 폭입니다. 그에 따르면, 쌀 소비량은 크게 줄었지만, 거기에다 만주에서 수입된 잡곡류를 합해서 계산한 전체 곡물 소비량은 그다지 줄지 않았습니다. 게다가 감자나 고구마 같은 보조식품과 육류, 채소, 과일 등 비곡물류의 소비가 증대해, 1인당 칼로리 섭취량은 거의 감소하지 않았다는 것이 주익종 박사의 결론입니다.

그러나 주 박사의 추정에는 시점(1912년)과 종점(1939년)의 설정에 문제가 있다는 비판이 나왔습니다.[17] 1910년대 농업 생산량을 과소하게 잡은 총독부 통계의 문제를 제대로 해결하지 않았고 1940년대의 생산 상황을 반영하지 않았다는 것이 비판의 핵심입니다. 이 문제를 해결하기 위해 허수열 교수는 시점을 1914년으로 잡고 종점을 1936~1944년 9개년 평균으로 잡아서 곡물, 야채, 과일, 육류 등 농축산물의 1인당 소비량을 다시 추정했습니다. 그 결과 주익종 박사의 추정과는 달리 곡물 소비량은 더 많이 감소했고 다른 항목의 소비량은 모두 증가한 것이 아니라 감소한 것으로 드러났습니다.[18] 김낙년 교수는 조선 농민이 쌀 판매금으로 다른 식품의 소비량을 늘렸으리라고 짐작했겠지만, 실은 다른 식품의 1인당 소비량도 감소한 것으로 드러났으니 그의 짐작은 설

---

17 허수열, 〈식민지기 조선인 1인당 소득과 소비에 관한 논의의 검토〉, 《동북아역사논총》 50, 2015.

18 앞의 논문, 2015, 106~111쪽.

4장 · 쌀 수탈도 없었다?

자리를 잃었습니다. 1911~1940년에 1인당 국민소득 증가율이 세계적으로 높았다는 《한국의 경제성장 1910~1945》의 주장도 소비 추계와 마찬가지로 시점과 종점의 설정에 한계가 있어서 신뢰하기 어렵다는 것이 허수열 교수의 비판입니다.[19]

조선 농민들이 일본 시장에 쌀을 수출해서 소득을 늘리고 생활수준을 높였다고 주장하다 보니 스스로 판단하기에도 너무 많이 나갔다는 생각이 들었던 것일까요? 김낙년 교수는 쌀 소비 감소가 생활수준의 하락을 뜻하는 것이 아님을 강변한 절 바로 다음에, 조선 농민이 왜 그렇게 가난에서 벗어나지 못했는지 설명하는 절을 배치했습니다. 그가 제시하는 이유는 두 가지입니다. 첫째는 조선의 농업 생산성이 낮았기 때문이고, 둘째는 지주제가 강고하게 유지되어 소작농의 지위가 열악했기 때문입니다. 사실 이 두 가지는 김 교수와 입장을 달리하는 다른 학자들도 인정하는 내용입니다. 그러니까 조선의 농업 생산성이 낮았고 소작농의 지위가 열악했다는 것은 팩트로 봐도 좋겠지요. 문제는 해석입니다.

우선, 김낙년 교수가 상반되는 현상을 함께 이야기하고 있다는 점을 지적할 수 있습니다. 앞에서는 산미증식계획으로 쌀 생산

19 허수열, 〈식민지기 조선인 1인당 소득과 소비에 관한 논의의 검토〉, 《동북아역사논총》 50, 2015, 100~105쪽.

량이 증가하고 대규모 쌀 수출시장이 열려서 조선 농민의 소득이 증가하고 생활수준도 올라갔다고 주장하다가, 뒤에서는 낮은 농업 생산성과 소작농의 열악한 지위 때문에 당시 조선 농민들이 가난에서 벗어나지 못했다고 이야기하니 말입니다. 조선 농민이 산미증식계획 때문에 부유해졌다고 말하고는 금방 가난에서 벗어나지 못했다고 이야기하니, 어느 쪽이 맞는지 헷갈릴 따름입니다. 두 주장이 상반하는 성격임을 깨달았는지 김 교수는 이렇게 정리합니다. "산미증식계획이 쌀의 증산을 어느 정도 가져왔다고 해도 이러한 틀(가난을 초래하는 원인을 가리킴―인용자)을 깰 정도로 영향을 미치지는 못했습니다."(53쪽) 제가 보기에는 참 구차한 봉합입니다.

더 큰 문제가 있습니다. 김낙년 교수는 지주제가 강고하게 유지된 원인을 전통사회 이래의 함정, 즉 토지에 비해 인구가 과잉이었던 데서 찾습니다. 일제의 지주 중심적인 농업정책과 지주의 소작료 수탈 등 명백한 사회적 원인이 존재함에도 그에 관해서는 일절 언급하지 않고, 농촌 인구의 증가라는 일종의 자연현상을 단일 원인으로 꼽는 점이 특이합니다. 빈곤의 원인을 오로지 인구증가에서 찾는 맬서스주의의 냄새가 강하게 풍깁니다만, 그 문제는 제쳐두고서라도 김 교수가 교묘하게 일제의 책임을 면제해주고 있다는 데 주목할 필요가 있습니다. 일제강점기에 발생한 소득 증가와 생활수준 향상 등 긍정적인 현상은 모두 일제의 정책에서 비롯됐고, 가난과 같은 부정적인 현상은 조선 전통사회에 뿌리를 두고 있다는 이야기. 어디서 많이 듣던 주장 아닌가요? 김낙년 교수의 견해는 통계와 경제이론으로 포장하고 있지만, 본질은 식민사관의 재판再版 그 자체입니다.

《반일 종족주의》 출간 후 저와 김낙년 교수 사이에 한 차례 논쟁이 있었습니다. 2019년 8월 14일 제가 〈오마이뉴스〉에 "'친일파' 비판이 억울? 자업자득이다"라는 칼럼을 기고해 《반일 종족주의》를 비판하자, 김낙년 교수가 2019년 9월 9일 〈주간조선〉에 "'반일 종족주의'에 대한 비판을 비판한다"라는 칼럼을 기고해서 제게 반론을 폈습니다. 저는 10월 8일에 〈오마이뉴스〉에 "총칼로 빼앗는 게 아니면 '수탈'이 아닌가?"라는 칼럼을 기고해서 다시 반론을 폈습니다. 그 후 《반일 종족주의와의 투쟁》 출간 이전까지 김 교수는 저의 재반론에 대해 아무런 대응도 하지 않았습니다. 그래서 저는 이 논쟁이 각자 한 차례씩 반론을 주고받는 것으로 끝났다고 여기고 있었습니다. 그런데 《반일 종족주의와의 투쟁》 21장에서 김 교수는 기존의 칼럼을 수정·보완하면서 제게 재반론을 시도했습니다. 글의 기조가 지난번 〈주간조선〉 칼럼과 크게 다르지 않아서 전체적으로 검토할 필요는 없을 것 같습니다. 이 책 3장과 4장의 서술 중에 이미 그 칼럼에 대한 저의 재반론이 포함되어 있기 때문입니다. 다만, 새로운 쟁점이라고 여겨지는 내용이 몇 가지 눈에 띄는데, 이에 대해서는 다음 절에서 살펴보기로 하겠습니다. 다음 글은 제가 2019년 10월 8일자 〈오마이뉴스〉에서 재반론한 칼럼의 일부입니다. 학술적 성격의 내용이 포함되어 있지만, 한번 읽어보시면 쟁점 파악에 도움이 되리라고 믿습니다.

총칼로 빼앗지 않았다면
'수탈'이 아닌가?[20]

김낙년 교수는 내 칼럼에 대한 반론[21]에서, 노골적인 약탈은 없었지만 제도와 정책을 통한 수탈이 있었다는 내 설명을 이해하기 어렵다고 하면서, 내가 국사 교과서의 서술과 별로 다르지 않은 변형된 수탈론을 펼치고 있다고 비판했다. 또한 내 견해는 강제성의 개입을 입증하지 않으면 성립될 수 없는 주장이라고도 했다. 내게는 그 강제성을 입증할 책임이 주어진 셈인데, 사실 이는 너무 쉬운 일이어서 김 교수에게 감사의 인사라도 전해야 할 것 같다.

일제강점기 농업정책에 관한 자료 중에는 조선총독부와 일본인 대지주가 조선 농민들에게 얼마나 혹독한 강제를 가했는지 보여주는 것들이 수두룩하다. 일일이 열거할 필요도 없이, 수원고등농림학교 교수와 조선총독부 도소작관을 지낸 히사마 겐이치의 진술(이 책의 107~108쪽 참조)을 제시하는 것만으로 충분하리라 믿는다.

히사마 겐이치의 책에는 일본인 대지주의 농민 지배가 어느 정도로 가혹했는지, 또 어떻게 작동했는지에 대해서도 상세한 기록이 담겨 있다. 지주-소작 관계란 기본적으로 토지 임대차를 둘러싼 자유 계약 관계임을 감안할 때, 일본인 대지주들이 소작농의 경영상 자율성을 무시하고 물샐틈없는 강제 장치로 소작농을 통제하며 가능한 한 많은 소작료를 뽑아내려 한 것은 명백히 지주-소작 관계의 범위를 넘어서는 짓이었다. 그것은 다름 아닌 소작료 수탈이었다. 뉴라이트의 대부이자 《반일 종족주의》 필자들의 정신적 지주인 안병직 서울대 명예교수조차 "식민지기의 지주-소작 관계는 법률적으로는 평등한 계약 관계였습니다만, 실질적으로는 소작농들에게 농노적 예속을 강요하는 불평등 관계였습니다"[22]라고 했음에 비추어, 강제성의 개입을 애써 부정하려는 김 교수의 시도는 이장폐천以掌蔽天(손바닥으로 하늘을 가린다는 뜻)의 느낌이 강하다.

나는 〈오마이뉴스〉 칼럼, "'친일파' 비판이 억울? 자업자득이다"에서, 김낙년 교수가 일제강점기 극심한 소득 불평등의 증거를 제시하고도 일본 제국주의의 식민지 경제정책이 아니라 전통사회 이래의 함정에서 그 원인을 찾는 것을 비판했다. 김낙년 교수는 반론에서 지난 100년간의 농가 인구의 연평균 변화율 통계를 제시하면서 조선시대부터 일제강점기까지 농가 인구가 증가한 것이 지주제를 강고히 유지

---

20 이 글은 〈오마이뉴스〉에 게재한 2019년 10월 8일자 칼럼의 일부를 수정한 것입니다.

21 김낙년, "'반일 종족주의'에 대한 비판을 비판한다", 〈주간조선〉 2574호, 2019.

22 안병직·이영훈, 《대한민국 역사의 기로에 서다》, 기파랑, 2007, 156쪽.

시키고 소작농을 빈곤에 빠뜨린 원인이라고 강변했다. 식민지 지주제 확대와 소작농 빈곤의 원인으로는 식민지 경제정책이나 지주의 소작료 수탈 등 보다 분명한 사회적 원인이 존재함에도 그에 대해서는 전혀 검토하지 않고 농가 인구의 증가를 단일 원인으로 제시하다니, 그 무모함을 어떻게 이해해야 할지 모르겠다.

김 교수가 경제학 개념을 운운하는 것을 보면 뭔가 대단한 경제 이론에 기대고 있을 법한데, 그것이 무슨 이론인지 정말 궁금하다. 좁은 소견으로는 맬서스의 인구론이 아니면 한계생산력설 정도를 마음에 두고 있지 않을까 짐작되는데, 만일 그렇다면 김 교수는 길을 잘못 들어도 한참 잘못 들었다. 우선, 맬서스 인구론은 헨리 조지 등의 강한 비판을 받고 경제학의 뒤안길로 사라진 엉터리 학설이므로 이에 의존했다면 더 논의할 가치가 없다. 사회문제의 근본 원인을 오로지 인구 증가라는 자연현상에서 찾는 것을 보면 맬서스주의의 냄새가 짙게 나는데 현재로서는 그 여부를 확인할 길이 없다.

하지만 혹시 한계생산력설을 염두에 두고 있다면, 몇 가지 따져볼 사항이 있다. 김 교수는 "농촌에 경지는 한정되어 있는데, 인구가 계속 늘어나면 어떻게 될까? 경지는 상대적으로 더 귀해지고 사람의 값은 더 떨어지게 된다"라며 조선시대부터 식민지기까지 지주제가 강고히 유지된 것은 그 때문이라고 주장했다. 소작농 빈곤의 원인도 거기에서 찾는다. 한계생산력설로 해석하면 토지의 한계생산력은 상승하고 농업노동의 한계생산력은 떨어져서 지대는 증가하고 소작농이 가져가는 임금 부분이 줄어든다는 이야기가 되는데(한계생산력설에서는 어떤 생산요소의 가격은 그 생산요소의 마지막 단위가 만드는 생산량, 즉 한계생산량에 의해 결정된다고 본다. 농가 인구가 증가할 때 농업노동의 한계생산력이 떨어지는 이유는 한계생산 체감의 법칙이 작용하기 때문이다), 일단 그 말이 맞다고 치더라도 그것과 지주제 확대와 무슨 논리적 연관이 있는가?

중소지주와 자작농, 그리고 자소작농도 엄연히 토지 소유자였던 만큼 지대 상승의 혜택을 누렸을 텐데 일제강점기에 그들 다수가 점점 토지를 상실하고 몰락했다. 심지어 경지 100정보 이상을 소유한 조선인 대지주도 1930년대 이후에는 크게 감소했다. 농가 인구 증가라는 요인 하나로 이런 현상을 어떻게 설명할 것인가? 게다가 김 교수도 인정하듯이, 산미증식계획 등으로 농업투자가 늘었다면 자본량도 증가했을 텐데, 그렇다면 농가 인구가 증가하더라도 농업노동의 한계생산력이 줄어든다고 단언할 수 없다. 이처럼 한계생산력설로 해석하더라도 김낙년 교수의 주장은 설득력이 떨어진다. 혹시 내가 모르는 다른 이론에 기대고 있을지도 모르겠는데, 만일 그렇다면 무슨 이론인지 밝혀주기 바란다.

제도와 정책이 경제 현실에 미치는 영향은 무척 강하다. 독립 국가에서도 그럴진대 하물며 제국주의가 지배하는 식민지 사회에서는 두말할 필요가 있으랴! 김낙년 교수는 1970년대 이후 농가소득의 증가를 놓고도 농가 인구의 변화에서 원인을 찾는다. 그보다 훨씬 더 중요한 농지개혁의 효과는 애써 외면하면서 말이다. 《반일 종족주의》 필자들은 20여 년간 한국 경제의 장기통계를 구축한 것을 무척 자랑스럽게 여기는 듯하다. 하지만 그 통계를 김 교수처럼 활용한다면 오랫동안의 노력을 허사로 만들기 십상이다.

장기 집계통계란 사물을 공중 높이 올라가서 보는 것과 유사해서 전체 그림을 크게 보는 데 유익하다. 그러나 김 교수는 공중으로 너무 높이 올라간 듯하다. 아예 일제강점기 조선 사회의 실상이 흐릿해져버렸으니 말이다. 그동안 장기 집계통계의 작성을 위해 노력했다면, 앞으로는 부디 당시 현실을 생생하게 증거하는 허다한 자료들에 천착하기 바란다. 그래야 비로소 제도와 정책에 의한 수탈과 민족 간 차별·불평등이 눈에 들어올 테니 말이다. 통계와 사료를 중시한다고 자부하며 우상 파괴자로 나선 《반일 종족주의》 필자들이 우상을 파괴하기는커녕 혹세무민하며 세상을 어지럽히는 엉뚱한 길로 들어선 듯해 심히 안타깝다. 부디 길을 돌이켜서 역사적 상식의 수호자 역할이라도 충실히 수행하기를 기대한다.

'변형된 수탈론'이라고?
아니! 정통 수탈론이다

《반일 종족주의와의 투쟁》 21장에서 김낙년 교수는 총칼을 동원한 토지와 쌀의 약탈은 없었지만 제도와 정책을 통한 수탈은 광범위하게 자행됐다고 한 저의 주장에 대해 무슨 뜻인지 의미가 잘 전달되지 않는다고 비판합니다. 국어사전에 따르면 약탈이든 수탈이든 '강제로 또는 억지로 빼앗는 것'으로 나와 있다며, 저의 구분을 "형식 논리의 모순"이라고 단정합니다. 제가 칼럼에서 그림[23]까지 그려서 두 개념의 차이를 설명했음에도 김 교수는 앞뒤가 맞지 않는다며 제 이야기를 폄하합니다.

김 교수는 '수탈=대가 없이 강제로 빼앗는 것'이라는 좁은 개념에 매여서, 다른 방식으로 빼앗는 일이 얼마든지 가능하다는 사실을 인정하지 않습니다. 단어가 함축하는 의미를 좁게도, 넓게도 규정할 수 있다는 언어학의 기초 상식을 김 교수는 모르는 모양입니다. 다른 현실을 다르게 구분하는 것을 두고는 형식 논리의 모순이라고 비난할 수 없을 텐데, 만약 일제가 제도와 정책을 통해 조선인의 것을 빼앗아간 사실이 존재한다면, 이를 무엇이라 불

---

23   이 책 3장에서 그 그림을 다시 활용했습니다. 바로 86쪽의 그림 1입니다.

러야 하겠습니까? 김낙년 교수가 지적하는 이른바 '형식 논리의 모순'을 피하려면 한 가지 방법밖에 없습니다. 바로 일제의 경제적 수탈은 없었다고 주장하는 것입니다. 실은 김 교수뿐만 아니라 《반일 종족주의》의 다른 필자들도 똑같은 방법을 구사한다는 데 유의할 필요가 있습니다. 일본 제국주의의 조선인 노동자·위안부 강제동원을 폭력적 연행이라는 협의의 개념으로 정의하고는 그런 사실이 있었다는 증거가 많지 않으니까 강제동원은 없었다고 결론 내리는 방식 말입니다. 이는 오래전부터 일본 극우세력이 즐겨 사용해온 방법으로, 결국 김 교수의 주장은 그들과 연결될 수밖에 없습니다.

김낙년 교수는 식민지 근대화론을 조목조목 비판한 허수열 교수가 수탈 개념에 의존해서는 식민지기 경제를 제대로 분석할 수 없다는 생각에 그 용어를 사용하지 않겠다고 말했다면서, 제가 허 교수의 고민을 전혀 이해하지 못한 것으로 보인다고 지적합니다. 오랫동안 허수열 교수의 정성 어린 연구 성과를 정면에서 공박해온 김낙년 교수가 도리어 저더러 허 교수의 고민을 이해하지 못했다고 하니 어이가 없습니다. 저는 일제강점기에 개발이 이뤄졌으나 그것은 기본적으로 조선인과는 상관없는 개발이었다고 보는 허수열 교수의 견해에 거의 대부분 동의합니다. 허 교수가 자신의 저서에서 소수의 일본인이 조선의 부를 상당 부분 장악하게 되면서 민족별 경제적 격차는 상상을 초월할 정도로 커졌고, 그 격차는 시간이 갈수록 확대되었으며, 많은 조선인이 경제적 궁핍을 견디다 못해 농촌을 떠나 도시 빈민이 되거나 만주와 시베리아로 유민이 되어 떠나갔다고 결론을 내린 데[24] 대해 저는 적극적으로 지지하는 입장입니다. 그러니 제가 거꾸로 김낙년 교수에게 자신이 했던 말을 되돌려줄 수밖에 없지 않겠습니까? 허수열 교수가 오랜 세월 엄청난 통계 처리 작업을 하면서 이런 결론을 내리기까지 했을 고민을 김 교수는 전혀 이해하지 못한 것으로 보인다고 말입니다.

사실 허수열 교수가 수탈이라는 용어를 사용하지 않기로 하며 식민지 권력의 폭력성에 대해 회의적인 태도를 보인 데 대해서는 이미 일본인 학자의 비판이 있었습니다. 그 비판을 한 사람은 마츠모토 다케노리松本武祝라는 일본인 학자이므로 김낙년 교수는 제게 하듯 그를 반일 종족주의자라고 매도할 수는 없겠지요.

> 폭력의 문제를 제외하고 식민지 경제구조(특히 그 기원)를 논하는 것이 가능할까? 국민경제에서 원시적 축적기에 해당하는 식민지 조선의 1910년대를 분석하려고 할 때에 식민지 권력에 의한 폭력

24　허수열, 《개발 없는 개발》, 은행나무, 2005, 338쪽.

을 '본질적인 것은 아닐 수 있'다고 말해도 좋을까?[25]

마츠모토 교수는 일제강점기 농업사를 오랫동안 연구해왔고 현재 일본 도쿄대 교수로 재직하고 있는 만큼 김낙년 교수도 그의 지적을 무시할 수는 없을 것입니다. 마츠모토 교수가 허수열 교수보다 좀 더 강한 주장을 하게 된 데는 오랜 세월 일제강점기 조선 농업문제 관련 사료를 광범위하게 접하면서 얻은 통찰이 작용했으리라고 짐작합니다. 그 사료들을 검토하고 연구한 사람이라면, 김낙년 교수처럼 "현재의 경제학 개념으로 보면, 이들 정책(산미증식계획 등의 식민지 경제정책—인용자)이 소득을 늘리는 데 기여할지언정 왜 빈곤의 원인이 되는지 알기 어렵습니다"(《반일 종족주의와의 투쟁》 351쪽)라는 말을 함부로 할 수는 없을 것입니다.

김낙년 교수가 〈주간조선〉 칼럼에서 수탈을 이야기하려면 강제성의 개입을 입증해야 한다고 주장하길래, 저는 〈오마이뉴스〉 재반론 칼럼에서 조선총독부와 일본인 대지주가 조선 농민들에게 가한 강제와 감시, 그리고 통제의 증거를 제시했습니다.[26] 저의 재반론 칼럼에서 강제성의 개입이 명백했음이 드러나자, 김 교수는 이제는 말을 바꿔 허수열 교수의 고민을 이해하지 못한다고 저를 비판합니다. 제가 〈오마이뉴스〉 칼럼에서 "부디 당시 현실을 생생하게 증거하는 허다한 자료들에 천착하기 바란다"라고 권면

했던 이유는 마츠모토 교수와 같은 농업사 연구자에게서 느껴지는 통찰과 감각을 김낙년 교수에게서는 느낄 수 없기 때문입니다.

김낙년 교수는 제가 말하는 제도와 정책을 통한 수탈이 도대체 무엇을 의미하는지 알기 어렵다며, 수리조합의 사례를 들어 비판합니다. "수리조합 사업이라는 정책을 통해 조선 농민이 몰락했다고 주장하고 싶은 것일까요?"(《반일 종족주의와의 투쟁》 346쪽) 김 교수의 질문입니다. 제가 대답하지요. 맞습니다! 수리조합 때문에 조선 농민은 대거 몰락했습니다. 그 증거와 몰락의 메커니즘은 앞에서 자세히 설명했습니다. 김 교수는 여기에서 스스로 결정타라고 여겼을 법한 문제 하나를 제기합니다. 수리조합 사업으로 쌀 수확량이 크게 늘어났고 조합비 부담을 감안해도 수리사업의 경제성이 인정되는데도, 제가 이런 평가를 부정할 만한 증거를 내놓지 못했다는 것입니다. 칼럼의 특성상 사업의 경제성 평가까지 제시하지는 않았는데, 사실 이 문제는 제가 오래전에 쓴 논문에서 자세하게 논한 바 있습니다.[27] 그 논문에서 제가 사용했던 인용문

25   마츠모토 다케노리, 〈'식민지근대화론' 논쟁을 넘어가기 위한 귀중한 걸음 — 허수열, 《일제 초기 조선의 농업 — 식민지근대화론의 농업개발론을 비판한다》에 대한 서평〉, 《내일을 여는 역사》 48, 2012, 283쪽. 원문 가운데 들어 있는 일부 일본어 투 표현은 우리말에 맞도록 수정했습니다.

26   앞에서 보았듯이 이 책에서는 그 증거를 좀 더 상세하게 서술했습니다.

27   전강수, 〈일제하 수리조합 사업이 지주제 전개에 미친 영향〉, 《경제사학》 8, 1984.

둘과 경제성 평가 결과표를 소개하겠습니다.

총독부 농림국이 발표한 수리조합 실적의 수지계산표에 의하면
(…) 지주는 단보당 평균 3~4원의 이익을 얻는다는 계산이 되어 있
으나, 각 방면의 비판을 종합하건대 공사 시행에 의한 다소의 증
수增收는 있어도 이로써 조합비를 부담하는 것은 거의 불가능한
실정이다. 조합 중에는 소작료 전부를 조합비에 넣어도 아직 부족
하여 조합비 지불을 위해 수입 이상의 지출이 부득이하게 된 경
우도 상당히 많으며, 결국 조합이 설치되었기 때문에 조합비 부담
만 과중하게 되고 수리조합 설치 후 오히려 지가의 폭락을 보는
것만으로도 그간의 소식을 웅변으로 말해준다고 한다.[28]

조합에 따라서는 소작료 전부를 수리조합비에 투여投與하여도 여
전히 부족하여 결국 지주가 수리조합비 때문에 수입 이상의 자금
을 지출하지 않으면 안 되는 경우가 자주 발생한다. (…) 전도前途를
예견할 수 없는 지주나 예견하더라도 자금 형편이 따르지 않는
지주는 이 때문에 고민하고 오히려 갖고 있던 토지도 팔지 않으
면 안 되는 형편이다.[29]

앞의 인용문은 일본의 유력 경제잡지 《도요게이자이신보》

편집장을 지낸 저명 경제평론가 다카하시 카메키치^{高橋龜吉}가 쓴 글이고, 뒤의 인용문은 '조선의 수리왕'이라 불리며 수리조합 사업을 주도했으며 후지^{不二}흥업주식회사를 세워 조선에서 대농장을 경영했던 후지이 간타로^{藤井寬太郎}가 쓴 글입니다. 이들이 이런 글을 쓴 배경에 대해 따져볼 수는 있겠으나, 당시 사업의 경제성에 큰 문제가 생긴 수리조합이 많았다는 사실만은 분명합니다. 게다가 〈동아일보〉와 〈조선일보〉 등 당시 신문에는 이런 내용의 기사와 사설이 수도 없이 실렸습니다.

다음 페이지의 표 3은 김낙년 교수가 요구하는 수리조합 사업의 경제성을 보여주는 표입니다. '수리조합비/순증산액' 비율이 100%를 초과한다는 것은 조합원들이 사업으로 얻는 수익으로 수리조합비를 감당할 수 없었음을 뜻합니다. 여기서 순증산액은 사업에 의한 쌀 증산액의 절반에 해당하는 값입니다. 순증산액을 그렇게 계산한 것은 당시 매년 조선총독부가 발간하던 《토지개량사업요람》에서 지주의 경우 소작인 취득분과 기타 관리비로, 자작농의 경우 영농관리비와 기타 지출로 각각 증산량의 절반을 빼서 순증산량을 계산하던 방식을 그대로 따른 것입니다.

---

28   高橋龜吉, 《現代朝鮮經濟論》, 千倉書房, 1935, 273~274쪽.

29   藤井寬太郎, 〈水利組合に對する世評と眞相〉, 《朝鮮》183, 1930, 97~98쪽.

도명	1926	1927	1928	1929	1930	1931	1932	1933	1934
경기	246	138	110	88	186	250	136	114	86
충북	66	72	78	100	90	98	72	66	54
충남	84	58	354	50	94	86	72	60	42
전북	50	40	54	40	96	80	50	48	32
전남	194	114	102	92	130	210	90	90	72
경북	70	88	92	104	90	118	84	58	50
경남	76	78	70	76	158	152	118	126	110
황해	414	646	134	120	152	130	86	64	52
평남	66	82	64	52	78	94	62	74	52
평북	80	58	54	46	70	104	74	60	42
강원	226	72	1,610	94	108	134	100	100	116
함남	56	60	84	76	96	92	122	52	70
함북	44	48	52	128	84	1,118	136	92	310
전 조선	84	70	72	60	110	114	80	68	54

표 3 ● '수리조합비 / 순증산액' 비율의 추이

출처: 전강수, 〈일제하 수리조합 사업이 지주제 전개에 미친 영향〉,
《경제사학》8, 1984, 152쪽.

1926~1934년의 기간 동안 조선 전체로는 1930년과 1931년을 제외하면 이 비율이 내내 100%보다 낮아서 사업의 경제성이 있었던 것처럼 보입니다. 1930년과 1931년은 농업공황이 극심한 시기였기 때문에 경제성이 없었던 것으로 드러나도 전혀 이상하지 않습니다. 김낙년 교수는 오랜 세월 집계통계와 평균치만 다루다 보니 이것만 보였겠지요. 그러나 진실은 집계치 아래에 숨어 있는 법입니다. 도별로 보면, 매년 최소한 3개 도 이상에서 '수리조합비/순증산액' 비율이 100%를 초과했던 것으로 드러납니다. 그 외에 이 비율이 90%를 초과하여 당해 도내 수리조합원들이 이익도 손해도 보지 않았다고 할 수 있는 지역도 다수 보입니다. 이 정도면 조선 농민들이 수리조합 사업으로 대체로 수지를 맞출 수 있었다는 김낙년 교수의 평가를 부정할 만한 증거가 되지 않을까요?

저는 〈오마이뉴스〉 칼럼에서 "장기 집계통계란 사물을 공중 높이 올라가서 보는 것과 유사해서 전체 그림을 크게 보는 데 유익하다. 그러나 김 교수는 공중으로 너무 높이 올라간 듯하다. 아예 일제강점기 조선 사회의 실상이 흐릿해져버렸으니 말이다"라고 김낙년 교수를 비판했습니다. 그런데 김 교수는 이 말이 무슨 뜻인지 깨닫지 못했던 모양입니다. 공중에 너무 높이 올라갔으니 내려오라고 충고했음에도 계속 거기에서 지내겠다고 하니 말입니다.

같은 칼럼에서 저는 김낙년 교수가 〈주간조선〉 칼럼에서 식민지 지주제 확대와 소작농 빈곤의 원인으로 식민지 경제정책이나 지주의 소작료 수탈과 같은 사회적 요인을 무시한 채 오로지 농가 인구의 증가만을 제시한 것을 비판했습니다. 그가 경제학 개념을 운운하며 이런 주장을 펼치길래 도대체 무슨 경제학 이론인지 밝혀달라고 요청했습니다. 하지만 《반일 종족주의와의 투쟁》에서 김 교수는 저의 요청에 일언반구 대답도 없이 기존 서술을 그대로 반복합니다. 그래서 저는 다시 묻습니다. 일제가 실시한 산미증식계획이 조선 농민의 소득을 늘렸다는 주장을 뒷받침하는 "현재의 경제학 개념"이란 도대체 무엇입니까? 김 교수가 토지 매입을 농업'투자'로 간주하는 것(《반일 종족주의와의 투쟁》 347~348쪽)을 보면, 그가 기대는 경제학 이론이 그다지 신뢰할 만한 것은 아닌 듯합니다. 보통의 경제학 이론에서 투자란 자본재를 구입하여 생산과정에 투입하는 행위로, 토지 매입 따위는 포함하지 않습니다.

외람되지만 제가 김낙년 교수에게 수수께끼를 하나 내겠습니다. 다음은 어떤 경제학자가 쓴 내용일까요?

토지의 사용에 대한 가격으로 간주되는 지대는 자연히 독점가격이다. 지대는 지주가 그 토지의 개량에 투하했을지도 모르는 것,

또는 지주가 취득할 수 있는 것에는 전혀 비례하지 않고, 농업자
가 지불할 수 있는 것에 비례한다.

그들(지주들—인용자)은 스스로 노동도 하지 않고, 조심도 하지 않
고, 마치 저절로 굴러들어 오는 것처럼 자신의 의도·계획과는 무
관하게 자신의 수입을 얻고 있는 유일한 계급이다.

　김 교수는 이 문장들을 읽고 바로 칼 마르크스^{Karl Marx}를 떠올
리지나 않았는지 모르겠습니다. 하지만 이것들은 자유방임주의의
시조 애덤 스미스^{Adam Smith}가 《국부론》에서 쓴 내용입니다.[30] 만일
김낙년 교수가 자유방임주의 경제학자들은 시장에서 거래된 것
이면 무조건 정당하게 여긴다고 믿고 있다면, 당장 생각을 바꾸기
바랍니다. 자유방임주의 경제학자들의 믿음에 따르면, 지주가 수
취하는 지대는 투자에 대한 대가도, '노동과 조심'에 대한 대가도
아닌 불로소득이라는 점에서 정당하지 않습니다. 일제강점기에
지주들이 수취한 소작료가 대부분 그랬습니다.

　김낙년 교수를 비롯한 뉴라이트 학자들은 일제강점기에 발
생한 행려 사망자 신장의 변화, 비숙련 노동자 실질임금의 추이,

30　인용문의 출처는 각각 《국부론(상)》(애덤 스미스 지음, 김수행 옮김, 비봉출판사,
　　　 2003)의 170쪽과 288쪽입니다.

사망률과 기대수명의 변화 등을 조사해 조선인의 생활수준이 나아졌음을 입증하느라 노력해왔습니다. 《반일 종족주의와의 투쟁》 24장에 실린 차명수 교수의 글은 그런 연구들을 요약·정리한 것입니다. 차 교수가 "빈곤층이 1년 혹은 한 달 동안 벌어들이는 실질소득은 증가하지 않았습니다. 지주나 자본가 같은 잘 사는 사람들의 소득은 빠르게 증가했고, 소득분배가 점점 불평등하게 되어갔습니다"(《반일 종족주의와의 투쟁》 388쪽)라고 결론 내리는 것을 보면, 그들의 시도는 들인 노력에 비해 그다지 성공적이지 않았던 것 같습니다. 허수열 교수는 《반일 종족주의》를 비판한 〈한겨레〉 칼럼에서 1910~2013년에 한국인의 1인당 하루 영양 공급량의 추이를 분석한 육소영 충남대 박사의 연구 결과를 소개했습니다. 그에 따르면, 한국인의 영양 공급량은 1918년까지 증가하다가 그 후 1945년까지는 감소 경향을 보이며 해방 후 반전하여 뚜렷한 증가 경향을 보였습니다.[31] 이는 뉴라이트 학자들의 쓸데없는 노력에 일격을 가한 통쾌한 분석 결과입니다.

한 가지 비유를 들어보겠습니다. 어린이들을 잡아서 앵벌이를 시키는 악당이 있다고 합시다. 어린이의 담당 구역을 넓히면 수

---

31   허수열, "식민지 근대화론은 '불편한 진실' 아닌 '불편한 허구'다", 〈한겨레〉 2019년 9월 1일자 칼럼.

입이 많아질 것으로 판단해 예전보다 먹을 것을 더 주고 자전거도 새로 사주었다고 합시다. 이런 경우에 매일 악당의 감시 아래 억지로 앵벌이를 해야만 하는 어린이의 수입이 늘고 생활수준이 올라갔다며 긍정적으로 평가할 수 있을까요? 그런 분석을 시도하는 연구자가 있다면 정신 나간 사람이라는 비판을 받고 학계에서 도태될 수밖에 없을 것입니다. 한 나라가 다른 나라를 무력으로 점령한 후 강제력을 동원해 그 나라 사람들을 자기 의도대로 부리고 그 과정에서 그 나라의 토지와 자원을 마음껏 활용해서 이익을 얻었다면 그것이 바로 경제적 수탈이지요. 설사 그 과정에서 자본 투자가 이뤄져서 수탈당하는 식민지 사람들의 생활이 좀 나아졌다 한들 그것이 무슨 의미가 있겠습니까? 물론 허수열 교수의 주장에 따르면 일제강점기에 조선인의 생활이 나아진 바도 없지만 말입니다. 해방 이후 많은 경제사학자들은 수탈의 개념을 이렇게 이해해왔습니다. 역사학자들도 마찬가지고요.

김낙년 교수는 일제가 경제적 수탈을 자행했다는 주장에는 뭔가 시대착오적인 느낌이 있다고 생각하는 것일까요? 제 주장을 "변형된 수탈론"이라고 명명하며 폄하하니 말입니다. 그런데 제게는 그런 느낌이 하나도 없습니다. 그러니 이상한 이름 붙이느라 애쓰지 마시고 저를 그냥 정통 수탈론자로 불러주십시오.

공출제도,
강압에 의한
쌀 수탈

공출제도의
전개 과정

앞에서 저는 산미증식계획 기간에 대가 없이 무력으로 빼앗는 쌀 수탈은 없었다고 말했습니다. 실제로 그 기간의 쌀 이출은 형식상 '자발적' 거래를 통해 이뤄졌습니다. 하지만 일제 말 전시기가 되면 일제는 강제로 조선 농민의 쌀을 수매해서 일본으로 이출하거나 군용미로 공급하는 정책을 시행합니다. 바로 악명 높은 공출제도 이야기입니다. 물론 이때도 일제는 대가를 지불했기 때문에 이영훈 교수나 김낙년 교수는 쌀 수탈이 아니었다고 강변할지 모릅니다. 그러나 공출제도 아래에서 조선 농민은 쌀을 자유롭게 판매할 수 없었고, 정해진 할당량을 강제로 공출해야만 했으며, 나중에는 자가소비용 쌀까지 압수당했습니다. 이 사실들을 생각하면, 쌀 공출을 저들이 말하는 '수탈'의 범주에 포함해도 크게 틀리지 않을 것입니다. 명백한 쌀 수탈이 1939년부터 1945년까지 자행됐는데도 이 교수와 김 교수는 이에 대해 일절 언급하지 않습니다. 어쩌면 이리도 일본 제국주의에 관대한지요.

공백으로 남은 역사는 거짓으로 덧칠되기 쉽습니다. 그래서 저는 여기에서 일제 말기 쌀 공출제도의 실상을 기록으로 남기고자 합니다. 사실 이 문제는 제 박사학위 논문[1]의 중심 주제였습니다. 이미 오래전에 기록으로 남겼지만, 박사학위 논문을 찾아서 읽는 일반 시민이 얼마나 되겠습니까? 이어지는 내용에서는 제 박사학위 논문에 실린 일제 말기 쌀 공출제도 관련 내용을 일반 시민도 쉽게 읽을 수 있도록 고쳐서 이야기해보고자 합니다. 공출제도 연구를 위해 저는 국내는 물론이고 일본의 여러 도서관을 샅샅이 뒤졌습니다. 그러니 아마도 현존하는 일제 말기 쌀 공출제도 관련 1차 자료 중에 제가 놓친 것은 거의 없을 것입니다. 민망하게도 제가 여기에서 굳이 이 사실을 밝히는 이유는 이영훈 교수가 자신을 비판하는 사람들을 매번 '자료는 찾아봤나, 책은 읽어봤나, 나는 관련 자료와 책을 다 읽었다'라는 식으로 공박하기 때문입니다. 일제강점기 미곡정책이나 공출제도에 관한 자료를 몽땅 섭렵한 저를 두고는 애초에 그런 공박이 불가능할 테니, 쓸데없는 감정싸움은 피할 수 있으리라고 믿습니다.

쌀 공출제도는 1939년 12월 '조선미곡배급조정령'과 '미곡배급 통제에 관한 건'이 제정되면서부터 시작됐습니다. 처음에는 쌀 자유시장을 그대로 둔 채, 과잉지역의 과잉 쌀을 대상으로 매수 또는 강제보관을 명하는 지역별 할당 방식으로 통제했습니다. 그러다가 1942미곡년도[2]부터는 쌀 자유 판매를 전면 금지하고 중농 이상의 농민과 지주를 대상으로 개인별 공출 할당을 시행했습니다. 이듬해에는 개인별 할당을 전면화하는 동시에, 부락책임공출 제와 자가보유미 제도를 도입합니다. 할당량 공출의 책임을 부락, 즉 마을에 지워서 개인별 공출이 확실히 이뤄지도록 한 것이 부락 책임공출제입니다. 부락 조직을 통해 '농민 자신에 의한 농민의 통제'를 꾀한 것이지요. 자가보유미 제도란 각 농가의 생산량에서 자가소비용 쌀과 종자를 뺀 나머지를 계산해서 그에 대해 공출 명령을 발동하는 제도입니다. 모든 조선 농민이 남는 쌀을 몽땅 공출하도록 만들려는 장치였지요. 이처럼 해가 갈수록 공출제도는 강화되어갔습니다. 그렇지만 1943년 8월 '조선식량관리령'이 제정되기 전까지는 공출 쌀을 총독부가 직접 수매·관리하지는 않았습니다. 양곡배급조합이나 양곡배급주식회사 등 민간 자본으로 하여금 수매와 관리, 유통을 맡게 했지요.

조선식량관리령이 제정되면서 쌀 공출제도는 완전히 총독

---

1   전강수, 〈식민지 조선의 미곡정책에 관한 연구〉, 서울대학교 박사학위 논문, 1993.

2   미곡년도란 전년도 11월부터 당해 연도 10월까지를 가리킵니다.

부의 통제 아래 들어갑니다. 이때부터 조선 내 모든 농민과 지주는 자가보유 쌀을 제외한 쌀을 모두 공출해야만 하는 법적 의무를 지게 됐습니다. 그전에는 자발적으로 공출하게 하거나 그때그때 공출 명령을 발동해서 공출하게 했지만, 이때부터는 항상 공출 명령이 발동된 상태가 됐고 할당량을 공출하지 않으면 불법으로 간주됐지요. 쌀을 비롯한 주요 식량의 정부 수매를 뒷받침하기 위해 조선식량관리특별회계가 만들어졌습니다. 바야흐로 공출 쌀의 수매와 관리를 국가가 직접 담당하게 된 것입니다.

1941, 1942미곡년도 2년 동안은 쌀 공출량이 생산량의 42.8%, 45.2%에 머물렀습니다. 이 비율은 개인별 할당이 전면 실시되는 1943미곡년도에는 55.8%로 급상승했고, 조선식량관리령이 적용된 1944, 1945미곡년도에는 63.9%, 60%로 한층 더 올라갑니다. 이와 같은 공출 비율의 상승은 전시기에 조선의 쌀 생산이 크게 감소하는 가운데 일어났음에 유의해야 합니다. 1941, 1942미곡년도에 각각 2,153만 석, 2,489만 석이었던 쌀 생산량은 이듬해에는 1,569만 석으로 격감하고, 1945미곡년도에도 1,605만 석에 머물렀습니다. 그 와중에 공출 비율이 상승했기 때문에, 공출량은 대체로 일정한 수준으로 유지됐습니다. 이는 농가 보유 쌀의 격감이라는 결과로 이어졌습니다. 1942미곡년도에 1,363만 석이었던 농가 보유 쌀은 1944, 1945미곡년도에 각각 676만 석, 641만 석으로 크

게 줄었지요. 자연히 1인당 쌀 보유량도 1942미곡년도에 0.795석이었던 것이 1945미곡년도에는 0.373석으로 감소했습니다.

농가 보유 쌀이 격감한 것은 공출이 강화됨에 따라 농민들이 남는 쌀을 공출했기 때문이기도 하지만, 농가의 재생산에 꼭 필요한 쌀까지 억지로 공출해야만 했기 때문입니다. 일제는 이 때문에 생기는 농가의 식량 부족은 만주산 잡곡과 공출 잡곡의 환원 배급으로 해결하고자 했습니다. 총독부는 조선 농민의 쌀 소비를 양적으로 압박하는 동시에 식량 소비를 질적으로 악화시키면서 공출 쌀을 최대한 확보하고자 했던 것입니다. 총독부가 작성한 각 연도 식량대책 상에 "대용식, 혼식을 장려하는 것은 물론이고 식량 자체를 감축시킴으로써 소비규제를 철저하게 한다"라는 내용이 들어 있었을 정도이니, 일제가 공출 쌀을 확보하려고 조선 농민에게 얼마나 큰 희생을 강요했는지 충분히 짐작할 수 있습니다. 그러나 만주산 잡곡의 수입은 제대로 이뤄지지 않았고 조선의 잡곡 생산량도 지속적으로 감소했기 때문에, 환원 배급에 의한 농가 식량 보충도 계획대로 이뤄지지 않았습니다. 따라서 조선 농민의 식량 사정은 극단적으로 악화할 수밖에 없었지요.

물론 공출 쌀도 대가 없이 빼앗아간 것은 아닙니다. 그러니 김낙년 교수 등은 이 경우도 수탈이 아니라고 주장할지 모릅니다. 농가 보유 쌀이 감소한 것을 두고, 송이버섯 농가가 비싼 송이를 팔고 그 대금으로 다른 재화를 소비하는 것처럼, 조선 농민이 비싼 쌀을 공출하고 그 대금으로 잡곡과 다른 재화를 샀다고 해석할지도 모르겠고요. 총독부가 나서서 쌀 판매까지 맡아줬으니 조선 농민에게 유리했다고 말할 수도 있겠네요.

죽창을 들고
농가를 수색했다

《반일 종족주의》가 출간되기 전에는 쌀 공출이 쌀 수탈이라는 점은 별도로 설명할 필요가 없는 자명한 사실이었습니다. 하지만 지금은 이것까지도 명확한 근거로 입증해둬야만 하는 상황이 됐습니다. 그렇게 하지 않으면, 앞으로 또 언제 《반일 종족주의》 필자들이 궤변을 늘어놓을지 알 수 없기 때문입니다.

여러분은 일제강점기 공출제도 시행 당시에 일본 관헌이 죽창을 들고 농가를 찾아가서 숨긴 쌀이 없는지 수색할 정도로 가혹하게 쌀을 수탈했다는 이야기를 들었을 것입니다. 우리 세대는 이런 이야기를 수없이 들으며 자랐기 때문에, 이를 당연히 사실이라고 믿는 경향이 있습니다. 그럼, 이영훈 교수 식으로 이 믿음을 무너뜨려볼까요? 일본 관헌이 쌀을 찾기 위해 죽창을 들고 농가를 수색했다는 이야기를 '죽창설'이라고 합시다. '죽창설은 사람들 사이에 입으로 전해져 내려오는 구전 민담 같은 것으로, 그것을 뒷받침하는 증거는 없다. 법률과 정책으로 얼마든지 공출을 받을 수 있는데 왜 굳이 그런 방법을 썼겠는가? 일제는 그렇게 야만적인 제국주의 국가가 아니었다. 죽창설은 한국인이 반일 종족주의에 사로잡혀서 만들어낸 허구에 불과하다. 그 시대를 살았던 사람들의 증언이 있다지만 그것은 믿을 만한 말이 못 된다.' 만일 제가 이런 취지로 글을 한 편 썼다면, 이영훈 교수가 《반일 종족주의》 편집 시에 흔쾌히 받아줬을 가능성이 있습니다.

이영훈 교수는 죽창설을 입증할 문헌 자료는 존재할 리 없다고 생각할지 모릅니다. 하지만 문헌 자료가 존재한다면 어떻게 되나요? 앞에서 말한 죽창설 부정 논리는 바로 허물어지겠지요.

총독부로서는 내지(일본을 가리킴—인용자)에 약속한 수량은 반드시 이출하지 않으면 안 되는 책무가 있고, 도道와 군郡도 총독부로부터 할당받은 수량은 절대로 공출을 확보하지 않으면 말이 안 된다고 하는 결의 아래 심하게는 죽창을 가지고 가택 수색을 하고, 농가는 농가대로 변소나 굴뚝 밑, 밭 가운데 숨기는 음침하고 참혹한 분위기가 지방 일대에 만연하고, 살벌한 광경이 곳곳

5장·공출제도, 강압에 의한 쌀 수탈

에 벌어져서 민심이 현저하게 동요하기에 이르렀다.[3]

　이 글은 2차 세계대전 패전 직후, 일본 대장성 관리국에서 발간한 보고서에 들어 있는 내용으로 조선식량관리령이 제정되지도 않았고, 개인별 공출 할당이 행해지지도 않았던 1941년의 상황을 묘사한 것입니다. 당시에도 이랬을진대 공출제도가 본격화하는 단계에 가면 얼마나 더 심한 일이 벌어졌을지 충분히 짐작할 수 있겠지요. 패전 직후 미 군정 하에서 발간한 보고서이기 때문에, 집필에 참여한 일본인들이 기가 죽어서 이런 표현을 썼다고 강변할 수도 있겠습니다. 그렇다면 이 내용은 어떻습니까?

　나중에 배급해준다고 하며 최소한의 자가용 식량까지 공출시키고는 농번기인 식량 단경기端境期(양식이 떨어지는 시기―인용자)에 이르러서도 당국은 아무것도 모르는 체하고 식량 배급은 전혀 없는 기만적 태도, 그리고 **전량 공출한 농가에 대해서도 여러 차례 가택 수색을 하는 것은** (…) 너무나도 가혹하다.

3　大藏省管理局,《日本人の海外活動に關する歷史的調查》, 朝鮮篇 第9分冊, 1946, 52쪽.

종래 농민들은 수확기에 '작량作糧(예취세取, 탈곡脫穀, 조정調整을 총칭)은 마쳤습니까' 하고 인사를 나눴지만 요즘 그들은 조선말 발음이 같은 '장량藏糧은 마쳤습니까', 즉 '양곡 은닉은 마쳤습니까'라는 의미로 사용하고 있는데, 그 주된 원인은 군 직원, 면 직원 기타 공출 독려를 담당한 자가 당국의 뜻을 곡해하여 농민의 실정을 무시하고 **젖먹이를 안은 사람의 집에 신발 신은 채로 올라가 가택 수색을 하고 구석구석 숨겨둔 한두 되의 쌀까지 전부 공출시키고,** 아기 엄마는 '내일부터 이 아이에게 무엇을 먹일까' 하고 울며 절규하게 만드는 가혹한 공출을 하게 하고 있으며 (…) 농민들은 식량에 관해서는 군과 면의 말을 전혀 믿지 않고 필요 이상의 불안을 안고 (…) 어떻게 하면 양곡을 숨길까 부심하는 실정이다.

일제강점기에 각 지방의 경찰은 민심의 동향을 조사해서 매일 총독부에 보고했습니다. 현재 국가기록원에 그 보고 문서를 철한 자료가 일부 보존되어 있는데, 표지에는 《經濟治安日報綴 (1942)》이라는 제목이 붙어 있습니다. 위의 두 인용문은 그 가운데 나오는 내용으로 둘 다 1942년의 농촌 상황을 묘사한 것입니다. 쌀 자유 판매가 금지되기는 했지만 아직 개인별 공출 할당이 전면 실시되지 않은 시기였음에도, 일본 관헌이 농가를 가택 수색하면서까지 공출을 강요했음을 알 수 있습니다. 이영훈 교수도 경찰이 작성한 정보 보고를 두고 거짓이라느니 과장이라느니 할 수는 없을 것입니다.

일제는 공출 쌀 확보를 위해 경찰과 군·읍·면 직원, 기타 관계 기관 직원이 참관하는 가운데 공동 수확과 공동 탈곡·조제를 하도록 강요했습니다. 이는 작업의 능률을 높이는 동시에, 쌀 은닉을 방지하고, 탈곡과 조제가 끝난 후에는 현장에서 바로 쌀을 수매 장소로 운반해서 공출의 효과를 높이려는 조치였습니다. 일제 말기가 되면 전 행정기관의 직원과 간부, 경찰, 지역 유지 등이 총동원되어 공출을 독려했으며, 실적이 저조한 경우 그 마을에 물자 배급을 일시 중지하거나, 성적 불량 농민을 군에 소환해서 서약서를 쓰게 했고, 관련 공무원을 처벌하기도 했습니다.

일제가 공출의 대가를 제대로 지급하지 않았으리라는 점은 미루어 짐작할 수 있습니다. 실제로 그것은 공출 쌀 수매가격 산정 방식에서 드러납니다. 당시 일본 국내에서는 각종 생산비와 각종 추정 쌀값을 고려해서 농민에게 유인이 되도록 수매가격을 산정한 반면에, 식민지 조선에서는 그렇게 하지 않았습니다. 공출 쌀의 실질 수매가격은 각종 생산비와 각종 추정 쌀값에 미달하는 수준으로 억제됐습니다. 게다가 조선 농민들은 이렇게 억제된 수매가격으로 계산한 공출 대금조차 자기 마음대로 쓸 수 없었습니다. 인플레이션을 방지한다는 명분 아래 공출 대금 중 상당 부분을 공제저축으로 떼일 수밖에 없었지요. 예컨대 총독부는 1943년에 공출 대금의 27%를 미리 공제하여 금융조합에 예치하도록 강제한 바 있는데, 이 비율은 이듬해에 30%로 올라갔습니다.

지금까지 살펴본 내용을 종합하면, 일제강점기 쌀 공출제도는 명백히 일본이 조선 농민에게서 쌀을 강제로 빼앗아간 수탈 정책이었습니다. 김낙년 교수는 일제 말기에 자행된 이 엄청난 수탈의 역사에는 두 눈을 감은 채, 조선은 일본에 쌀을 수탈당한 것이 아니라 자발적으로 수출했다고 주장합니다. 이런 태도는 실수일까요, 고의일까요?

6장

한일협정으로
한국인의 대일 청구권은
모두 소멸했다?

대법원 확정 판결에 대한
이영훈 교수의 엉뚱한 해설

《반일 종족주의》 필자들은 단순히 역사의 '거짓말'을 바로 잡기 위해 책을 쓴 것 같지는 않습니다. 그들에게는 매우 확실한 정치적 목적이 있는 듯합니다. 극우세력이 장악한 일본과 보조를 맞출 수 있는 친일 보수 정권을 한국에서 창출하고, 이를 통해 공고한 한미일 삼각 협력체제를 구축하는 것입니다. 그들에게 선악의 기준은 분명합니다. 일본을 좋아하면 선, 일본을 싫어하면 악입니다. 일본을 우대하면 나라가 흥하고, 일본을 배척하면 나라가 망합니다. 그래서 한국 사람으로 하여금 일본을 싫어하게 만드는 역사 해석들을 골라내서 모조리 뒤집어버리는 엄청난 작업을 수행한 것이지요. 짐작건대 《반일 종족주의》 필자들이 유독 노무현 정부와 문재인 정부를 싫어하는 까닭도 두 정부가 자존심을 가지고 일본을 상대해 일본 우익의 심기를 건드렸다는 데 있습니다.

《반일 종족주의》에서 현대사 문제를 주로 다룬 사람은 주익종 박사입니다. 어찌 보면 주 박사는 《반일 종족주의》를 과거에서 현재로 연결하는 리베로 역할을 하는지도 모릅니다. 그는 친일 청산 문제나 위안부 문제도 다루지만 주로 대일 청구권 문제에 집중합니다. 이 문제는 2019년 7월 이후, 한일 무역분쟁을 초래한 직접적인 원인이지요. 현재까지도 계속되고 있는 이 갈등의 뿌리는 1965년 6월 22일 체결된 '대한민국과 일본국 간의 재산 및 청구권에 관한 문제의 해결과 경제협력에 관한 협정'(이하 '청구권 협정'이라고 부르겠습니다)입니다. '청구권 협정'은 '국교 정상화를 위한 대한민국과 일본국 간의 기본관계에 관한 조약'(소위 '기본조약')의 부속 협정이지요.

55년이나 유지된 협정이 왜 지금 와서 이렇게 큰 문제를 만들어내고 있는 것일까요? 2018년 10월 30일과 11월 29일에 우리나라 대법원이 한국인 강제동원 피해자들이 일본제철과 미쓰비시 중공업을 상대로 낸 두 건의 위자료 청구 소송에서 모두 원고 승소 확정 판결을 내린 것이 직접적인 계기였습니다. 그런데 이 판결은 2012년 5월 24일, 대법원이 같은 소송에 대해 선고한 원고 승소 취지의 파기 환송 판결의 연장이기 때문에 문제의 시작은 좀 더 거슬러 올라간다고 해야 합니다. 2013년 7월, 서울고등법원과 부산

고등법원이 각각 대법원 판결의 취지에 따라 원고 승소 판결을 선고했지만 피고 측이 재상고하여 대법원 재판에 계류 중이었다가 2018년에 마침내 확정 판결이 내려진 것입니다. 대법원 확정 판결의 핵심 내용은, 강제동원 문제는 애초에 '청구권 협정'의 적용 대상이 아니었고 '청구권 협정'에 의해 해결된 적이 없으므로, 한국인 피해자 개인은 법원에 피해 구제를 청구할 수 있고 한국 정부는 일본 정부에 피해 구제를 요구할 수 있다는 것입니다.[1]

한국 대법원이 확정 판결을 선고한 후 일본 정부는 그에 대해 극렬히 비난합니다. 이는 결국 2019년 7월과 8월 한국에 대한 통상 공격으로 이어졌습니다. 일본 정부는 한국 대법원의 판결이 '청구권 협정' 위반이라고 주장했습니다. 그러면서 한국 정부에 적절한 조치를 강구하라고 요구했습니다. 여기에서 이상한 점은 판결의 어느 부분이 '청구권 협정' 위반인지 일절 밝히지 않는다는 것입니다. 일본 정부는 단지 "일한 청구권 협정 제2조에 명백히 반하여, 1965년의 국교 정상화 이래 구축해온 일한 우호 협력 관계의 법적 기반을 근본적으로 뒤집는 것"이라는 추상적인 주장을 내놓았을 뿐입니다.

한국 대법원의 판결은 '청구권 협정' 제2조에 관한 하나의

---

1   김창록, 〈대법원 강제동원 판결의 위상〉, 《황해문화》 105, 2019, 59쪽.

해석을 제시한 것이므로, 그것을 '협정 위반'으로 판단하려면 일본 정부 나름의 다른 해석을 내놓아야 말이 되는데도, 그렇게 하지 않았습니다.[2] 한국 정부더러 적절한 조치를 강구하라고 요구하면서도, 그 조치가 무엇인지는 일절 말하지 않았습니다. 짐작건대 대법원 판결을 실질적으로 뒤집을 수 있는 모종의 액션을 취하라는 뜻인 것 같은데, 삼권분립의 원칙을 존중한다면 도저히 할 수 없는 무례한 요구입니다.[3] 보통 이런 식의 대응은, 심사가 뒤틀리는데 논리적으로 마땅히 대처할 방법이 없을 때 사람들이 보이는 태도이지요.

이런 상황에서 한국 학자들이 '근사한' 논리를 만들어 제시했으니 아베 총리는 얼마나 기뻤을까요? 대법원 판결과 청구권 협정에 관한 서술은 주로 주익종 박사가 맡았지만,《반일 종족주의》프롤로그에서 이영훈 교수도 한마디 거들었습니다. 이에 대해서는 1장에서 잠깐 언급했지요. 이영훈 교수는 어릴 적부터 거짓말의 교육을 받고 자라서 대법관까지 된 사람들이 무엇이 사실인지, 무엇이 거짓말인지 분간하지 못한 채 나라의 근간을 흔드는 엉터리 판결을 내렸다고 주장합니다. 일본제철 소송의 원고 두 명이 일본제철 오사카제철소에서 훈련공으로 일하던 당시에 월급을 강제저축 당한 후에 끝내 돌려받지 못했는데, 이는 회사가 아니라 통장과 도장을 맡았던 기숙사 사감의 책임임에도, 한국 대법원은 일본제철에 책임을 지워 위자료 지불 판결을 내렸다는 것입니다.

일본제철은 피해 노동자에게 월급을 지급했는데 기숙사 사감이 사적으로 착복했거나 노동자의 본가에 송금했을 것이기 때문에 사건은 피해 노동자와 사감 간의 민사사건이라는 이영훈 교수의 주장은 그야말로 소설과도 같은 이야기입니다. 이영훈 교수 본인도 관련 사실을 자신 있게 주장하지 못합니다. '가능성이 크다', '추정한다', '진실 여부를 확인할 수 없다'는 등의 모호한 표현을 여기저기 사용하니 말입니다.

임금 미지급이 노동자와 사감 사이의 민사사건이 아니었음은 쉽게 입증됩니다. 2008년 11월, 일본 시민단체 '강제동원 진상규명 네트워크'가 찾아낸 《노동성 조사 조선인에 대한 임금 미불 채무조》에 따르면, 1949년 말 당시 미불 임금은 액면가로 2억 4,135만 엔이나 됐다고 합니다. 현재 한화 가치로 환산하면 무려 3~4조 원에 달하는 거액입니다.[4] 이는 조선인 노동자를 고용해 일을 시키고도 임금을 지급하지 않았던 일본 기업들이 일본 정부에

---

2   김창록, 〈대법원 강제동원 판결의 위상〉, 《황해문화》 105, 2019, 64~65쪽.

3   앞의 논문, 65~66쪽.

4   김호경·권기석·우성규, 《일제 강제동원, 그 알려지지 않은 역사》, 돌베개, 2010, 415~416쪽.

공탁한 미불 임금을 전부 합한 금액입니다. 미불 임금은 조선인 노동자에 대한 채무인 만큼 해당 기업들이 종전 후에 그 돈을 공탁한 것은 마땅한 일입니다. 미불 임금 공탁은 그 이후에도 계속됐습니다. 그러므로 미불 임금 총액은 2억 4,135만 엔보다 훨씬 크다고 봐야 합니다. 미불 임금을 공탁한 기업 중에는 미쓰비시, 미쓰이, 스미토모, 후지코시 등 일본 유수의 기업이 다수 포함돼 있습니다. 일본 기업들이 이처럼 많은 돈을 공탁한 것은 전후 재일조선인 단체의 투쟁으로 미불 임금 문제가 사회문제가 되자 연합국최고사령부와 일본 정부가 기업들에게 미불 임금을 공탁하도록 지시했기 때문입니다.[5]

　희한하게도 일본 정부는 천문학적 금액의 공탁금을 피해자에게 돌려주지도 않고 국고에 환수하지도 않은 채 줄곧 은행 계좌에 묶어두고만 있습니다. 왜 그랬을까요? 유력한 추론은 한국 피해자들에게 돌려주자니 일본 정부가 그동안 주장했던 바와 모순이 되고, 국고에 환수해 소멸시켜버리자니 훗날 한일 관계에서 어떤 부담으로 작용할지 몰라서 이러지도 저러지도 못한다는 것입니다.[6] 하여간 공탁금의 존재는 일제강점기에 조선인 노동자를

5　　김호경·권기석·우성규, 《일제 강제동원, 그 알려지지 않은 역사》, 돌베개, 2010, 420~421쪽.

6　　앞의 책, 423쪽.

강제동원해서 부려먹었던 일본 기업들이 임금 미지급의 책임을 자인했음을 분명히 입증해줍니다. 이처럼 엄연히 존재하는 엄청난 사실을 이영훈 교수는 과연 몰랐을까요? 아니면 알고도 무시했을까요? 강제동원 피해 노동자의 미불 임금 문제를 기숙사 사감 개인의 문제로 돌리는 논법은 소설 중에서도 하류 소설에 해당합니다.

《반일 종족주의》에는 미불 임금 공탁금 이야기가 전혀 나오지 않습니다. 그래서 저는 이영훈 교수가 이 내용을 모를 수도 있겠거니 생각했습니다. 그런데 새 책《반일 종족주의와의 투쟁》에서는 미불 임금 공탁 보고서를 집중적으로 분석하고 있습니다. 이영훈 교수도 2006년경에 이미 이 자료를 입수하여 그것을 토대로 1937~1945년에 군인, 군속, 노무자로 일본과 중국을 다녀온 분들을 모두 조사해서 생존자를 찾아 직접 생애사를 청취했다고 고백합니다.(《반일 종족주의와의 투쟁》 418~419쪽) 일본 유수 기업들이 천문학적 금액을 공탁해두었다는 사실을 익히 알고 있으면서도 미불 임금 문제를 노동자와 기숙사 사감 사이의 민사사건이라고 강변한 것은 학자로서 할 일은 아닙니다.

이와 관련하여 이영훈 교수는 《반일 종족주의와의 투쟁》에 필로그에서 한 가지 재미있는 고백을 합니다. 《반일 종족주의》에서 이 기숙사 사감이 조선인이라고 했는데, 실은 일본제철의 일본

인 직원이었다며 자신의 예단이 틀렸다는 것입니다.《반일 종족
주의》필자들에게서 좀처럼 보기 어려운 과오 인정이기는 합니다
만, 그 말 한 마디로 그친 것은 매우 무책임하다고 하지 않을 수
없습니다. 왜냐하면 더 이상 미불 임금 문제가 피해 노동자와 조
선인 사감 사이의 민사사건으로 규정되기 어려워졌기 때문입니
다. 이영훈 교수가 아무리 강심장이라고 할지라도, 일본제철의 일
본인 직원이 사적으로 조선인 노동자의 저금을 착복했다고 주장
하거나 아니면 그것을 노동자 본가에 송금했다고 주장할 수는 없
을 것입니다. 이처럼 전체 주장의 기조를 뒤흔들 수 있는 내용에
서 오류를 범했다면 당연히 기존의 주장을 수정하는 것이 옳습
니다. 하지만 이영훈 교수는 거기까지 가지 않고 문제를 슬그머니
뭉개버립니다. 그러고는 강제동원 소송의 원고들이 위자료를 받
기 위해 자신과 가족과 국가와 국제사회를 속였다며 맹렬히 규탄
합니다. 적반하장도 유분수지 도대체 누가 거짓말을 한다는 것입
니까?

하지만 이보다 더 큰 문제가 있습니다. 이영훈 교수가 강제동
원 소송의 본질을 엉뚱하게 이해하고 있다는 사실입니다. 이 소송
은 피해 노동자들이 미불 임금 반환을 요구하는 것을 넘어서 식민
지 지배의 책임을 물어 위자료를 청구했다는 점이 핵심입니다. 한
국 대법원 확정 판결의 의의도 일본의 한반도 지배가 불법적인 지

배임을 선언한 후 피해 노동자의 손해배상 청구권은 '청구권 협정'으로 소멸하지 않았으므로 그들의 정신적 피해에 대해 위자료를 지급하라고 명한 데 있습니다. 이런 역사적 의의를 갖는 판결을 단순히 미불 임금 청구 소송에 대한 판결 정도로 인식하고 있으니 이를 어찌 해야 할까요? 이영훈 교수는 자신의 무지를 전혀 깨닫지 못한 채로, 기숙사 사감을 소환해 조사했냐는 등 관련 전공자를 불러 참고 증언을 청취했냐는 등 엉뚱한 질문만 쏟아냅니다. 급기야 거짓말의 교육을 받고 자라서 나라의 근간을 흔드는 엉터리 판결을 했다고 대한민국의 대법관들을 모욕하기까지 합니다. 참으로 오만한 태도라고 하지 않을 수 없습니다.

'청구권 협정'에 관한 주익종 박사의 주장

자 그럼, 이 문제를 중점적으로 다룬 주익종 박사의 주장으로 넘어가 보겠습니다. 주 박사가 《반일 종족주의》에서 이를 다룬 장은 10장, 11장, 19장입니다. 3개 장을 집필했음에 비추어 그는 청구권 문제를 제법 깊이 있게 연구했다고 볼 수 있습니다. 주익종 박사가 쓴 내용을 읽어보면 그는 이영훈 교수와는 달리 청구권 문제의 본질이 무엇인지 파악하고 있음을 확인할 수 있습니다. 하지만 그도 역사적 사실의 인식이나 해석에서 심각한 문제를 드러냅니다. 주익종 박사의 주장을 요약하면 다음과 같습니다.

2차 세계대전 종전 후, 국제법과 국제관계에 식민지 피해에 대한 배상 같은 것은 없었다. 한국이 배상받으려고 해도 그렇게 할 수 없었다. 이는 1951년 9월, 연합국과 일본이 체결한 샌프란스시코 조약 때문이다. 이 조약에서 한국은 전승국도 아니고 식민지 피해국도 아니었다. 단지 일본에서 '분리된 지역'이었을 뿐이다. 이런 국제법적 지위가 일본과의 청구권 교섭의 틀을 결정했다. 한국과 일본은 서로 민사상 재산의 반환, 채권의 상황을 처리하는 '특별조정'을 하게 되어 있었다. 이와 같은 민사상 청구권은 한국만이 아니라 일본도 갖고 있었다.

이승만 정부도 이런 흐름을 알고 손해배상이 아니라 재산 반환 청구를 내용으로 하는 8개 항목의 '대일 청구 요강'을 제시했다. 그러자 일본은 한국에 남은 일본인 재산에 대한 역청구권을 들고나왔다. 일본이 한반도에서 철수하면서 남기고 간 재산은 52억 달러 이상으로 한반도 총 재산의 85%에 달했고, 그 가운데 22억 달러가 남한에 있었다. 만약 일본의 역청구권이 인정된다면 한국이 오히려 돈을 지불해야 하는 형편이었다. 하지만 미국이 개입해서 일본의 역청구권을 인정할 수 없다고 하면서, 다만 몰수된 재한 일본인 재산은 한국의 대일 청구권을 어느 정도 충족했으므로 그 점을 고려해서 양국 간 청구권을 특별조정 하라고 권고했다. 그러자 일본은 역청구권 주장을 철회했다.

그 후 장면 정부 때인 1960년 제5차 회담에서 한국이 요구한 8개 항목에 대한 토의가 시작됐다. 장면 정부는 8개 항목 중 다섯 번째까지만 설명하다 말았고 박정희 군사정부 때 다시 토의를 재개했다. 하지만 한국 정부의 요구에 대해 일본 정부가 하나하나 반박하는 바람에, 7억 달러 요구는 7,000만 달러로 쪼그라들 형국이었다. **애당초 한국은 청구할 것이 별로 없었던 것이다.** 그런데 10년을 끈 청구권 협상을 7,000만 달러로 타결할 수는 없었다. 한일 양국은 과소한 청구권 금액을 경제원조로 벌충하기로 합의했다. 무상 3억 달러, 유상 2억 달러의 경제협력 자금 지원은 그렇게 결정됐다. 박정희 정부는 굴욕·매국 외교를 한 것이 아니다. 청구권 협정은 소액의 순 청구권 자금에 훨씬 더 큰 경제협력 자금을 더하는 식으로 타결될 수밖에 없었다. 이는 양국 간 최선의 합의였다. 장면 민주당 정부가 계속 집권했더라도 결과는 비슷했을 터이다.

청구권 협정이 타결됨으로써 개인 청구권을 포함하여 일체의 대일 청구권은 소멸했다. 이는 1965년 4월 한국 측 이규성 수석대표가 일본 외무성 담당자를 만난 자리에서 한 발언과, 같은 해 7월 한국 정부가 낸 《대한민국과 일본국 간의 조약 및 협정 해설》에서 확인할 수 있다.

2018년 한국 대법원이 내린 판결은 모든 대일 청구권이 소멸했다고 정리한 청구권 협정에 위배된다. 손해배상을 요구할 수 있는 개인 청구권이 살아 있다는 이유로 징용 노무자에게 위자료를 지급하라고 판결한 것은 식민 지배 피해에 대한 배상·보상이 아니라 한국 측 재산의 반환만을 요구하기로 스스로 결정한 한국 정부의 입장과도 배치된다. 역대 한국 정부는 이 입장을 준수해왔다.

오랜 시간을 들여 양국 정부가 합의하고 국민이 동의했으며 그 후 수십 년 동안 준수해온 것을 사법부의 몇몇 판사들이 뒤집은 것은 '사법 자제의 원칙'을 위배한 부당한 행위다.

복잡한 내용이 들어 있어서 좀 상세하게 요약했습니다만, 주익종 박사가 청구권 문제에 관해 주장하는 주요 내용은 '① 한국은 국제법적으로 식민지 피해에 대한 배상을 요구할 수 없는 입장이었다, ② 한국만이 아니라 일본도 청구권을 갖고 있었다, ③ 협상 과정에서 한국이 청구할 수 있는 금액이 얼마 안 된다는 사실이 드러났다, ④ 청구권 협정으로 일체의 대일 청구권은 소멸했다, ⑤ 일본 기업이 피해 노동자에게 손해배상할 것을 선고한 한국 대법원의 확정 판결은 '청구권 협정' 위반이다'라는 것입니다. 자, 그렇다면 이 주장들이 과연 사실인지 또 타당한지 하나하나 검토해볼까요?

주익종 박사의 5개 주장은 모두 엉터리

샌프시스코 조약에 식민지 지배 책임을 묻는 조항이 들어가지 않은 것은 사실입니다. 이는 1947년 연합국과 이탈리아가 체결한 대이탈리아 강화조약도 마찬가지였습니다. 연합국과 이탈리아·일본은 승전국과 패전국으로 만났지만, 식민지 지배의 책임을 불문에 부치려는 점에서는 이해가 일치했습니다. 또 한 가지 기억할 점은 한국 정부는 샌프란시스코 강화회의에 초대받지 못했다는 사실입니다. 당시 이승만 정부의 강력한 요구가 있었음에도 일본과 영국의 반대 때문에 한국 정부의 참석은 성사되지 못했습니다. 미국도 처음에는 한국을 참석시킨다는 입장이었으나, 일본의 반대를 수용해 반대 입장으로 돌아서셨습니다.[7] 그리하여 한국은 조약 당사국으로서 식민지 피해 배상을 요구할 수 있는 지위를 갖지 못하게 됐습니다.

샌프란시스코 강화회의의 결과, 한국은 식민지 피해를 입은 국가가 아니라 일본으로부터 '분리된 지역'으로 분류됐습니다. 이는 강화회의 전 일본 정부가 연합국 측에 조선과 대만 등 구 식민지는 국제법과 국제관례에 따라 취득되어 장기간 세계 각국이 일본령으로 승인한 지역이라고 호소한 결과입니다.[8] 분리된 지역이란 독립 국가가 제국주의 침략으로 식민지가 됐다가 다시 독립을 얻은 곳이 아니라, 한 국가의 영토였다가 해당 주민의 요구와 기존 국가의 승인에 의해 별도의 국가로 나뉜 곳을 뜻합니다. 이렇게 분류되면 애초부터 식민지 피해 배상은 설 자리를 찾지 못하게 되지요. 그리하여 샌프란시스코 조약에서 한국과 일본 간의 청구권 문제는 다음과 같이 정리됩니다. 원문은 한 번 읽어서는 제대로 이해하기 어려울 뿐만 아니라 한국 외의 다른 지역에 대한 언급도 들어 있는지라, 제가 한국을 중심으로 하여 원문의 내용을 쉽게

---

7   이현진, 〈한일회담과 청구권 문제의 해결 방식〉, 《동북아역사논총》 22, 2008, 76~77쪽.

8   오타 오사무, 〈한일 청구권 협정 '해결완료'론 비판〉, 《역사비평》 129, 2019, 146~147쪽.

표현해보았습니다. 한국 대신에 들어갈 지역이 더 있음을 기억하시기 바랍니다.

> **제2조 (a)** 일본은 한국의 독립을 인정하며 한반도와 부속 도서에 대한 모든 권리, 권원, 청구권을 포기한다.
> **제4조 (a)** 한반도 지역 내 일본과 일본 국민의 재산과 한국 정부와 한국 국민에 대한 청구권(채권을 포함)의 처리와, 한국 정부와 한국 국민의 일본 내 재산과 일본과 일본 국민에 대한 청구권(채권을 포함)의 처리는 일본과 한국 간 특별조정에 맡긴다.
> **(b)** 일본은 한국에서 미군이 행한 일본과 일본 국민의 재산에 대한 처분이 유효함을 추인한다.

한일 청구권 협정은 샌프란시스코 조약 제4조 (a)항에서 '특별조정에 맡긴다'라고 한 사항을 다루기 위해 체결되었습니다. 그것은 영토 분리로 생기는 재산, 채권, 청구권의 귀속을 정리하는 일이었습니다. 여기에는 분리되기 전 영토 지배의 불법성은 전제되지 않았습니다.

그러니까 한일 간 협상의 대상에 식민지 지배의 책임은 포함되지 않았고, 재산, 채권, 청구권의 처리는 단지 민사 차원에 한정되는 문제였습니다. 하지만 이것이 한국 정부가 식민지 피해에 대한 배상을 요구할 수 없는 국제법적 상황에 놓여 있었음을 의미하지는 않습니다. 냉전 질서가 지배하는 당시 국제 정세 속에서 약소국의 위치에 있었던 한국이 불가피하게 샌프란시스코 조약의 틀을 수용하는 현실적 선택을 한 데 불과하지요. 국제법적으로 조약은 체결 당사국 간에만 법적 효력을 갖기 때문에, 조약 당사국에서 배제된 한국은 조약 준수의 의무에서 벗어나 있었습니다. 그러므로 한국은 오히려 얼마든지 식민지 지배의 책임을 물을 수 있는 국제법적 지위를 확보하게 된 것입니다.[9] 일종의 역사적 아이러니지요. 국제법적으로 한국이 식민지 피해에 대한 배상을 요구할 수 없는 입장이었다는 주익종 박사의 주장은 잘못된 법 해석입니다.

한국만이 아니라 일본도 청구권을 갖고 있었다는 주장은 어떨까요? 샌프란시스코 조약 제4조 (a)항만 보면 일견 그런 것 같습니다. 그런데 자세히 살피면 조약 제4조 (a)항은 일본의 청구권을 그냥 인정한다기보다 한일 간 특별조정의 대상임을 천명한 데 지나지 않습니다. 그러니까 협상 과정에서 인정될 수도 있고 안 될 수도 있다는 말이지요. 더욱이 조약 제4조 (b)항에서는 미 군정이 행한 일본인 재산의 몰수가 유효함을 일본이 인정했습니다. 주익종 박사가 염두에 두고 있는, 일본이 한국에서 철수하면서 남기고

간 재산에 대해 일본은 애당초 청구권을 행사할 수 없는 입장이었습니다.

일본이 한국에서 철수하면서 남기고 간 재산을 흔히 귀속재산이라고 부르지요. 일본은 한일 간 청구권 협상 과정에서 귀속재산에 대한 역청구권을 주장했습니다. 일본은 역청구권을 주장할 입장이 아니었음에도, 왜 그랬을까요? 그것은 실제로 보상을 받기 위한 행동이라기보다는 한국의 대일 청구권을 최소화하기 위해 동원한 교섭 요령의 일환이었습니다. 일본 정부는, 한국이 제시한 8개 항목에 대한 토의를 청구권 협상을 복잡하게 만드는 일로 간주하고 이를 억제하기 위해 재한在韓 귀속재산에 대한 청구를 고수할 필요가 있다고 믿었습니다. 일본의 역청구권 주장은 협상에서 유리한 지위를 차지하기 위한 교섭 기술에 불과했던 것입니다. 이는 당시 연합국 최고사령부가 "일본의 역청구권 주장은 한국의 대일 청구권을 상쇄하려고 하는 교섭 기술"이라고 했던 데서도 분명히 확인할 수 있습니다.[10]

애당초 한국이 청구할 수 있는 금액이 얼마 안 됐다는 주장

---

9 도시환, 〈한일 청구권 협정 관련 대법원 판결의 국제법적 평가〉, 《국제사법연구》 19-1, 2013, 33쪽.

10 이현진, 〈한일회담과 청구권 문제의 해결 방식〉, 《동북아역사논총》 22, 2008, 80쪽.

은 주익종 박사가 해당 장의 제목으로 활용한 내용입니다(10장의 제목은 '애당초 청구할 게 별로 없었다'입니다). 그는 이 주장을 8개 항목에 대한 토의 과정을 설명하면서 결론으로 제시했습니다. 그런데 논거가 아주 이상합니다. 박정희 군사정부 때의 제6차 회담에서 일본이 한국 측 제안을 반박한 내용만 가지고 한국이 청구할 수 있는 금액이 최대 7,000만 달러에 불과했다고 주장하니까요. 협상 당사자들이 상대방의 주장을 반박하면서 그 요구액을 최대한 줄이려는 것은 당연한 일이지요. 그렇다고 해서 그들의 반박이 모두 진실은 아닙니다.

그런데 주 박사는 일본의 반박과 주장에 대해 한 치의 의문도 제기하지 않고 100% 수용해버립니다. 이는 매우 편파적인 태도입니다. 게다가 이미 취득한 귀속재산의 가치까지 고려하면 한국이 무상 3억 달러, 유상 2억 달러의 자금을 받은 것은 최선의 결과였다고 주장합니다. 샌프란시스코 조약에 따라 귀속재산에 대한 일본의 청구권은 이미 소멸했는데도 말입니다.

한국 측 주장이 다 틀렸고 일본 측 주장이 다 맞아서 협상이 무상 3억 달러, 유상 2억 달러의 경제협력 자금 제공으로 타결된 것은 아닙니다. 거기에는 경제개발 자금이 절실했던 박정희 정권의 사정, 동북아 원조에서 일본의 역할을 원했던 미국의 적극적인 개입과 압력, 식민지 지배에 대한 배상 요구를 두려워했던 일본 측 사정이 복합적으로 작용했습니다.[11] 이와 같은 당시 동북아 정세는 비교적 잘 알려진 사실임에도 이를 몽땅 무시하고, 마치 협상 테이블에서 일본 측이 한국 측을 압도해서 경제협력 방식이 결정됐다는 듯이 주장하는 것은 무지한 탓일까요, 아니면 고의일까요?

청구권 협정으로 일체의 대일 청구권이 소멸했다는 주장과 한국 대법원의 판결이 '청구권 협정' 위반이라는 주장은 바로 연결되므로 한꺼번에 검토해보겠습니다. 우선, 청구권 협정의 관련 조항을 소개하겠습니다.

> 제2조 1. 양 체약국은 양 체약국 및 그 국민(법인을 포함함)의 재산, 권리 및 이익과 양 체약국 및 그 국민 간의 청구권에 관한 문제가 1951년 9월 8일에 샌프런시스코우 시에서 서명된 일본국과의 평화조약 제4조 (a)에 규정된 것을 포함하여 완전히 그리고 최종적으로 해결된 것이 된다는 것을 확인한다.
>
> 3. (…) 일방 체약국 및 그 국민의 재산, 권리 및 이익으로서 본 협정의 서명일에 타방 체약국의 관할 하에 있는

---

11 앞에서 인용한 이현진의 논문(〈한일회담과 청구권 문제의 해결 방식〉,《동북아역사논총》 22, 2008)과 오타 오사무의 논문(〈한일 청구권 협정 '해결완료'론 비판〉,《역사비평》 129, 2019)을 참조하기 바랍니다.

것에 대한 조치와 일방 체약국 및 그 국민의 타방 체약
국 및 그 국민에 대한 모든 청구권으로서 동 일자 이전
에 발생한 사유에 기인하는 것에 관하여는 어떠한 주
장도 할 수 없는 것으로 한다.

제2조 1의 "완전히 그리고 최종적으로 해결된 것"의 범위에
어떤 권리가 포함되는지에 대해서는 논쟁이 있습니다. 이 논쟁을
촉발한 것은 2012년 5월 한국 대법원이 노동자 강제동원 소송에
서 내린 원고인 승소 취지의 파기 환송 판결입니다. 이 판결 이후
청구권 협정으로 '해결된 권리'에 강제동원을 원인으로 하는 권리
도 포함되는지 여부와, 청구권 협정으로 '해결된 권리'에 한국인
개인의 권리도 포함되는지 여부를 둘러싸고 학계에서 논쟁이 벌
어졌습니다. 전자는 식민지 지배에 대한 손해배상과 관련된 논쟁
이고, 후자는 민사상 채권·채무 관계로 인한 보상과 관련된 논쟁
임에 유의하시기 바랍니다. 민사상 청구권에 대한 국가의 외교적
보호권이 소멸했다는 데에는 대부분의 학자들이 동의합니다. 그
러나 강제동원 피해자의 손해배상 청구권과 민사상 개인의 청구
권이 소멸했는지에 대해서는 학자들의 견해가 갈립니다. 두 권리
모두 청구권 협정으로 소멸했다고 주장하는 학자들도 있고, 반
대로 두 권리 모두 소멸하지 않았고 따라서 강제동원 피해자들은

두 가지 청구권을 행사할 수 있다고 주장하는 학자들도 있습니다. 2012년 5월의 대법원 판결과 2018년 10, 11월의 대법원 확정 판결은 후자의 입장에 서 있습니다.

사실 청구권 협정 제2조의 내용만 가지고는 어느 쪽 주장이 맞는지 확실히 판단하기가 쉽지 않습니다. 그러나 청구권 협정 체결 후 한국과 일본 두 정부가 내린 해석을 보면 후자가 타당함을 확인할 수 있습니다. 두 정부는 소멸하는 청구권의 범위에 대해 사실상 동일한 해석을 내렸기 때문입니다. 한국 정부는 영토의 분리·분할에서 오는 재정상 및 민사상의 청구권이 해결됐다고 해석했고, 일본 정부도 일본에 의한 조선의 분리·독립 승인에 따라 한일 양국 간에 처리할 필요가 있는 양 국가 및 양 국민의 재산, 권리, 이익, 청구권에 관한 문제가 해결됐다고 해석한 것입니다.[12] 식민지 피해에 대한 손해배상 청구권이 '해결된 권리' 속에 포함되지 않았다는 데 양국 정부가 의견 일치를 본 셈입니다. 이는 두 정부가 식민지 지배의 정당성 여부를 둘러싸고 판이한 해석을 내린 것과는 대조를 이룹니다.

민사상 채권·채무 관계로 인한 보상 청구권에 대해서도 일본 정부는 청구권 협정 체결 후 30여 년간 외교 보호권이 소멸했을 뿐

12　김창록, 〈대법원 강제동원 판결의 위상〉, 《황해문화》 105, 2019, 55~56쪽.

개인 청구권은 소멸하지 않았다는 입장을 유지했습니다.[13] 청구권 협정 체결 당시 시나 에쓰사부로椎名悦三郎 일본 외무대신은 중의원 '일본국과 대한민국 사이의 조약 및 협정 등에 관한 특별위원회'에 참석해 "외교 보호권만을 포기한 것"이라는 말을 여러 차례 했고, 1990년대 초 야나이 순지柳井俊二, 단바 미노루丹波實 등 외무성 조약국장들도 각각 참의원과 중의원의 예산위원회에서 청구권 소멸은 외교 보호권에 한정된다는 점을 분명히 했습니다.

일본 정부의 입장이 바뀐 것은 2000년 이후입니다.[14] 2000년 이전 일본 정부가 개인 청구권이 소멸되지 않았다는 입장을 유지한 배경에는 구소련과 맺은 공동선언이 있습니다. 일소 공동선언에서 일본과 소련 양국이 "국가, 단체 국민에 대한 모든 청구권을 서로 포기한다"라고 밝히자, 구소련에 재산을 두고 온 일본인들이 일본 정부를 상대로 소송을 제기했습니다. 그에 대해 일본 정부는 개인의 청구권까지 포기한 것은 아니라는 논리로 대응했습니다. 일본 정부가 오랫동안 한국인의 개인 청구권이 소멸하지 않았다는 입장을 유지한 것은 그렇게 하지 않을 경우 자가당착에 빠질 것을 염려했기 때문입니다. 그러다가 2000년대 들어서 한국인 강제동원 피해자의 소송이 잇따르자 새로운 대응 논리가 필요했고 일본 정부는 개인 청구권을 인정할 수 없다고 말을 바꾸었습니다.[15]

따라서 한국 대법원이 2012년 5월 24일 판결에서 "'청구권 협정'은 일본의 식민지배 배상을 청구하기 위한 협상이 아니라 샌프란시스코 조약 제4조에 근거하여 한일 양국 간의 재정적·민사적 채권·채무 관계를 정치적 합의에 의하여 해결하기 위한 것으로서 (…) 일본의 국가권력이 관여한 반인도적 불법행위나 식민지배와 직결된 불법행위로 인한 손해배상 청구권이 청구권 협정의 적용 대상에 포함됐다고 보기는 어려운 점 등에 비추어 보면, 청구권 협정으로 개인 청구권이 소멸하지 아니하였음은 물론이고, 대한민국의 외교적 보호권도 포기되지 아니하였다고 보아야 한다." "국민의 개인 청구권이 청구권 협정의 적용 대상에 포함된다고 하더라도 개인 청구권 자체는 청구권 협정만으로 당연히 소멸한다고 볼 수는 없고, 다만 청구권 협정으로 그 청구권에 관한 대한민국의 외교적 보호권이 포기됨으로써 일본의 국내 조치로 해당 청구권이 일본국 내에서 소멸하더라도 대한민국이 이를 외교적으로 보호할 수단을 상실하게 될 뿐이다"라고 판시한 것은 지극히

---

13 강병근, 〈국제법적 관점에서 본 일제 강제징용 배상판결의 주요 쟁점에 관한 연구〉, 《저스티스》 143, 2014, 244쪽.

14 김호경·권기석·우성규, 《일제 강제동원, 그 알려지지 않은 역사》, 돌베개, 2010, 462~463쪽.

15 앞의 책, 464~465쪽.

타당하다고 봐야 합니다.[16]

　이상의 논의에 비추어 볼 때, 청구권 협정으로 일체의 청구권이 완전히 정리됐으며 한국 대법원이 청구권 협정을 위반했다는 말은 주익종 박사의 일방적인 주장일 뿐입니다. 이 문제에 관해서는 학계 논쟁이 진행 중일 뿐만 아니라, 샌프란시스코 조약과 한일 청구권 협정의 관계나 '해결된 권리'에 대한 한일 정부의 해석을 고려할 때 오히려 식민지배에 대한 손해배상 청구권과 민사상 피해 보상에 대한 개인 청구권은 소멸하지 않았다고 판시한 한국 대법원의 입장이 더 타당하다는 판단이 들기 때문입니다.

　주익종 박사는 한국 정부가 청구권 협정으로 개인 청구권이 소멸했음을 여러 차례 밝혔다고 주장합니다. 주 박사는 이 주장을 입증하기 위해 두 가지 증거를 제시합니다. "한국 정부가 여러 차례 밝혔다"라고 주장하면서도 두 가지 증거밖에 제시하지 않으니 이상하지요. 게다가 그 두 가지도 주 박사의 강한 주장을 뒷받침하기에는 역부족입니다. 첫 번째 증거, 즉 1965년 4월 17일 한국 측 이규성 수석대표가 일본 외무성 담당자와 '면담'하는 자리에서 했다는 발언은 공적 성격을 확인할 수 없으므로, 논거로서의 가치를 갖지 못합니다. 두 번째 증거, 즉 협정 체결 직후 한국 정부가 발간한 해설서에 들어 있는, "재산 및 청구권 문제의 해결에 관한 조항으로 소멸되는 우리의 재산 및 청구권을 보면, (…) 피용자의 미수금 및 보상금, 한국인의 대일본 정부 및 일본 국민에 대한 각종 청구 등이 완전 그리고 최종적으로 소멸케 되는 것"이라는 서술은 해석의 여지가 많아서, 한국 정부가 개인 청구권을 포기할 의사를 갖고 있었음을 입증하는 증거로는 불충분합니다. 당시 일본 정부의 입장은 외교 보호권만을 포기한다는 것이었는데, 한국 정부가 굳이 개인 청구권까지 포기할 의사를 품었다는 것은 뭔가 앞뒤가 맞지 않습니다. 게다가 한국 정부는 1990년대에 들어와서는 청구권 협정으로 소멸한 것은 외교 보호권이며 개인의 청구권은 소멸하지 않았음을 분명히 했습니다.[17]

그런데 주익종 박사의 주장에는 더 심각한 문제가 있습니다. 청구권 협정이 민사상 재산의 반환, 채권의 상황을 처리하기 위한 것이었다고 하고서, 뒤에 가서는 청구권 협정으로 일체의 청구권이 소멸했다고 주장하기 때문입니다. 식민지 지배로 인한 피해가 아예 의제가 되지 않았으니, 식민지 지배에 대한 손해배상 청구권까지 소멸하는 일은 일어날 수 없지요. 만일 억지로 그런 일이 가능했다고 주장한다면, 당시 한국과 일본이 아주 이상한 협상을 벌

16 대법원 2012. 5. 24. 선고 2009다22549 판결. 앞의 인용문은 식민지 지배에 대한 손해배상 청구권에 관한 판결이고, 뒤의 인용문은 민사상 채권·채무 관계로 인한 보상 청구권에 관한 판결입니다.

17 김창록, 〈한일 '청구권 협정'에 의해 '해결'된 '권리'〉, 《법학논고》 49, 2015, 827쪽.

였다는 이야기가 됩니다. 주 박사는 자신의 글에 커다란 논리적 모순이 들어 있다는 것을 알고 있을까요.

한국 대법원의 확정 판결은
어둠을 이기는 빛

주익종 박사는 대법원 확정 판결에 관해서는 이렇게 말합니다. "최근 한국 대법원은 (⋯) 청구권 협정이 재산상 채권·채무 관계만을 다루었고 '손해와 고통'에 따른 청구권 문제는 다루지 않았기 때문에 이 개인 청구권이 살아 있다고 했습니다."(125쪽) 그러고는 청구권 협정을 위한 협상 과정에서 한국인 노동자의 '손해와 고통'이 다뤄졌다는 증거를 제시하며 대법원을 비판합니다. 이 비판이 타당한지 알아보기 위해 저는 대법원 판결문(대법원 2018. 10. 30. 선고 2013다61381 판결)을 꼼꼼히 검토했습니다. 그러자 대법원 판결문의 해당 부분과 주 박사의 서술 사이에 뉘앙스의 차이가 크다는 사실이 드러났습니다. 대법원 판결의 취지는 청구권 협정에서 식민지배의 불법성에 대한 손해배상 청구는 애당초 의제가 될 수 없다는 점이었습니다. 하지만 주익종 박사의 해석은 엉뚱합니다. 청구권 협정에서 다룰 수 있는 문제였음에도 다루지 않아서 손해와 고통에 대한 개인 청구권이 살아 있다고 대법원이 인식한 것처럼 쓰고 있으니 말입니다. 주익종 박사는 청구권 협정에서 의제가 될 수 없었다는 이야기를 협상 과정에서 손해와 고통에 대한 개인 청구권이 다뤄지지 않았다는 뜻으로 왜곡했습니다. 왜 이렇게 왜곡했을까 짐작해보니, '협상 과정에서 이 문제를 다뤘다', 그러므로 '대법원 판결은 잘못됐다'라는 식으로 논리를 전개하기 위함이 아니었나 하는 생각이 들었습니다. 실제로 주 박사는 장면 정부가 제5차 회담에서 강제징용으로 다른 나라 국민에게 정신적·육체적 고통을 준 데 대해 상당한 보상을 하라고 요구한 사실을 소개합니다. 협상 과정에서 한국인 노동자의 '손해와 고통'이 다뤄졌다는 말이지요. 정확하게 말하면 1961년 5월 10일 제5차 한일회담 예비회담에서 있었던 일입니다. 하지만 이것으로 대법원 판결의 잘못을 운운하는 주장은 전형적인 허수아비 치기입니다.

사실 청구권 협정 협상의 틀 자체가 '손해와 고통'에 따른 청구권 문제를 다루는 것을 허용하지 않았습니다. 그 사실을 잘 알고 있었을 한국 정부가 왜 그런 요구를 했을까요? 이에 대해서는 대법원 판결 속에 정곡을 찌르는 답이 들어 있습니다.

위와 같은 발언 내용은 대한민국이나 일본의 공식 견해가 아니라 구체적인 교섭 과정에서 교섭 담당자가 한 말에 불과하고, 13년에 걸친 교섭 과정에서 일관되게 주장되었던 내용도 아니다. '피징용자의 정신적, 육체적 고통'을 언급한 것은 협상에서 유리한 지위를 점하려는 목적에서 비롯된 발언에 불과한 것으로 볼 여지가 크고 (…)[18]

앞에서 일본 측이 역청구권 문제를 제기한 것은 협상 과정에서 유리한 지위를 차지하기 위한 교섭 기술이었다고 했습니다. 제5차 한일회담 예비회담에서 한국 측 실무자가 한국인 노동자의 '손해와 고통'에 대한 보상을 언급한 것도 마찬가지로 교섭 기술의 일환이었던 것입니다.

이상에서 살펴본 바와 같이, 한일 간 청구권 문제와 한국 대법원 확정 판결에 관한 주익종 박사의 주장은 모두 사실 왜곡 내지는 거짓말입니다. 저는 주 박사가 대학원 시절 역사 연구의 방법을 제대로 훈련받았다는 사실을 알고 있습니다. 그는 객관적 자료와 논리의 정합성을 무척 중시하는 사람이었습니다. 그런 그가 《반일 종족주의》의 청구권 서술에서 말도 안 되는 왜곡과 거짓말

18　대법원 2018. 10. 30. 선고 2013다61381 판결.

을 일삼는 모습을 대하며 왜 저렇게 됐을까 하는 의문을 품을 수밖에 없었습니다. 직접 물어보지 않아서 확인할 길은 없지만, 객관적인 연구가 아닌 다른 목적이 있어서 그렇게 했다고 잠정적으로 결론을 내리게 됐습니다.

앞에서 저는 《반일 종족주의》 필자들이 극우세력이 장악한 일본과 보조를 맞출 수 있는 친일 보수 정권을 한국에서 창출하려는 정치적인 목적을 가지고 글을 쓴 것으로 보인다고 말했습니다. 주익종 박사의 청구권 관련 서술은 이런 경향을 노골적으로 드러냅니다. 청구권 협정 협상 과정에 대한 평가에서 일본 측의 논리와 주장을 맹목적으로 받아들이고, 박정희 정권의 협상 방법을 무조건 지지하고, 노무현 정부가 시행한 강제동원 피해자 지원사업을 노골적으로 폄훼하는 것이 이를 입증합니다. 'Never Ending Story — "배상! 배상! 배상!"'이라는 자극적인 제목이 붙은 19장의 말미에서 주 박사는 앞으로 강제동원 피해에 대한 배상 요구가 끝없이 이어져서 국교단절의 위기가 올 수도 있다고 경고합니다. "친한 이웃이 한 나라도 없게" 될 것이라는군요. 논리 비약의 전형적인 사례입니다만, 이 주장은 그렇다고 칩시다. 문제는 이 주장과 바로 이어지는 다음 단락입니다. 주익종 박사는 일본에 대해선 끝까지 배상을 요구하면서 6·25 전쟁으로 남한에 더 큰 피해를 준 북한에 대해서는 아무 소리도 못하는 데 대해 엄중하게 질타하는 문구를 남기며 장을 마무리합니다. 걸핏하면 북한 이야기로 논점을 흐리는 국내 극우세력의 논법과 똑같지 않습니까? 북한에 전쟁 피해에 대한 배상을 요구하라니, 지금 남북한이 휴전 상태라는 사실조차 인식하지 못하고 있다는 이야기 아닙니까?

2018년에 한국 대법원이 강제동원 노동자 소송에 대해 내린 확정 판결은 주익종 박사와 이영훈 교수에게는 길 가다가 걷어찬 돌부리와도 같았습니다. 그들이 책 여기저기에서 유난히 대법원 확정 판결을 유독 물고 늘어지는 것은 그 판결이 그들이 기를 쓰고 은폐해야 할 역사적 진실을 명확히 밝히고 있기 때문입니다. 온갖 힘을 다해 자신들의 정치적 목적을 달성하려는 모습에서 애처로운 마음도 느끼지만, 그들에게 다음의 노래 가사를 꼭 들려주고 싶습니다.

"어둠은 빛을 이길 수 없다. 거짓은 참을 이길 수 없다. 진실은 침몰하지 않는다."

대법원 확정 판결을 비판하기 위해
강제동원 소송 원고들을 모독하다

《반일 종족주의와의 투쟁》에서는 대법원 확정 판결을 비판
하기 위해 7장과 8장 두 장을 할애하고 있습니다. 물론 두 장 모두
주익종 박사가 집필했습니다. 그 가운데 대법원 판결 자체를 비판
한 8장은 "수수깡으로 만든 집", "한국 대법원의 지울 수 없는 흑
역사", "허위 조각들을 하나씩 쌓아올린 신기루" 등의 자극적인
표현을 동원해 대법원 판결을 비난하는 점이나 대법관들더러 부
끄러운 줄 알아야 한다고 호통 치면서 글을 마무리하는 점이 두
드러질 뿐, 전개하는 논리는 《반일 종족주의》 때와 별반 다를 바
가 없습니다. 하지만 '강제동원 배상을 청구한 원고들의 행적'이라
는 제목이 붙은 7장은 그와 다릅니다. 이 장은 신일철주금을 상대
로 소송을 제기한 고^故 여운택, 고 신천수, 이춘식, 고 김규수 등 네
분의 행적을 추적하여 그분들이 애초에 소송을 제기할 자격이 없
었음을 입증하는 데 초점을 맞추고 있습니다. 이는 《반일 종족주
의》에서는 다루지 않은 새로운 내용일 뿐만 아니라, 만약 자격 없
는 사람들이 소송을 제기했다는 주익종 박사의 주장이 사실로 입
증된다면 대법원 확정 판결의 근거가 뿌리째 흔들리게 되기 때문
에 중대한 다툼거리가 될 수 있습니다.

주익종 박사는 원고 네 명의 행적을 추적한다고 했지만, 초점은 여운택과 신천수 두 분에게 맞추고 있습니다. 두 분의 경우 그분들이 남긴 진술 녹취록과 일본제철 오사카제철소의 미불금 공탁 보고서 등 관련 기록이 존재해서 일본제철 노무자로 가게 된 경위와 일본에서의 노동조건, 그리고 미불금 내역을 파악할 수 있는 반면에, 다른 두 분의 경우 그만한 자료가 없다는 것이 주된 이유입니다. 주익종 박사는 원고들이 자유 응모로 일본제철 오사카제철소에 갔다고 주장합니다. 여운택의 경우 자신을 뽑아달라고 일본인 유력자를 통해 청탁까지 했다는군요. 오사카제철소에서의 노동은 힘들기는 했으나 당시 일본의 군수 관련 공장이나 탄광에 군대식 규율이 일반적이었던 점을 고려하면 특별히 심한 것은 아니었다고 합니다. 두 분의 미불금은 각각 496엔(여운택), 467엔(신천수)으로 제법 많았지만, 이는 임금을 못 받아서가 아니라 나이가 어려서 예외적으로 강제저금을 많이 했기 때문이라는 것이 주 박사의 주장입니다.

　　이렇게 주익종 박사가 소송 원고들의 행적을 '소상하게' 드러내자, 이영훈 교수는 신이 났던 모양입니다. 다음은《반일 종족주의와의 투쟁》에필로그에서 이 교수가 원고들을 단죄하는 내용입니다.

원고들의 주장이 상당 부분 거짓말이라는 저의 예단은 틀리지 않았습니다. 그들은 일본제철의 모집광고에 적극적으로 응모했으며, 임금을 제대로 받았고, 미불금을 저금의 형태로 보유했음은 사실이나 그것을 추심하지 못한 것은 전시 말기의 혼란 때문이었습니다. (…) 그들이 당했다고 주장한 회사의 학대행위는 전시기 군수공장의 노무관리가 일반적으로 군사적 규율에 입각했던 탓 이상이 아니었습니다.(《반일 종족주의와의 투쟁》 424~425쪽)

주익종 박사의 연구로 강제동원 소송 원고 네 분이 '거짓말쟁이'라는 사실이 확실하게 드러났다고 판단한 이영훈 교수는 '거짓말'을 비난하는 데서 한 걸음 더 나아가 원고들이 원 지배국에 가서 금전 보상을 목적으로 소송을 제기해 우리나라의 명예를 훼손했다고 맹렬히 규탄합니다. "박정희 대통령의 통치기처럼 정치가 엄격했던 시절에는 감히 생각도 할 수 없는 국민 일탈"(《반일 종족주의와의 투쟁》 427쪽)이었다며 탄식하기도 합니다. 이 교수는 거기에서 또 한 걸음 더 나아가 원고들을 도와준 일본의 양심적 지식인에게까지 비난의 화살을 퍼붓습니다. 일본 지식인들의 양심이 한국인의 비양심을 조장했다는 겁니다. "그들의 '양심'을 뒤집으면 거기엔 2등 민족 한국인을 끝까지 보살펴야 한다는 오만한 자세가 자리 잡고 있음을 쉽게 간파할 수"(《반일 종족주의와의 투쟁》

427쪽) 있다며 일본 지식인의 인격을 모독합니다. 급기야 이 교수는 강제동원 소송 원고들의 '거짓말'과 그들을 지원한 사회운동가와 역사가들이 벌인 '거짓말 퍼레이드' 때문에 조만간 커다란 국가 위기가 초래될 것이라고 예언합니다. 이 교수 글쓰기의 난폭함은 《반일 종족주의》에서 이미 드러났지만,《반일 종족주의와의 투쟁》에필로그에 와서는 절정에 도달한 듯합니다. 제 눈에는 이영훈 교수가 강제동원 피해 노동자, 일본 지식인, 사회운동가, 역사가, 그리고 마침내 대한민국 국민에게 기관총을 난사하고 있는 것처럼 보입니다.

자, 그렇다면 사실관계를 파악해야만 하는 단계에 왔습니다. 주익종 박사가 《반일 종족주의와의 투쟁》 7장에서 주장한 내용을 그에 대해 의문을 제기하는 형식으로 바꿔보겠습니다. 여운택, 신천수 두 분은 자유 응모로 일본에 갔을까요? 여운택은 모집 경쟁을 통과하기 위해 일본인 유력자를 통해 청탁을 했을까요? 오사카제철소에 감시와 강압은 없었을까요? 기숙사 창에 설치돼 있던 쇠창살은 감금 목적이 아니었을까요? 미불금 공탁 보고서에는 조선인 노동자가 임금을 제대로 다 받았다는 사실이 드러나 있을까요? 미불 예금이 많은 여운택과 신천수는 나이가 어려서 급여 중 상당액을 강제저금한 예외적인 경우일까요? 여운택은 소련군 진공 후 남쪽으로 내려올 때 보자기에 넣어두었던 현찰을 강을 건너면서 보자기와 함께 잃어버렸다고 했는데, 그 현찰이 저금에서 인출한 것일까요?

　결론부터 먼저 말씀드리자면, 첫 번째 질문 외에는 답은 전부 '노^{NO}!'입니다. 처음 질문에 대한 답도 애매합니다. 이는 주익종 박사의 글을 읽은 다음 그가 검토했다고 하는 자료를 모두 살펴본 결과 제가 내린 결론입니다. 주 박사는 여운택과 신천수가 남긴 진술 녹취록을 부조적 방법으로 활용합니다. 자신이 원하는 내용은 의도적으로 과장해서 부각하고 원치 않는 내용은 일절 언급하지 않습니다. 일본제철의 미불금 공탁 보고서에 심각한 결함이 있다는 사실은 조선인 노동자 강제동원 문제를 깊이 연구한 전 고마자와대 교수 고쇼 다다시^{古庄正}가 오사카 지방재판소에 제출한 〈의견서〉에서 확실한 근거를 가지고 지적했음에도, 주익종 박사는 이를 완전히 무시합니다.[19] 지금부터 그가 어떻게 역사적 사실을 과장·왜곡하는지 구체적으로 이야기해보겠습니다.

　여운철이 남긴 진술 녹취록은 두 가지입니다. 하나는 일본에서의 소송을 위해 오사카 지방재판소에 제출한 녹취록(녹취록 1)이고, 다른 하나는 독립기념관의 요청으로 정혜경 박사와 인터뷰

19　고쇼 다다시 교수의 〈의견서〉는 주익종 박사가 주요 근거로 삼았다고 스스로 밝힌 《일본제철 강제동원 소송기록》 1 (국사편찬위원회·한일역사공동연구위원회 한국측위원회, 2005)에 들어 있기 때문에, 그 내용을 몰랐다고 변명할 수는 없습니다.

하면서 구술한 내용을 담은 녹취록(녹취록 2)입니다. 녹취록 1에서 여운철은 1943년 9월 일본제철 오사카제철소의 공원모집 신문광고를 보고는 당시 다니던 연성소練成所[20]의 교장에게 상의했다고 증언했습니다. 그랬더니 그 교장은 "그거 괜찮군" 하고 권장하며 자기 명함을 모집소의 전직 일본군 중위에게 가져가면 좋을 것이라고 했답니다.[21] 녹취록 2의 내용은 이와는 좀 다릅니다. 그에 따르면, 여운철은 일본군 상등병 출신의 연성소 교사 카와이河合에게서 "너 여기서 훈련생 돼서 훈련받으면 군인 갔다 죽어"[22]라는 말과 함께 일본제철에서 노동자 모집을 한다는 소식을 들었습니다. 카와이의 소개로 전 일본 육군중위 키타가와北川를 만난 자리에서 여운철은 일본제철 오사카제철소 제2기 훈련대에 군속으로 입소하라는 권유를 받았다고 합니다.[23]

두 녹취록의 내용이 달라서 여운철의 증언이 오락가락한 것 아닌가 생각할 수도 있지만, 녹취록 1에 두 증언이 서로 충돌하는 것이 아님을 보여주는 흥미로운 내용이 나온다는 데 주목할 필요가 있습니다. 연성소 교장이 언급했던 전직 일본군 중위는 카와이가 여운택에게 소개해준 키타가와와 동일 인물로 일본제철의 모집 담당자였다는 사실입니다. 여운철은 모집소에서 키타가와와 카와이 두 사람에게 면접을 받고 합격했습니다.[24] 이 모든 사실로부터 저는 여운철이 일본제철의 노동자 모집에 응하기 전에, 연성

206

소 교장, 전 일본군 상등병 출신의 연성소 교사, 그리고 전 일본군 중위 출신의 일본제철 모집 담당자가 여운철을 응모시키기 위해 사전 작업을 벌였을 가능성이 크다는 결론에 다다랐습니다. 따라서 여운철이 모집 경쟁을 통과하기 위해 교섭 수완을 발휘해 교장의 명함을 받아낸 후 그것으로 모집소에 '청탁'을 했다는 주익종 박사의 주장은 사실이 아닙니다. 오히려 그 교장이 주도적으로 자기 명함을 주고는 여운철이 응모하도록 유도했다고 보는 편이 더 사실에 가깝습니다.

한편, 신천수의 경우 평양의 한 식당 앞에 붙어 있던 모집 광고를 보고 스스로 응모했다고 합니다. 따라서 신천수는 자유 응모에 해당한다고 할 수 있지만, 여운철의 경우는 그렇게 보기가 어렵습니다. 제가 앞에서 첫 번째 질문에 대한 답은 애매하다고 말했던 것은 이처럼 두 사람의 응모 경위에 차이점이 있었기 때문입

---

20 훈련소와 같은 말입니다.

21 국사편찬위원회·한일역사공동연구위원회 한국측위원회, 《일본제철 강제동원 소송기록》 1, 2005, 263쪽.

22 정혜경, 〈기억에서 역사로: 일제 말기 일본제철(주)에 끌려간 조선인 노동자〉, 《한국민족운동사연구》 41, 2004, 274쪽.

23 앞의 논문, 274쪽.

24 국사편찬위원회·한일역사공동연구위원회 한국측위원회, 《일본제철 강제동원 소송기록》 1, 2005, 263쪽.

니다. 주익종 박사는 조선인 노동자 동원에서 모집은 강제동원이 아니라고 보지만, 이 분야를 연구하는 다수의 학자들은 그것 또한 강제동원의 한 방식으로 봅니다. 왜냐하면 당시에 모집이란 일본 기업이 어느 작업장에 조선인 노동자가 몇 명 필요하다고 일본 정부에 신청하면 일본 정부는 이를 조선총독부에 전달하고, 총독부는 도에, 도는 군에, 군은 읍·면·동에 동원 숫자를 하달하는 방식이었기 때문입니다. 할당된 동원 숫자를 채우기 위해 해당 지역 관청이나 경찰이 적극 개입한 것은 물론입니다. 식민지 권력을 배경으로 했던 이런 동원 방식을 자유 모집이라고 부를 수는 없겠지요.[25] 일본 학계에서는 이미 1990년대에 강제동원을 납치나 폭력적인 연행뿐만 아니라 법적 강제력, 사회적·정치적 압력, 황민화 교육에 의한 정신적 속박이 작용하는 가운데 이뤄진 동원을 모두 포괄하는 개념으로 정리한 바 있습니다.[26]

여운택, 신천수 두 분의 증언을 좀 더 소개하겠습니다.[27] 과연 이분들에게 감시와 강압이 행해지지 않았는지 독자 여러분께서

25   김호경·권기석·우성규, 《일제 강제동원, 그 알려지지 않은 역사》, 돌베개, 2010, 58쪽.

26   국사편찬위원회·한일역사공동연구위원회 한국측위원회, 《일본제철 강제동원 소송기록》 1, 2005, 279쪽.

27   이하 진술은 모두 《일본제철 강제동원 소송기록》 1, 238~267쪽에서 인용했습니다.

스스로 판단해보십시오.

〈고 여운택의 증언〉

"방에 들어가보니 창에는 어딜 봐도 도망 방지용으로 보이는 각 목을 창살로 달아놔서 이것을 본 순간 저는 속았다는 느낌이 들었습니다."

"매일 먹는 식사에는 현미밥과 배추 절인 것이 나왔습니다. (…) 양이 적고 다 먹어도 3분의 1밖에 배가 차지 않아 몹시 배가 고팠습니다. (…) 조선인 노동자 중에는 주방에 몰래 들어가 밥을 꺼내먹은 사람도 있었는데 그 사람은 발견돼서 모두가 보는 앞에서 정신봉이라 불리는 봉으로 죽을 만큼 맞았습니다."
"이유는 모르지만, 조선인 노동자는 일본인 지도원으로부터 자주 얻어맞았습니다. (…) 그래서 저희들은 일본 사람 앞에서는 눈에 띄지 않게 항상 주눅 들어 있었습니다."

"일본에 왔을 때부터 한 달에 몇 번이고 다이쇼大正 경찰서의 경찰관이 와서 '너희들의 본적은 회사보다도 더 잘 알고 있어. 조선에 돌아가도 잡아낼 거야. 도망치면 2시간 안에 잡을 수 있어' 등

등, 저희들에게 겁을 주었기 때문에 (…)"

"급료는 기숙사 사감이 전부 모아 받았기 때문에 저의 손에 받아 볼 수 없었습니다. 회사가 품행이 방정한 사람에게는 부탁하면 용돈 정도로 2, 3엔을 건네주었지만 나머지는 강제로 저금 당했습니다."

"청진에 도착해서 통장을 돌려달라고 말하자, 다음에 청진에 올 때 가지고 오겠노라고 말했습니다. 거기다 청진에 가서는 1엔의 급료도 받지 못했습니다."

〈고 신천수의 증언〉

"저희들의 이동에는 출발 전에 훈련시켜주었던 일본인이 감시하고 있었습니다."

"기숙사 부지의 문에는 망을 보는 사람이 있었고, 밤에는 자물쇠가 채워졌고 기숙사 안에도 사감이 있었습니다. 저는 기숙사에 들어와서 곧 맘대로 출입할 수 없는 곳에 들어왔다고 생각했습니다."
"식사시간을 제외하고는 계속 파이프 속에 들어가 있었기 때문에 마스크는 했습니다만, 분진을 들이마셔서 침을 뱉으면 새까만 색이었습니다."

"매일 나오는 식사는 이러한 중노동을 버텨낼 만한 것이 아니었습니다. (…) 양이 적고 먹고 난 후에 바로 배가 고파, 허리띠를 졸라매고 참아야만 했습니다. 그것도 점점 양이 줄어들어갔습니다."

"5, 6명이 단체로 나가면 (…) 돈은 거의 가지고 있지 않았기 때문에, 한 달에 한 번 정도 공장 앞에서 팔고 있던 죽을 사서 먹고, 동네를 조금 걷다가 돌아오는 것이 고작이었습니다. 외출을 할 수 있게 되어서 밖에 나갔다가 그대로 도망가고 싶다고 생각했습니다만, 사감으로부터 도망가도 붙잡힐 것이라고 협박받았고, 공장에도 다이쇼大正 경찰에서 경찰관이 와 있었기 때문에 금세 붙잡힐 것이라고 생각해 포기하고 있었습니다. (…) 1944년에 징용되고 나서는 '도망가면 곧바로 가족에게 불이익이 간다'라고 위협하는 등 더욱 감시가 엄격해졌습니다."

"첫 월급을 받을 때 강제로 우편저금에 가입하게 하고, 월급 전부를 강제로 예금하게 하고, 통장과 도장은 사감이 보관하고 있었습니다."

주익종 박사는 기숙사 식사량이 부족해서 노동자들이 늘 배가 고팠다는 것을 인정하면서도, 그것은 조선인에 비해 일본인이 소식小食한 데 따른 것으로 조선인의 불평이 이어지자 일본회사가 배식량을 늘려 무마했다고 쓰고 있습니다. 그러나 그런 내용은 진술 녹취록 어디에도 나오지 않습니다. 오히려 신천수는 식사량이 점점 줄어들었다고 증언했습니다. 자유롭지 못한 생활에 관한 여운택의 회고와 관련해서도 주 박사는 진술을 교묘하게 왜곡합니다. 주익종 박사는 여운택이 "우리가 속았구나!"라고 생각하면서도 "좀 철든 사람은 '그래, 이제 누구한테 항의를 하겠어'라면서 현실을 인정했다"라고 말한 것으로 쓰고 있습니다만, 이는 사실이 아닙니다. 여운택의 진술을 그대로 옮겨보겠습니다.

"아하, 이거 우리가 속았구나 말이야. 난 그렇게 생각하구. 뭐 그때 좀 철들은 사람은 그렇다고 인정했어."[28]

좀 철든 사람은 속았다는 사실을 인정했다는 말을 그들이 자포자기하고 현실을 인정했다는 뜻으로 왜곡해버린 것입니다. "그래, 이제 누구한테 항의를 하겠어"라는 말은 다른 노동자들의 말이 아니라 여운택 자신의 독백입니다.

여운택이 소련군 진공 후 남쪽으로 내려오다가 잃어버린 현찰은 필시 저금에서 찾은 것이라고 주익종 박사는 주장하는데, 이를 입증하는 증거는 그 어디에도 없습니다. 제가 보기에 그 현찰은 2, 3엔씩 용돈으로 받았다는 돈을 모은 것이 아닌가 싶습니다.

이제 결정적인 의문 한 가지가 남아 있지요? 바로 미불금 문제입니다. 앞에서 잠깐 언급했습니다만, 고쇼 다다시 교수는 일본제철 오사카제철소가 미불금을 공탁하면서 노동자의 예금을 대부분 누락시켰다는 사실을 밝혀냈습니다. 미불금 공탁 보고서에는 오사카제철소의 공탁 금액이 2만 3,671엔으로 나오지만, 1946년 7월 26일 본사 총무부장 앞으로 보내진 별도의 보고서('조선인 노무자에 대한 미불금 보고의 건')에는 이 제철소의 미불금이 8만 5,728엔으로 되어 있다는 것입니다. 고쇼 교수에 따르면, 전자에는 14명의 예금 5,545엔이 기재되어 있는 반면, 후자에는 124명의 예금 6만 2,890엔(1인당 507엔)이 기재되어 있습니다. 오사카제철소는 미불금 공탁 시에 미불금의 대부분을 차지하는 강제저금을 공탁에서 제외했던 것입니다.[29] 급료를 기숙사 사감이 전부 모아 받아와서 전액을 강제로 저금하게 하고, 통장과 도장은 사감이 보관했다고 말

---

28   정혜경, 〈기억에서 역사로: 일제 말기 일본제철(주)에 끌려간 조선인 노동자〉, 《한국민족운동사연구》 41, 2004, 281쪽.

29   국사편찬위원회·한일역사공동연구위원회 한국측위원회, 《일본제철 강제동원 소송기록》 1, 2005, 360쪽.

한 소송 원고들의 증언은 명백한 사실이었습니다. 어떻게 역사를 전공했다는 사람이 자료의 성격에 대해 아무런 검토도 없이, 미불 예금을 가진 조선인 노동자는 많지 않았다는 둥 조선인 노동자는 임금을 제대로 다 받았다는 둥 여운택과 신천수는 나이가 어린 편이라서 급여 중 상당액을 강제저금한 예외적인 경우에 해당한 다는 둥 말도 안 되는 주장을 줄줄이 늘어놓는 것일까요?

주익종 박사는 강제동원 소송 원고에게 반인도적 불법행위가 가해지지 않았음을 입증하기 위해 온갖 과장과 왜곡을 서슴지 않 았지만, 그다지 성공한 것 같지 않습니다. 대법원 확정 판결에 대해 "수수깡으로 만든 집", "허위 조각들을 하나씩 쌓아올린 신기루" 라며 혹독한 평가를 내렸지만, 그 평가는 오히려 본인에게 돌아가 야 할 것 같습니다. 대한민국 대법원의 확정 판결은 《반일 종족주 의와의 투쟁》 출간 이후에도 여전히 어둠을 이기는 빛입니다.

3부

일본군 위안부제의 실상을 왜곡하다

일본군 위안부제는
전쟁범죄가
아니다?

위안부 피해자 지원 활동가를
무녀에 비유하다

　《반일 종족주의》는 3부를 통째로 일본군 위안부 문제에 할애했습니다. 총 3부로 구성된 책에서 일본군 위안부 문제를 다루는 부분이 한 개의 부를 차지했으니 그 위상이 어느 정도인지 충분히 짐작할 수 있습니다. 《반일 종족주의》 필자 여섯 명 중 다섯 명이 경제학자이고 3부 집필자(이영훈 교수, 주익종 박사)는 둘 다 경제학자인데, 이들은 왜 자기 전공이 아닌 분야를 이처럼 큰 비중으로 다뤘을까요? 위안부 문제에는 위안소 경영이나 위안부의 소비와 저축 등 경제적인 문제가 포함되어 있었기 때문일까요? 제 생각에는 그보다는 훨씬 큰 이유가 있는 것으로 보입니다. 해답은 3부의 제목('종족주의의 아성, 위안부')에서 찾을 수 있습니다. 이영훈 교수 등은 일본군 위안부를 반일 종족주의의 '아성牙城'으로 간주합니다. 아성이 무엇입니까? 우두머리가 거처하는 성 아닙니까?

《반일 종족주의》 필자들은 이를 깨뜨리지 않고는 반일 종족주의를 무너뜨릴 수 없다고 판단했겠지요.

그런데 사실은 어떻습니까? 일본군 위안부 문제가 대한민국을 거짓말이 난무하는 형편없는 나라로 전락시키고 마침내 망국의 예감까지 들게 할 정도로 중대한 영향을 미치고 있나요? 위안부 피해자를 지원하는 활동가들이 저 아성에 거처하는 우두머리인가요? 《반일 종족주의》의 논리에 따르면 저들이 대한민국의 운명을 좌지우지하고 있어야 하는데, 이것이 과연 말이 되나요? 이영훈 교수는 이들에 대해 이렇게 말합니다.

몇 사람의 아마추어 사회학자들이, 몇 사람의 직업적 운동가들이 이 나라의 외교를 좌우하였습니다. 전 국민이 그들의 정신적 포로로 잡혔습니다. 전국이 그들이 무녀가 되어 벌이는 진혼굿의 한마당이었습니다. 샤머니즘의 떠들썩한 축제였습니다. 도처에 위안부를 형상화한 소녀상이 세워졌습니다. 누구도 범할 수 없는 신성한 토템이었습니다.(390쪽)

이영훈 교수는 정말 몇 명의 활동가들이 이 나라의 운명을 좌우하고 있다고 믿는 모양입니다. 얼마나 그들이 밉고 두려웠으면 "무녀가 벌이는 진혼굿"(391쪽)이라는 표현까지 썼을까요? 그에게서 피해망상의 조짐을 느낀다고 하면 지나친 말일까요? 자, 이 제 이영훈 교수와 주익종 박사가 일본군 위안부 문제를 어떻게 왜 곡하는지 하나하나 살펴보기로 하지요.

매춘업의 장기 역사 가운데 내던져진 일본군 위안부

이영훈 교수는 일본군 위안부제의 본질을 민간의 공창제가 군에 의해 동원되고 편성된 것으로 파악합니다. 위안부제는 마른 하늘에 벼락 치듯 갑자기 생긴 것이 아니라, 한국 사회에 아주 옛 날부터 존재했던 매춘업이 전시를 맞아 일본군 가까이에까지 확 장된 것이라고 주장합니다. 그래서 이 교수는 제도를 파악한다는 명목 아래 조선시대의 기생제와 1916년 이래 시행된 공창제의 역 사를 장황하게 소개합니다.

그뿐만이 아닙니다. 해방 후에 등장하는 한국군 위안부와 미 군 위안부, 그리고 민간 매춘업의 실상까지 제법 소상하게 정리합 니다. 이렇게 일본군 위안부제를 한국 사회 매춘업의 장기 역사 가운데 위치시키고는, 그동안 1939~1945년의 역사만 달랑 떼서 일본군의 전쟁범죄라고 몰아붙였던 직업적 운동가들의 '오류'를 엄중하게 질타합니다. 이처럼 이영훈 교수가 제도의 장기 역사를 정리하고 통계까지 제시하면서 실상을 소개하니 일견 그럴싸해 보일지도 모릅니다. 자칫하면 이런 연구도 없이 "공명심을 충족하기 위해, 그들의 직업적 일거리를 잇기 위해"(337쪽) 위안부 할머니들을 앞세워 시위만 줄기차게 벌여온 활동가들이 한심해 보일 수도 있습니다. 하지만 조심해야 합니다. 이렇게 국민의 생각이 동요하는 것이 바로 이 교수가 노리는 바이기 때문입니다.

이영훈 교수가 일본군의 전쟁범죄를 호도할 목적으로, 오랜 세월 경제사 연구를 통해 익힌 '현란한' 기법을 활용하고 있음에 유의하기 바랍니다. 한번 생각해봅시다. 위안부로 끌려가기 전의 조선 여성이 조선시대 기생제와 무슨 관련이 있습니까? 일제강점기 공창제와는 무슨 관련이 있고요. 해방 후 한국군·미군·민간 위안부가 그 순진한 여성의 당연한 미래라도 된다는 말인가요?

일본군 위안부제를 매춘업의 장기 역사 가운데 위치시키는 것은 한 가지 중대한 전제를 받아들이는 것이나 마찬가지입니다. 바로 '일본군 위안부=매춘부'라는 인식입니다. 위안부로 끌려가기 전의 여성이 매춘부가 아니었다면, 일본군 위안부제는 당연히 매춘업의 역사와 따로 떼어서 파악해야 합니다.

잘 알다시피 '일본군 위안부=매춘부'라는 주장은 다름 아닌 일본 극우세력의 단골 메뉴입니다. 일본군 위안부를 기생제나 공창제, 그리고 해방 후 위안부와 연결 짓는다는 소리에 위안부 할머니들의 억장이 무너지는 것은 당연한 일입니다. 이영훈 교수가 금과옥조처럼 여기는 제도적 접근 또는 역사적 접근 같은 말에 현혹돼서는 안 됩니다.

위안부제가
일본군의 책임이 아니다?

일본군 위안부제가 공창제의 일환이었다는 말은 민간 매춘업자의 영업소를 일본군이 활용했다는 뜻입니다. 위안소 운영에 대해 일본군이 통제하기는 했으나, 위안부 모집과 위안소 운영은 어디까지나 민간 주선업자와 민간업주의 책임 아래 이뤄졌다는 것이지요. 이 교수는 민간업주들이 위안소 경영권을 사고팔기까지 했다고 주장합니다. 만약 이 주장이 옳다면, 일본군의 책임은 크게 경감되겠지요.

공창제와 위안부제가 전혀 다른 제도라는 사실은 이 주제에 관해 가장 충실한 실증 연구를 수행했다고 평가받는 윤명숙 박사가 명백히 밝힌 바 있습니다.[1] 윤 박사의 연구는 이영훈 교수도 그 가치를 인정하는 만큼, 제가 인용하더라도 쉽게 무시하지는 못할 것입니다. 윤명숙 박사에 따르면 공창제에서는 사기나 폭력적 모집이 금지됐지만, 위안부제에서는 일본군 자체 또는 일본군의 지시를 받은 업자의 사기나 강제적 모집이 두드러지게 많았습니다. 당시는 국제사회에서 여성의 인권을 중시하는 분위기가 조성되고 있었고 일본에서는 공창제 폐지가 검토되고 있던 시기였는데도 말입니다. 일본 정부와 일본군은 모집업자나 위안소 경영자의 위법행위를 단속하기는커녕 스스로 위안소 제도를 조직하고 위안부를 모집하는 등 위법행위를 자행하고 지휘했습니다.

윤명숙 박사의 결론은, 일본군 위안부제는 일본군이 저지른 성폭력의 한 형태이자 국가가 저지른 전쟁범죄라는 것입니다. 그 근거로 ① 일본군 상층부가 군 위안소 설치를 지시·허가 확충한 사실, ② 위안부 모집·이송에 일본 정부와 군이 직간접적으로 관여·협력·통제·감독한 사실, ③ 군 위안소 운영을 일본군이 통제하고 감독했다는 사실을 제시했습니다.[2] 윤 박사는 이 세 가지 사실을 하나하나 사료로 입증했습니다. 여기에서 윤 박사가 제시한 사료를 한 가지만 소개해보겠습니다. 일본 육군성은 1938년 3월 4일 '군위안소 종업부 등 모집에 관한 건'이라는 통첩을 북지北支 방면군, 중지中支 방면군 등 중국 파견군에 하달했습니다. 여기에서 북지는 중국 북부를 가리키고, 중지는 중국 중부를 뜻합니다. 통첩의 지시 내용은, 각 파견군은 모집업자를 치밀하고 적절하게 선정하여 모집 업무를 철저히 통제하라는 것과, 선정된 모집업자는 모집 지역의 헌병·경찰 당국과 긴밀하게 협력하여 위안부를 모집하도록 하라는 것이었습니다. 이로써 각 파견군이 모집업자 선정에서부터 모집에 이르는 업무를 통제·감독하는 체제가 성립했습니다.[3] 윤 박사가 제시하는 사료는 이외에도 많습니다. 그는 문제가 될 만한 모든 사항에 대해 자료로 사실을 확인하는 과정을 거쳤습니다. 입만 열면 사료의 중요성을 외치는 이영훈 교수도 윤명숙 박사에게는 자료가 부실하다는 이유로 시비를 걸기는 어려울 것입니다.

이영훈 교수와 주익종 박사는 여기에서도 토지조사사업을 다룰 때와 똑같은 방법을 사용합니다. 두 사람은 일본 관헌이 부녀자를 사냥하듯 끌고 간 강제연행은 없었다고 주장합니다. 폭력적 위안부 모집의 정의를 '사냥하듯 끌고 가는 강제연행'으로 좁혀놓고는 그런 일이 있었다는 명백한 증거를 찾을 수 없으니, 일본

---

1 윤명숙 지음, 최민순 옮김, 《조선인 군위안부와 일본군 위안소제도》, 이학사, 2015.

2 앞의 책, 27쪽.

3 앞의 책, 102쪽.

군 위안부제는 일본의 전쟁범죄로 보기 어렵다는 결론을 끌어내는 것입니다. 대가 없이 총칼로 토지를 빼앗았다는 증거가 없으므로 일본의 토지 수탈은 없었다고 결론 내리는 수법과 비슷하지 않습니까? 사실 위안부 모집 방식에 치중해서 일본의 국가책임을 부정하려는 것은 일본 극우파의 오래된 입장입니다. 예컨대 아베 신조安倍晋三 현 일본 총리는 이미 1997년부터 '협의의 강제성', 즉 관헌에 의한 강제연행은 없었다는 입장을 표명했고, 2007년 총리 시절 미국 하원에서 일본군 위안부 관련 결의안이 논의되고 통과되는 과정에서 같은 주장을 강력히 펼쳤습니다. 아베 총리만이 아닙니다. 이 '협의의 강제성'에 대한 집착은 일본 우익세력의 공통적인 특징입니다.[4]

오염·조작된 것으로 치부된
위안부 피해자들의 증언

이영훈 교수와 주익종 박사는 일본군 위안부가 강제연행되지

---

4   정진성, 《일본군 성노예제》, 서울대학교출판문화원, 2016(개정판), 66쪽.

않았다는 주장을 앵무새처럼 반복하지만, 이를 적극적으로 입증하는 사료는 단 하나도 제시하지 않습니다. 두 사람은 위안부 모집과 관련하여, 단 두 가지의 논거만 제시하는데 하나는 1983년 요시다 세이지吉田清治라는 일본인이 《나의 전쟁범죄》라는 책에서 부하 여섯 명과 함께 단추공장에서 일하던 여인 열여섯 명을 위안부로 끌고 갔다고 쓴 내용이 거짓말이라는 주장이고, 다른 하나는 위안부 피해 할머니들의 구술 증언이 오염·조작됐을 것이라는 추정입니다.

요시다 세이지의 증언은 그 아들까지 나서서 거짓임을 밝혔다고 하니 그런 모양입니다. 그런데 일본인 한 사람이 거짓 증언을 했다는 사실이 위안부 강제연행이 없었음을 입증하는 증거가 될 수 있나요? 사실 두 사안은 아무런 관계가 없습니다. 잘 알다시피 위안부 피해자 할머니들 가운데 강제로 끌려갔다고 증언한 분들이 있습니다. 일본이 관련 공문서 등을 몽땅 소각해버린 상황에서 가장 믿을 만한 자료는 피해자들의 증언이지요. 이영훈 교수와 주익종 박사는 이를 처리하지 않으면 자신들의 주장이 힘을 받기 어렵다고 판단한 것 같습니다.

이영훈 교수는 위안부 할머니들의 증언 내용이 시간이 가면서 달라진다는 사실을 지적하면서, 일본군에게 노예사냥을 당하듯 끌려갔다는 증언은 대부분 조작된 것으로 여겨도 괜찮다고 단언합니다. 이 교수 자신에게 유리한 사례로 간주하여 많이 활용하는 고 문옥주 할머니의 일대기에 헌병에 잡혀갔다는 구절이 나오지만, 이 교수는 단칼에 믿을 수 없다고 잘라버립니다. 주익종 박사는 한국정신대문제대책협의회, 즉 정대협의 연구팀이 위안부 피해자 할머니들을 인터뷰해서 발간한 증언집 네 권[5]을 분석하면서, 후기로 갈수록 유괴·약취·납치로 위안부가 됐다는 증언의 비율이 높아지는 것을 근거로 할머니들이 정대협 연구자의 구미에 맞게 대답했다고 주장합니다. 위안부 피해자 할머니들과 정대협 연구자들에게 실로 모욕적인 언사를 내뱉은 셈인데, 문제는 이런 주장을 펼치면서도 아무 증거도 없이 추정과 단언으로 일관한다는 사실입니다.

1992년부터 지금까지 1,400회 이상 수요 집회를 이어오며 치열한 삶을 산 위안부 피해자 할머니들의 증언을 오염됐다며 무시하는 것으로는 부족했던지, 이영훈 교수는 2019년 8월 12일 SBS 뉴스와 가진 인터뷰에서 위안부 피해자 개인의 인생사와 역사적 제도를 구분하고는, 역사학자는 양자가 충돌한다고 해서 전자에 구애받아서는 안 된다고 말했습니다. 역사적 사건을 직접 체험한 당사자 따로, 제도 따로 취급하면서 당사자의 경험은 무시해도 된다는 뜻인데, 참으로 해괴한 논리입니다. 피해자의 증언은 역사적 자료로 인정되기 어렵다고 보는 실증사관을 피력한 것 아닌가 하고 반문할 수 있겠습니다만, 그 사관이야말로 역사를 부정하고 왜곡하는 자들의 단골 메뉴였음을 기억해야 합니다.[6]

이영훈 교수와 주익종 박사는 정대협 연구자들이 위안부 할머니들의 증언을 사실상 조작했다고 주장했지만, 실상은 정반대였던 것으로 보입니다. 당시 증언 조사에 주도적으로 참여했던 한 연구자의 말을 한번 들어보겠습니다.

> 지금 돌이켜 보아도 조사자들은 꽤나 열심히 조사에 임했던 것으로 기억한다. 오전 10시에 시작하여 저녁 6시에 이르기까지 조사를 검토한 일도 한두 번이 아니었다. 조사를 검토함에 있어서 매우 어려웠던 점은 증언자의 진술이 논리적으로 앞뒤가 맞지 않은 경우가 흔히 있었다는 것이다. (…) 이 중에서도 조사자들을 매우 어렵게 한 것은 증언자가 의도적으로 사실을 왜곡한다고 느껴지는 경우였다. 우리는 이러한 경우에 대비하여 조사자 한 사람 한 사람이 증언자에 인간적으로 밀착함으로써 그러한 곤란을 극복하려고 노력하여 대부분의 경우에 의도했던 성과를 거두기는 하였으나 어떤 경우에는 조사를 중단하지 않을 수 없는 경

---

5 한국정신대문제대책협의회 정신대연구회 편, 《강제로 끌려간 조선인 군위안부들》 1~4, 한울, 1993, 1997, 1999, 2001.

6 강성현, 《탈진실의 시대, 역사부정을 묻는다》, 푸른역사, 2020, 73쪽.

우도 있었다. (…) 진상의 구명이야말로 이 문제에 대처하는 가장 중요한 원칙일 수밖에 없었다. 그러므로 우리는 진실을 진실대로 파악하기 위하여 한 증언자에 대하여 대개 5, 6차 이상의 면접조사를 행하였다. 이 과정에서 우리는 증언의 논리적 부정합성을 제거하려고 노력하는 한편, 증언 중에서 기록자료를 가지고 확인할 수 있는 부분은 거의 확인하였다.[7]

이 연구자의 말대로라면, 조사자들은 위안부 피해자 할머니들의 증언을 자기 입맛대로 조작하려는 노력은 일절 하지 않았습니다. 오히려 그 반대로 진상을 파악하기 위해 최대한 노력했습니다. 그들은 증언의 한계를 잘 인지하고 있었고, 그것을 잘 극복하기 위해 밀착 조사, 5, 6차례 이상의 면접 조사, 기록자료를 활용한 확인 등의 과정을 거쳤습니다. 한계를 극복하기 어려운 경우에는 조사를 중단하기까지 했습니다. 이 인용문에서 진실을 중시하는 정대협 조사자들의 충직함을 읽을 수 있었다고 하면 지나친 말일까요?

이영훈 교수와 주익종 박사가 위의 인용문에 대해 어떻게 평

---

7 한국정신대문제대책협의회 정신대연구회 편, 《강제로 끌려간 조선인 군위안부들》 1, 한울, 1993, 9~10쪽.

가할지 궁금합니다. 《반일 종족주의》에서 그들이 보이는 태도로 미루어 볼 때, 그것은 정대협 조사자들의 자기 미화에 불과하다고 폄훼할 것 같습니다. 그런데 여러분, 위의 글을 누가 썼는지 아십니까? 바로 두 사람과 필자의 스승이자 뉴라이트 학파의 대부인 안병직 선생입니다. 안병직 선생은 1990년대 초, 정대협의 조선인 군 위안부 증언 조사에 주도적으로 참여했고 자료집 1권 앞부분에 '조사에 참가하면서'라는 글을 써서 조사의 경위와 의미를 소상히 밝혔습니다. 위의 인용문은 그 글의 일부입니다.

안병직 선생이 어쩌다가 뉴라이트로 전향했는지는 지금도 의문이지만, 제가 경험한 선생은 역사적 사실을 누구보다도 중시하는 분입니다. 그분 밑에서 석사학위 논문과 박사학위 논문을 쓰던 시절, 저는 선생으로부터 철저하게 사실史實에 충실하라고 지도받았습니다. 저명한 저서나 논문에 나오는 통계라고 할지라도 그대로 인용하지 말고 반드시 1차 자료를 확인하라는 가르침도 그분에게서 받았습니다. 앞서 이야기했지만, 제가 박사학위 논문 집필을 위해 국내는 물론이고 일본의 여러 도서관을 샅샅이 뒤지며 사료를 찾아 읽은 것도 안 선생의 지도 때문이었습니다. 저는 안병직 선생이 선택한 노선을 받아들일 수 없어서 뉴라이트의 길로 따라가지는 않았지만, 연구 방법과 연구자의 자세에 관한 한 아직도 그분의 가르침을 기억하고 있습니다. 앞의 인용문에는 그분의 그런 자세가 뚜렷이 드러나 있습니다. 위안부 할머니들의 증언을 못 믿겠다면 안병직 선생의 조사 참여기參與記도 못 믿겠다고 해야 옳을 텐데, 그의 제자인 이영훈 교수와 주익종 박사가 감히 그런 말을 할 수 있을지 모르겠습니다.

이영훈 교수는 위안부 문제 서술에서 고 문옥주 할머니를 매우 중요하게 다룹니다. 모리카와 마치코森川万智子라는 일본인 작가가 문옥주 할머니의 증언을 토대로 쓴 일대기[8]를 활용해서 종래의 상식을 뒤집는 파격적인 주장을 펼칩니다. 사실 이것도 좀 이상합니다. 위안부 피해자 할머니들의 증언이 오염·조작됐다며 역사적 자료로서의 가치를 부정하면서, 문옥주 할머니의 증언은 믿으니 말입니다. 이 교수는 문옥주 할머니의 사례 하나만으로 "위안부 생활은 어디까지나 그들의 선택과 의지에 따른 것"이었으며, "직업으로서 위안부는 위안소라는 장소에 영위된 위안부 개인의 영업"(325쪽)이었다는 결론을 끌어냅니다. 게다가 "문옥주와 위안부 일동은 '우리도 일본인이다. 창녀가 아니다. 일본군을 위안하는 신성한 책무를 부여받은 제국의 위안부다'라는 의식을 가졌습니다"(326쪽)라는 말까지 합니다. 문옥주 할머니 증언이 사실이라고 간주하고 내린 결론으로 봐야겠지요.

그런데 바로 그 문옥주 할머니가 자신은 일본인 헌병, 조선인 헌병, 조선인 형사에게 강제연행됐다고 증언했습니다. 앞에서도 언급했지만, 이영훈 교수는 문옥주 할머니의 다른 증언은 다 받아들여 자신의 주장을 뒷받침하는 데에 활용하면서도 이 증언만은 믿기 어렵다며 잘라버립니다. "어머니나 오빠의 승낙 하에 주선업자에 끌려간 것을 그렇게 둘러대었을 뿐"(322쪽)이라 단정합니다. 문옥주가 어머니나 오빠의 승낙 아래 주선업자에게 끌려갔다는 이야기는 모리카와 마치코가 집필한 책 어디에도 나오지 않습니다. 그렇게 단정하는 근거는 달랑 하나, 북만주 동안성 위안소에서 만난 사람들이 대구 출신이었다는 사실뿐입니다. 책을 좀 더 읽어가다 보면 몇 페이지 뒤에서 어머니나 오빠의 승낙 하에 주선업자에게 끌려간 것이 아님을 말해주는 구절을 발견할 수 있습니다. 1년 만에 돌아온 문옥주를 보고 어머니는 기뻐하며 딸의 갑작스러운 실종에 놀라 정말 병이 들 정도였다고 말합니다. 오빠와 남동생은 그녀가 그동안 어디에서 무엇을 했는지 궁금해했지만, 그들에게 결코 진실을 얘기할 수 없었다고 합니다.[9] 문옥주를 팔아넘긴 사람들의 반응은 아니지요.

---

8 모리카와 마치코 지음, 김정성 옮김, 《버마전선 일본군 '위안부' 문옥주》, 아름다운사람들, 2005. 문옥주 할머니의 증언은 서울대 인권센터 정진성 연구팀이 집필한 《끌려가다, 버려지다, 우리 앞에 서다》(푸른역사, 2018)에도 관련 자료와 함께 실려 있으니 참고하십시오.

9 모리카와 마치코 지음, 김정성 옮김, 《버마전선 일본군 '위안부' 문옥주》, 아름다운사람들, 2005, 61쪽.

문옥주 할머니는 1년간 위안부로 생활한 후, 그녀에게 호감을 가진 일본군 한 명을 구슬려서 조선에 다녀올 수 있는 증명서를 발급받았습니다. 우여곡절 끝에 대구로 돌아와 기생 생활을 하던 할머니는 1년 후 다시 동남아로 가는 위안부 대열에 참가합니다. 이때는 일본 관헌이 아니라 마츠모토라는 이름을 가진 조선인이 위안부를 모집했다고 합니다. 이영훈 교수는 첫 사건에 대한 증언과는 달리 두 번째 사건에 대한 할머니의 증언을 아무 의심 없이 받아들입니다. 자기 입맛에 맞는 증언은 아무 검증 없이 그대로 받아들이고 그렇지 않은 증언은 거짓말로 치부하는 것이지요. 다음에 인용하는 내용은 강제연행과 관련한 문옥주 할머니의 증언입니다. 과연 할머니의 증언이 오염·조작됐는지 아닌지 독자 여러분이 직접 읽고 판단해보시길 바랍니다.

그날도 하루코 네서 놀다가 저녁이 되어, 걸어서 이십 분 정도 되는 거리의 집으로 돌아가던 도중 '너, 여기로 잠깐 와' 하는 소리에 놀라서 멈춰 섰다. 그때 나를 불러 세운 사람들은 일본인 헌병과 조선인 헌병, 조선인 형사였다. 나는 무서워서 아무 소리도 내지 못했다. 그냥 그들 뒤를 따라갈 수밖에 없었다. 무슨 일이냐고 물어볼 생각도 하지 못했다. 그 당시 조선인에게 헌병이란 이 세상에서 가장 무서운 존재였다. 그 사람들이 날 데려간 곳은 헌병들이 모이는 장소 같았는데 거기에는 이미 여자애가 한 명 있었다. 나를 사무실에 있는 의자에 앉히고는 주소, 이름, 가족 등등을 물었다. 질문에 대답하는 동안 형사들은 여기저기 부산하게 전화를 걸고 있었다. 그날은 그대로 의자에 앉아 졸면서 그곳에서 밤을 지새웠다. 다음 날 아침, 나와 그 여자애는 대구역에서 기차에 태워졌다. 나를 데려왔던 사람과는 다른 일본인 헌병과 조선인 형사에게 다시 넘겨졌다. 우리를 어디로 데려가는지는 알 수 없었지만, 부산 방향이 아닌 북쪽으로 향하고 있다는 것은 알 수 있었다. 우리가 탄 기차는 '아카츠키'라는 이름의 기차로 일반 승객도 많이 타고 있었다. 기차가 신의주에 도착하자, 우리는 열차를 갈아탔고 우리를 감시하던 사람들도 교대됐다.[10]

이영훈 교수는 2007년에 발간된 《대한민국 이야기》를 쓸 때만 해도 일본군 위안부제는 일본군의 전쟁범죄이고, 위안부는 성노예였다고 정의했습니다. 그 후 세월이 흐르는 사이에 생각이 바뀌었다는군요. 이 교수는 일본군 위안부에 대한 생각을 바꾸게 된 계기의 하나로 전쟁 말기에 일본 군인이나 노무자로 다녀

---

10   모리카와 마치코 지음, 김정성 옮김, 《버마전선 일본군 '위안부' 문옥주》, 아름다운사람들, 2005, 50~51쪽.

온 50여 명과 인터뷰를 하면서 위안부에 관한 그들의 기억을 청취한 것을 꼽습니다. 정말 이상하지 않습니까? 피해자 할머니들의 증언은 문옥주의 사례 외에는 몽땅 무시하면서, 자신이 선택한 사람들, 위안부 문제와 어느 정도 관계가 있는지도 모를 사람들에게 들은 증언은 그리도 중시하니 말입니다.

위안부 모집의 실상

이영훈 교수는 군 위안부 모집이 주선업자와 보호자 사이의 합의로 이뤄졌다고 봅니다. 그에 따르면 민간 주선업자가 여인을 모집할 때 보호자의 취업승낙서가 필요했는데, 그들이 가난한 호주들을 만나서 감언이설로 유혹하며 약간의 전차금前借金을 지급하면 호주들은 마지못해 또는 얼씨구나 하고 딸이나 동생을 위안부로 넘겼다는 것입니다. 결론적으로 우리가 알고 있는 바와 달리, 일본군 위안부는 일본군이 강제로 끌고 간 것이 아니라 조선의 못난 아버지들이 사악한 조선인 주선업자에게 딸을 팔아넘긴 경우라는 것이 이영훈 교수의 주장입니다. 이 주장을 따르면 일본군은 위안부에 대한 책임을 완전히 면제받게 됩니다.

일본군 위안부제가 일본의 전쟁범죄임을 전면 부정한 셈인데, 문제는 이처럼 전복적인 주장을 하면서 직접적인 증거를 하나도 제시하지 않는다는 사실입니다. 호주제의 성립이 역설적이게도 빈곤계층의 호주에게 딸의 취업을 승낙할 수 있는 권리를 부여했다는 둥, 호주가 딸의 취업승낙서에 도장을 찍으면 딸은 울면서 주선업자에게 끌려갔다는 둥, 아버지가 딸을 주선업자에게 창기娼妓나 예기藝妓로 넘긴 것은 하층민의 타락한 가정윤리 때문이라는 둥 장황한 설명을 늘어놓지만, 어느 하나도 일본군 위안부의 경우에 해당하지 않습니다. 모두 그 이전 시기의 인신매매와 관련된 내용인데 이를 슬그머니 위안부 모집과 관련이 있는 사례로 서술한 것입니다.

일본군 위안부 모집 시에도 가난한 아버지가 딸을 팔아넘긴 사례가 있었습니다만, 이는 극소수였습니다. 앞서 소개한 정대협 발간 증언집에 수록된 위안부 피해자 43명의 증언을 다각도로 분석한 윤명숙 박사에 따르면, 가부장의 인신매매로 위안부가 된 사례는 단 1건에 불과하며, 그 경우에도 부친이 위안부 모집인 줄 알면서 인신매매를 했다고는 말할 수 없습니다.[11] 1993년 6월 '일제

---

11 윤명숙 지음, 최민순 옮김, 《조선인 군위안부와 일본군 위안소제도》, 이학사, 2015, 399쪽.

7장·일본군 위안부제는 전쟁범죄가 아니다?

하 일본군 위안부에 대한 생활 안정 지원법' 제정에 따른 생활 지원금 수혜를 위해 보건복지부에 신고한 피해자 175명의 신고 내용을 분석한 정진성 교수도 인신매매로 위안소에 끌려간 경우는 단 4건에 불과함을 밝히고 있습니다. 조선에서는 딸을 파는 관습이 거의 없었다고 정 교수는 단언합니다. 피해자들은 대부분 취업 사기나 폭력으로 딸을 빼앗기며 절규하는 부모의 모습을 증언했다고 합니다.[12] 독자 여러분 중에는 《반일 종족주의》를 읽으며 우리 선조들이 가난 때문에 딸을 일본군 위안부로 팔아치우는 패륜을 저지른 줄 알고 실망한 분들이 있을 것입니다. 하지만 사실이 아니니 안심하십시오. 여기에서 우리는 이영훈 교수가 왜 그렇게 극구 위안부 피해자 증언의 가치를 깎아내리려 했는지 짐작할 수 있습니다. 윤명숙 박사나 정진성 교수처럼 위안부 피해자의 증언을 자료로 삼아 분석하면 이 교수의 주장은 아예 설 자리를 잃어버리기 때문입니다.

그렇다면 과연 일본군 위안부 모집의 실상은 어떠했을까요? 이를 알기 위해서는 윤명숙 박사와 정진성 교수의 연구를 좀 더 살펴볼 필요가 있습니다. 윤 박사에 따르면, 위안부 피해자 43명 중에서 모집업자의 취업 사기에 속아서 간 경우가 32명, 일본 헌병 등에게 강제연행되어 간 경우가 10명, 가부장에 의한 인신매매로 보이는 경우가 1명입니다.[13] 가부장의 인신매매로 위안부가 된 사례가 1건에 불과하다는 것 외에, 여기에서 확인해둘 사항이 두 가지 더 있습니다. 하나는 이영훈 교수가 극구 부정하는 일본군에 의한 강제연행이 실제로 행해졌다는 사실입니다. 다른 하나는 모집업자에 의한 취업 사기의 경우가 압도적으로 많았다는 사실입니다. 한편, 정진성 교수의 연구는 일본군 위안부 모집이 강제연행이었음을 좀 더 분명하게 이야기해줍니다. 전체 신고자 175명 중 취업 사기로 연행된 경우가 82명, 협박과 폭력에 의해 연행된 경우가 62명, 유괴·납치가 5명, 인신매매가 4명, 기타 22명 등입니다. 여기에서도 취업 사기의 경우가 가장 많기는 하지만 협박과 폭력에 의한 연행도 상당히 많습니다. 많은 피해자가 강제로 트럭에 태워졌다고 증언했습니다. 길을 가다가 강제로 경찰서에 끌려갔다고 증언한 사람도 있습니다. 폭력적 연행을 한 주체는 군인과 경찰이 대부분으로, 특히 경찰이 많았다고 합니다.[14]

모집 사기에 의한 취업 사기의 경우가 많았다는 사실이 드러났기 때문일까요? 주익종 박사는 위안부 모집에 대해 이렇게 말합니다.

12 정진성, 《일본군 성노예제》, 서울대학교출판문화원, 2016(개정판), 80쪽.

13 윤명숙 지음, 최민순 옮김, 《조선인 군위안부와 일본군 위안소제도》, 이학사, 2015, 506~509쪽.

14 정진성, 《일본군 성노예제》, 서울대학교출판문화원, 2016(개정판), 79쪽.

7장·일본군 위안부제는 전쟁범죄가 아니다?

위안부 모집과 수송에 일본 정부와 일본군이 관여했습니다. 하
지만 일본군이 위안소업자를 선정했으며, 그로부터 위임을 받은
모집업자가 조선 부녀자를 데리고 일본군 주둔지로 여행하는 데
일본 관헌이 편의를 제공한 것이지, 일본 공권력이 강제로 부녀
자를 위안부로 끌어간 것은 아닙니다.(366쪽)

일본 정부와 일본군이 위안부 모집과 수송에 관여하고, 일본
군이 위안소업자를 선정하고, 위안부 수송에 일본 관헌이 편의를
제공했는데, 일본 공권력이 강제로 끌고 간 것이 아니라니요. 여
러분, 조폭 영화를 보신 적 있으신가요? 영화 속에서 두목이 마음
에 안 드는 사람을 제거하고 싶을 때 자기가 직접 손보는 경우가
어디 있습니까? 눈짓만 해도, 슬쩍 암시만 해도 밑에서 다 알아서
처리하지 않습니까? 이런 경우에 두목이 직접 범행을 벌이지 않
았으니 죄가 없고 모두 아랫사람 책임이라고 할 수 있나요?

모집업자는 좋은 곳에 취직시켜주겠다고 꾀어서 피해자들을
위안소로 끌고 갔습니다. 모집업자가 이야기한 '좋은 곳'이란 일본
의 공장, 부상병을 돌보는 병원, 종군 간호부 일 등이었습니다. 이
렇게 위안부 모집 과정의 말단에서 민간인이 전면에 드러났으니
주익종 박사는 대담하게 위와 같은 주장을 펼쳤겠지요.

그러나 군인, 경찰, 관리가 취업 사기를 직접 주도했다고 증

언한 사람도 상당수에 이르고, 일본군이 위안부 피해자를 유혹할 때 필요한 전차금 용도로 거액을 서울의 은행에 송금해서 조선총독부에 관리를 맡겼음을 알려주는 문서도 남아 있습니다. 이 문서는 일본군, 조선총독부, 은행, 모집업자가 취업 사기에 총동원됐음을 보여주는 결정적인 증거입니다.[15]

게다가 일본 측은 민간 모집업자에게 범죄를 교사하며 측면 지원하는 역할을 넘어서 협박과 폭력으로 직접 '범행'을 벌인 경우도 많았으니 아무리 면죄시켜주고 싶어도 그럴 수가 없는 일입니다. 이영훈 교수와 주익종 박사는 일본군 위안부제가 일본의 전쟁범죄가 아님을 입증하려고 무진장 애를 쓰지만, 별로 성공한 것 같지 않습니다.

일본 국내에서의 일본인 위안부 모집과 조선에서의 위안부 모집에 차이가 있었다는 점도 중요합니다. 일본에서의 위안부 모집은 21세 이상의 '매춘' 경험자로 제한됐던 반면, 식민지 조선에서는 21세 미만의 미성년자가 차지하는 비율이 높았습니다. 위안부 문제에서 식민지적 특성이 확연히 드러남을 확인할 수 있습니다. 이는 일본이 1925년 '매춘 사용 목적 부녀 매매 단속에 관한 국제 조약'과 '부인·아동의 매매 금지에 관한 국제 조약'을 비준하면서

15　정진성, 《일본군 성노예제》, 서울대학교출판문화원, 2016(개정판), 78~79쪽.

식민지를 적용 대상에서 제외한 탓입니다.[16] 일본 국내에서 위안부 모집과 관련한 범죄가 빈발하자, 일본 정부는 1938년 2월 내무성 통첩으로 모집 대상을 "창기이거나 사실상 매춘을 하고, 만 21세 이상으로서, 화류병과 다른 전염성 질환이 없는 자"로 제한했습니다. 하지만 이 통첩은 조선에는 적용되지 않았습니다.

정진성 교수에 따르면, 조사 대상 군 위안부 175명 중에 연행 당시 나이가 만 21세 미만이었던 경우는 156명으로 89%를 차지했습니다. 심지어 11~13세에 연행됐던 경우도 14명이었고, 18세 미만은 무려 121명으로 69%나 됐습니다.[17] 북한이 발간한 보고서에서도 조사 대상 119명 중 19세 미만이 81명으로 68%를 차지했음을 확인할 수 있습니다. 북한 보고서의 나이는 한국식 나이일 가능성이 커서, 만 나이로 따지면 이 비율은 더 높아질 것이라고 합니다.[18] 그렇다면 일본군은 왜 미성년 여성을 위안부로 끌고 갔을까요? 1938년 중국 상하이에서 위안부 성병 검진을 했던 한 의사가 작성한 의견서 '화류병의 적극적 예방법'에 그 비밀이 밝혀져 있습니다. 조선인 위안부는 "화류병이 의심되는 자는 극소수"이고 "성 경험이 없는 자가 많다"라는 내용입니다.[19] 즉, 일본군은 일본군 장병의 성병 예방을 위해 의도적으로 조선의 미성년 여성을 노렸던 것입니다.

영화 〈귀향〉의 내용은
대부분 진실

이영훈 교수는 《반일 종족주의》의 위안부 서술에 대한 이선민 기자와 윤명숙 박사의 비판에 대해 반론하는 글에서 영화 〈귀향〉의 내용을 장황하게 소개합니다. 영화에서 일본군은 경남 거창의 평화로운 마을에 들이닥쳐 14세 소녀를 만주 길림성 어느 위안소로 끌고 가서 방에 감금하고 때리고 강간합니다. 영화의 후반부에서는 일본군이 소녀들을 총살한 후 시신을 불태우고, 살아남은 두 소녀마저 죽이려고 총을 쏘자 한 소녀가 다른 소녀를 감싸고 대신 죽습니다. 영화는 살아남은 한 소녀가 늙어서 북한강 어느 당산나무 아래에서 무녀의 몸을 빌려 현신한 죽은 소녀를 붙들고 통곡하는 장면으로 끝납니다.

이영훈 교수는 이선민 기자와 윤명숙 박사에게 다짜고짜 이 영화가 진실인지 허구인지 다그쳐 묻습니다. 그런 다음 영화는 사

---

16   윤명숙, 《조선인 군위안부와 일본군 위안소제도》, 이학사, 2015, 110~111쪽.

17   정진성, 《일본군 성노예제》, 서울대학교출판문화원, 2016(개정판), 73쪽.

18   윤명숙, 《조선인 군위안부와 일본군 위안소제도》, 이학사, 2015, 301~305쪽.

19   김부자, 〈조선인 '위안부' 중에 소녀는 적었다?〉, 이타가키 류타, 김부자 엮음, 배영미, 고영진 옮김, 《Q&A '위안부' 문제와 식민지 지배 책임》, 2016, 삶창, 72쪽.

실이 아니고 1990년대 이래 팽배한 종족주의 문화가 만들어낸 기억이라고 스스로 답합니다. 이선민 기자와 윤명숙 박사는 이런 상궤를 벗어난 질문에 난감했을지도 모릅니다. 그러니 제가 두 분 대신 이영훈 교수의 질문에 대답해보겠습니다. 일본군이 14세 어린 여자아이를 강제로 끌고 가서, 감금하고 때리고 강간한 것은 명백한 진실입니다. 이 사실만으로도 일본군은 끔찍한 범죄를 저지른 것입니다. 영화의 후반부 내용 중 일본군이 위안부들을 총살했다는 내용도 마찬가지로 진실에 해당합니다. 실제로 그런 경우가 있었으니까요. 정진성 교수는 패퇴하던 일본군이 조선인 위안부에게 자살을 강요하거나 총살한 사실을 입증하는 전 일본 군인의 증언, 호주 군인의 증언, 중국 운남성 원정군의 작전 일지 등을 소개한 바 있습니다.[20] 일본과 한국의 극우세력은 일본군 측 자료에 관련 사실이 기록되어 있지 않다는 둥 작전 일지의 내용은 미군이 체계적으로 조사한 결과가 아니라는 둥 온갖 궤변으로 일본군의 위안부 학살을 부정하지만,[21] 손바닥으로 하늘을 가린다는 느낌이 강합니다. 따라서 죽은 소녀가 무녀의 몸을 빌려 현신한다는 결말을 제외하면, 영화의 전체 내용은 분명히 진실을 반영하고 있습니다.

20   정진성, 《일본군 성노예제》, 서울대학교출판문화원, 2016(개정판), 137~139쪽.

21   강성현, 《탈진실의 시대, 역사부정을 묻는다》, 푸른역사, 2020, 213~215쪽.

영화 속에는 허구적 요소도 물론 있지만 이는 진실을 왜곡하려는 목적이 아닌 극적 효과를 높이기 위한 영화적 장치에 불과합니다.

엉뚱한 통계로 한 번 더
사실을 왜곡하는 이영훈 교수

《반일 종족주의》에서 3부 맨 마지막에 배치되어 있던 일본군 위안부 문제는 《반일 종족주의와의 투쟁》에서는 맨 앞에 배치됩니다. 《반일 종족주의》 출간 후 가장 관심을 끌었던 주제인 만큼 사회적 관심을 계속 유지하고자 하는 편집 의도가 작용하지 않았을까 짐작합니다. 하지만 배치를 바꿔서 주목을 받고자 했지만, 내용으로 볼 때에는 《반일 종족주의와의 투쟁》의 편집이 별로 성공적이지 않은 듯합니다. 왜냐하면 초등학생과 중학생에게 위안부 역사를 가르치는 교육에 대해 괜히 시비를 걸어 그것을 어린아이의 심리에 분노, 절망, 적대감을 심어주는 폭력적인 교육이라고 단죄하거나(2장 '위안부 운동의 폭력적 심성'), 일본군 위안부제와는 아무 관련이 없는 일반 약취·유괴 범죄의 추이에 관한 통계로 위안부 강제동원을 위한 약취와 유괴가 별로 없었다는 이상한 결론을 내리거나(1장 '위안부 강제연행설 재비판'), 《반일 종족주의》에서 문옥주가 버마에서 큰돈을 벌었다고 거짓말했던 것을 수습하기 위해 이런저런 근거를 끌어와 변명을 늘어놓고 논조도 일부 완화하지만 죽도 밥도 아닌 결론을 내리고서 끝내기(3장 '그들은 과연 빈손으로 돌아왔던가') 때문입니다. 여기에서는 일단 《반일 종족주의와의 투쟁》 1장에 대해 검토하고, 그 책 3장에 대해서는 다음 장에서 살펴보기로 하겠습니다. 위안부 역사를 가르치는 교육을 폭력적이라고 비판하는 2장은 검토할 가치가 별로 없다고 판단했습니다. 이에 대해서는 한마디만 해두지요. 실제 있었던 역사를 그대로 가르치는 것이 폭력적입니까, 아니면 그런 일은 없었다며 억지로 왜곡·은폐하는 것이 폭력적입니까? 대한민국의 초등학교 5, 6학년 학생들과 중학생들이 위안부 역사를 접하면 심리적 타격을 받을 것이라고 여기는 생각이야말로 한참 시대에 뒤떨어진 발상이 아닌가요?

이영훈 교수는 자신과 논쟁을 벌인 윤명숙 박사를 비롯해 여러 위안부 연구자들이 약취와 유괴를 강조하는 데 초점을 맞춥니다.[22] 아마도 이 교수는 위안부 모집에 본인의 의사에 반해 끌고 가는 약취와 유괴가 많았으며 일본군이 이를 사주하고 총독부가 이를 방조했다는 사실을 들어 위안부 모집은 강제동원과 다를 바 없다고 하는 위안부 연구자들의 주장을 논파하는 것이 급선무라고 판단한 듯합니다. 그래서 제시하는 것이 '약취·유괴 범죄의 검거, 송치, 불기소의 추이(1920~1943)'라는 제목이 붙은 표 1-1(《반일 종족주의와의 투쟁》 38쪽)입니다. 《조선총독부통계연보》와 《조선통계연감》을 출처로 작성한 표인데, 이렇게 '근사한' 통계표를 제시하면 모든 사람의 입을 막을 수 있을 것으로 생각했을까요? 만일 그랬다면, 그것은 가당치 않은 생각입니다.

왜냐하면 《반일 종족주의와의 투쟁》 1장의 표 1-1에 제시된 약취·유괴 범죄의 수치는 위안부 동원과는 아무런 관계가 없기 때문입니다. 1938년 2월 이후 일본 국내에서의 위안부 모집과 조선에서의 위안부 모집에 차이가 있었다는 사실은 이미 언급한 바 있습니다. 그때부터 일본에서는 약취·유괴에 의한 위안부 모집이 범죄로 취급됐으나 식민지 조선에서는 그렇지 않았습니다. 오히려 위안부 모집업자가 약취·유괴로 조선인 여성을 모집할 때 경찰은 적극적으로 협력하고 모집업자를 보호했습니다. 심지어 경찰이 위안부 동원에 직접 가담하는 경우도 있었습니다.[23] 따라서 위안부 동원을 위한 약취·유괴는 아예 경찰의 검거 대상이 되지 않았던 것입니다. 이영훈 교수가 약취와 유괴가 형법상 불법이었다

---

22 폭력이나 강압으로 끌고 가는 것을 약취라고 하고, 감언이설로 속여서 끌고 가는 것을 유괴라고 합니다.

23 윤명숙, 《조선인 군위안부와 일본군 위안소제도》, 이학사, 2015, 502쪽.

7장·일본군 위안부제는 전쟁범죄가 아니다?

는 사실을 근거로, 약취·유괴 범죄의 검거 건수에 일본군 위안부 약취·유괴가 포함되어 있으리라고 간주한 것은 치명적인 오류입니다. 혹시 알면서도 그렇게 했다면, 이 교수는 학자의 자격을 의심받을 수밖에 없습니다.

이영훈 교수는 위안부 약취·유괴 통계가 빠진 엉터리 표를 사용하여, 1937년 이후 일본군 위안소가 조선, 만주, 중국 각 지역에 설치되지만 그것이 약취와 유괴를 증가시키는 계기로 작용하지 않았다고 주장합니다. 또한 그는 약취·유괴 범죄 혐의로 검거된 사람 가운데 유죄 판결을 받은 사람이 10% 남짓에 불과했다고 하면서, 그것은 원래부터 창기, 작부, 예기, 여급이었던 여인들이 위안부로 갔던 경우가 적지 않고 위안부 모집업자들이 각종 서류를 구비해 형식 요건을 갖추었기 때문에 훈방되거나 무죄 판결을 받은 결과라고 설명합니다. 위안부 모집과 아무 관련이 없는 엉터리 통계로 위안부 피해자 전체를 모욕하고 모집업자의 행위를 옹호하고 있는 셈인데, 어떻습니까? 코미디 중의 코미디 아닙니까? 그런 그가 역사가의 책무를 운운하다니 어처구니가 없습니다.

일본군 위안부는
성노예가
아니었다?

위안부 성노예설을 부정하는
국내 최초의 연구

일본군 위안부로 끌려간 조선인 여성은 대부분 '지상에서 가장 오래된 직업'과는 무관한 미성년자였습니다. 정대협 증언집에 나오는 위안부 피해자 증언을 종합하면, 위안부의 삶은 대체로 다음과 같이 묘사할 수 있습니다. 돈 벌게 해주는 줄 알고 아무것도 모른 채 끌려갔던 순진한 소녀들은 중간에 복도를 두고 죽 늘어선 방 중 하나에 들어갑니다. 일본군이나 위안소 경영자가 먼저 순결을 빼앗으려고 할 때 순진한 소녀들은 저항할 수밖에 없었지요. 그러다가 말을 들을 때까지 얻어맞습니다. 기가 꺾인 소녀들은 순결을 빼앗기고, 그때부터 매일 자기 방에 찾아오는 수십 명의 일본 군인에게 '성 위안'을 제공하게 됩니다. 대가로 표(티켓)를 받게 되어 있었지만, 아예 대가를 받은 적이 없는 위안부가 많았고, 받았더라도 관리인에게 넘겨주고는 정산해 받은 적이 없

8장·일본군 위안부는 성노예가 아니었다?

는 경우도 있었습니다. 군인들에게서 가끔 용돈을 받은 적이 있다고 증언한 위안부가 몇 명 있지만, 그것은 정식 급료가 아니었습니다. 그 가운데 한 명만이 일본 군인에게서 받은 용돈으로 고향에 송금도 하고 저축까지 했습니다.[1] 위안부들은 일본 군인과 위안소 관리인에게 갖은 잔혹 행위를 당했습니다. 대부분의 위안부가 월경 때에도 군인을 받았고 반항을 하거나 거부할 경우 군인이나 관리인의 포악한 행위를 피할 수 없었습니다.[2]

안병직 선생에 따르면, 조선인 위안부는 일본군 편제의 말단 조직으로 편입되어 군부대와 같이 이동할 수밖에 없었던 것으로 보이며, 따라서 폐업도 어려웠습니다.[3] 전차금을 다 갚는 경우 폐업 허가를 받을 수 있게 되어 있었지만, 실제로 폐업은 거의 불가능했습니다. 전쟁이 끝나기 전에 돌아온 여성은 예외적인 경우에 해당합니다. 정대협 증언집 1권 해제에서 정진성 교수는 전쟁이 끝나기 전에 위안소를 떠난 위안부가 전체 19명 중 8명임을 밝히고 있습니다. 제법 많은 듯하지만, 실상을 보면 그렇지 않습니다. 그 가운데 탈출한 경우가 2명, 성병이 심해서 송환된 경우가 1명, 각별히 가까웠던 장교의 도움으로 증명서를 받아서 귀국한 경우가 4명으로, 8명 중 7명이 정규 폐업 허가와는 관계없이 위안소를 떠났습니다.[4]

위와 같은 상황에 처한 존재를 성노예라고 부르지 않으면 뭐라고 불러야 하겠습니까? 하지만 주익종 박사와 이영훈 교수는 '위안부=성노예' 설을 부정합니다. 여기에서 두 사람의 접근 방식은 약간 다릅니다. 주익종 박사는 《반일 종족주의》 필자들에게서 공통적으로 발견되는 접근 방식을 취합니다. 수탈이나 강제동원의 개념을 좁게 정의하고는 그에 해당하는 경우가 발견되지 않으니 일제의 수탈과 강제동원은 없었다고 결론을 내리는 수법 말입니다. 즉 '협의의 성노예' 개념을 활용하는 것이지요.

> 위안부들은 미국 목화농장의 흑인 노예처럼 결코 위안소에 감금되어서 벗어날 수 없던 노예가 아니었습니다. 처음엔 채무에 묶였으나 전차금을 상환하고 나면 조선으로 돌아가거나 다른 곳으로 옮길 수 있었다는 점에서 위안부는 성노예라기보다는 성노동자가 맞습니다.(370쪽)

---

1   고 문옥주 할머니의 경우입니다. 정진성, 〈해설: 군위안부의 실상〉, 한국정신대문제대책협의회 정신대연구회 편, 《강제로 끌려간 조선인 군위안부들》 1, 한울, 1993, 27쪽.

2   정진성, 〈해설: 군위안부의 실상〉, 한국정신대문제대책협의회 정신대연구회 편, 《강제로 끌려간 조선인 군위안부들》 1, 한울, 1993, 26쪽.

3   안병직, 《일본군 위안소 관리인의 일기》, 이숲, 2013, 42쪽.

4   정진성, 〈해설: 군위안부의 실상〉, 한국정신대문제대책협의회 정신대연구회 편, 《강제로 끌려간 조선인 군위안부들》 1, 한울, 1993, 27~28쪽.

주익종 박사가 쓴 내용입니다. 그는 성노예를 미국 목화농장의 흑인 노예와 같은 존재로 정의하고 있다는 것을 알 수 있습니다. 일본군 위안부는 그 정도는 아니었으니, 성노예가 아니라 성노동자, 즉 매춘부였다는 말이지요. 일본군 위안부를 성노예라고 일컫는다면 식민지 시기의 매춘부나 해방 후의 군 위안부와 민간 위안부 모두를 그렇게 불러야 한다고 목소리를 높입니다.

이영훈 교수는 주익종 박사와는 달리, 아예 '광의의 성노예'까지 부정합니다. 즉, 그는 조선인 위안부를 강제로 끌려가서 속박당하고 착취당했던 무능력한 존재가 아니라 자유를 누리며 자신의 인생을 개척했던 사람들로 성격을 재규정합니다. "위안부 생활은 어디까지나 그들의 선택과 의지에 따른 것이었습니다. 직업으로서 위안부는 위안소라는 장소에 영위된 위안부 개인의 영업이었습니다"(325쪽)라고 주장하는 것을 보십시오. 그뿐만이 아닙니다. 일본군이 엄격히 관리한 덕에 위안소 관리인의 중간착취가 통제됐다고도 주장합니다. 그래서 "위안소는 위안부 입장에선 수요가 확보된 고수익의 시장"(304쪽)이 됐다고 합니다. 그 시장에서 위안부들은 돈을 꽤 잘 벌었고, 외출 시 그 돈으로 고급 물품을 사기도 하고 고향에 송금하거나 저축하기도 했다는군요. 그러니 위안부들은 "전쟁 특수를 이용하여 한몫의 인생을 개척한 사람들"(320쪽)이라고 할 수 있다는 것입니다. 위안부에게는 폐업의

- 1944년 9월, 중국 윈난성 쑹산에서 미중 연합군에게 구출되는 조선인
  일본군 위안부. KBS 〈다큐인사이트〉 제작팀이 미국국립문서기록관리청
  (NARA)에서 발굴한 동영상의 일부를 캡처.

8장·일본군 위안부는 성노예가 아니었다?

자유도 보장됐다는군요. 전차금을 다 갚거나 계약 기간이 끝나면 귀국 허가를 받아 위안소를 떠날 수 있었답니다. 더욱이 조선인 위안부들은 정식 군속은 아니지만 그에 준하는 대우를 받는 가운데 "일본군을 위안하는 신성한 책무를 부여받은 제국의 위안부"(326쪽)라는 정치의식까지 갖고 있었다는군요.

이영훈 교수는 일본군을 흑기사 같은 존재로 묘사합니다. 해방 후 사창가의 여인들에 비해 일본군 위안부의 사정이 나았다고 하면서 이는 일본군의 보호 덕분이었다고 합니다. 그에 따르면 일본군은 위안소 관리인의 중간착취를 금지했을 뿐만 아니라 위안부가 성병에 걸리지 않도록 보호하기도 했습니다. 이 논리를 따라가다 보면 일본군은 조선의 미성년 여성을 강제로 끌고 가서 성노예로 부려먹은 전범이 아니라 악덕 민간업주에게서 위안부를 지킨 의로운 존재였다는 결론에 도달하게 됩니다.

이영훈 교수의 이 주장은 매우 중요한 의미를 갖습니다. 이 교수 스스로 밝히고 있듯이, 위안부 성노예설을 부정하는 국내 최초의 연구라서 그렇습니다. 그동안은 극우 성향의 일본 정치인·지식인·운동가가 줄기차게 외쳐온 내용을 국내 저명 학자가 일종의 소명감을 가지고 공개적으로 주장했으니 충격이 클 수밖에 없습니다. 위안부 성노예설을 부정한 일본 극우세력의 발언 가운데 대표적인 것으로는, "위안부는 자신의 의사에 따라 취업한 것이고

성 노동에 대해 높은 수입을 얻었으므로 성노예가 아니다"(하타 이쿠이코)[5], "위안부는 공창제도 하에서 일했고 고수입에 대우도 좋았으니 성노예가 아니었다"(2007년 〈워싱턴포스트〉에 실린 광고 'The Facts')[6], "일본이라는 국가 전체가 성노예로 만들었다는, 말도 안 되는 중상모략"(아베 신조 총리) 등을 꼽을 수 있습니다. 이 발언들은 이영훈 교수의 주장과 매우 유사하지 않습니까?

《반일 종족주의》 출간 직후 당시 청와대 민정수석으로 있던 조국 교수가 "구역질 나는 책", "일본 정부의 주장을 앵무새처럼 반복", "부역·매국 친일파" 등의 말로 맹렬히 비판하자, 이영훈 교수는 자신이 운영하는 유튜브 채널 '이승만TV'에 '조국 교수에게 묻는다'라는 제목의 영상을 올렸습니다. 그 영상에서 이 교수는 자신들이 일본의 입장을 그대로 반복한 것이 아니라 새로운 자료를 발굴하여 일본 정부조차 알지 못하는 새로운 연구 성과를 창의적으로 제출했노라 강변했습니다. 단지 새로운 자료를 활용하기만 하면 창의적 연구가 된다고 생각하는 관점에서는 그렇게 볼 수도 있겠습니다. 하지만 논지를 중시한다면 《반일 종족주의》, 특

---

5   강성현, 《탈진실의 시대, 역사부정을 묻는다》, 푸른역사, 2020, 88쪽에서 재인용.

6   김부자, 〈조선인 '위안부' 중에 소녀는 적었다?〉, 이타가키 류타·김부자 엮음, 배영미·고영진 옮김, 《Q&A '위안부' 문제와 식민지 지배 책임》, 삶창, 2016, 74쪽에서 재인용. 다음 인용문도 동일.

8장·일본군 위안부는 성노예가 아니었다?

히 이영훈 교수와 주익종 박사의 위안부 서술은 결코 창의적 연구 성과라고 할 수 없습니다. 이영채 교수와 한홍구 교수에 따르면, 《반일 종족주의》는 일본에서 패배한 역사수정주의가 한국에 수출된 것에 불과합니다. 이영채 교수와 한홍구 교수는 이 책의 일본어 번역본이 출간되자마자 일본에서 베스트셀러가 된 것은 한국에 수출된 역사수정주의가 다시 일본으로 역수출되어 일본 역사수정주의의 부활에 이용되고 있기 때문이라고 진단했습니다.[7] 일본 극우의 주장과 《반일 종족주의》의 내용을 비교해보면, 두 분의 진단에 동의할 수밖에 없습니다.

이영훈 교수가 마음대로 우려먹는 문옥주의 증언

이제 '광의의 성노예'까지 부정하는 이영훈 교수의 견해를 비판할 순서가 됐습니다. 이 교수가 부조적 수법을 현란하게 구사한다는 점은 앞에서 이미 지적했습니다. 그 수법이 가장 두드러지게 드러나는 부분이 바로 위안부 서술입니다. 그가 위안부 성노예설을 부정하면서 사용한 자료는 단 세 가지입니다. 고 문옥주 할머니의 일대기, 버마와 싱가포르에서 위안소 관리인으로 일했던 박치근의 일기, 그리고 1944년 미군 포로로 잡힌 20여 명의 조선인 위안부에 대한 미군 심문기록입니다. 이 교수가 활용한 세 가지 자료 중에서 두 개가 단 한 사람에 관한 내용임에 주목해야 합니다. 이영훈 교수는 미군 심문기록보다 이 두 사례를 훨씬 중요하게 다룹니다. 문제는 두 사례 모두 일본군 위안부와 위안소의 일반적인 상황을 대표하지는 않는다는 사실입니다.

이영훈 교수는 문옥주가 일본군을 위안하는 데 최선을 다했다고 말합니다. 노래 솜씨도 좋아서 병사들 사이에서 인기 있는 위안부로 유명했답니다. 야마다 이치로라는 애인도 있었다고 하고요. 버마 만달레이에서 랑군으로 나온 후에는 랑군회관이라는 위안소에 있으면서 장교클럽에도 자주 불려가곤 해서 돈을 많이 벌었다고 합니다. 그 돈으로 외출을 나가서 악어가죽 가방, 녹색 레인코트, 다이아몬드를 사기도 했고, 고향에 송금도 하고 저금도 했다는군요. 1945년 9월, 문옥주의 저금 총액은 2만 6,551엔에 달했습니다. 이 돈은 이영훈 교수의 계산법에 따르면 현재가치 약 8억 3,000만 원에 해당합니다.[8] 1944년 여름 전차금도 상환하고 계약

---

7   이영채·한홍구, 《한일 우익 근대사 완전정복》, 창비. 2020, 20쪽.

8   이영훈 교수는 박치근의 사례를 이야기하면서, 3만 2,000엔을 현재 한화 10억 원으로 계산했습니다. 당시의 1엔을 3만 1,250원으로 본 것입니다.

기간도 만료된 문옥주는 동료 5명과 함께 귀국길에 올랐다가 베트남 사이공에서 귀국선에 타지 않고 다시 랑군회관으로 되돌아갔다고 합니다. 이를 두고 이영훈 교수는 위안부 생활은 어디까지나 위안부 자신의 선택과 의지에 따른 것이었다고 해석합니다. 그 밖에 더 많은 내용이 나옵니다만, 이 교수가 《반일 종족주의》 23장을 마무리하며 쓴 대목이 인상적입니다. "그녀는 죽는 날까지 결코 일본을 저주하지 않았습니다. 양반 나부랭이들이, 직업적 운동가들이 품은 반일 종족주의의 적대 감정과는 거리가 먼 정신세계였습니다."(338쪽)

앞에서 '성 위안'의 대가에 관한 피해자들의 증언을 소개한 바 있습니다. 거기에서 19명의 증언자 가운데 한 명만이 일본 군인으로부터 받은 용돈으로 고향으로 송금하고 저축까지 했다고 했지요. 각주에서 밝혔지만, 그 한 명이 바로 문옥주 할머니입니다. 그러니까 문옥주 할머니는 일본군 위안부 전체 사례 가운데 특이한 경우에 해당하는데, 이영훈 교수는 이 사실을 숨기고는 오히려 이 경우가 일반적인 사례인 양 꾸몄습니다. 어쩌면 이렇게 부조적일 수 있는지요.

이영훈 교수는 문옥주 할머니의 증언 내용도 슬쩍슬쩍 왜곡합니다. 그는 문옥주가 돈을 모아서 일본 시모노세키 우체국 군사우편저금에 저축을 시작했다고 말하면서도 그 돈의 출처를 밝히지 않습니다. 그러고는 저금하기 전에는 전차금을 상환하느라 돈을 모으기 힘들었으리라는 말을 슬그머니 집어넣습니다. 그러면 읽는 사람은 계속 급료를 받았는데 저금하기 전에는 상환금으로 충당하다가 전차금 상환이 끝난 후에는 돈이 모여서 저금할 수 있었겠구나 하고 생각하기 쉽습니다. 그리고 마지막 저금 때 문옥주의 잔고가 2만 6,551엔이었음을 밝힘으로써 요즘 원화 가치로 무려 8억 원이 넘는 거액을 저금한 것으로 오해하게 만듭니다. 그 다음에는 고향의 어머니에게 5,000엔을 송금했다는 이야기와 랑군에선 명품과 보석을 사기도 했다는 이야기를 덧붙임으로써 문옥주가 경제적으로 무척 여유가 있었음을 암시합니다. 실제로 이 교수는 "문옥주는 악착같이 꽤 많은 돈을 벌었습니다. 인기가 있고 능력이 있는 위안부였기 때문입니다"(324쪽)라는 말로 해당 문단을 마무리합니다.

그러나 실제로 문옥주 할머니는 위안소 관리인으로부터 급료를 거의 받지 못했습니다. 문옥주 할머니는 마츠모토라는 관리인이 위안부들이 건네주는 표를 받기만 하고 돈을 한 푼도 주지 않았다고 증언했습니다. 위안부들이 스트라이크를 일으켜 실력 행사를 해야만 그제야 마츠모토는 돈을 아주 조금씩 주곤 했답니다.

그렇다면 문옥주 할머니는 무슨 돈으로 저금을 했을까요?

　　　　　　　　　　　8장·일본군 위안부는 성노예가 아니었다?

그것은 급료가 아닌 군인들에게서 받은 팁이었습니다.[9] 문옥주는 장교클럽에도 불려가는 등 인기가 많아서 팁을 잘 받았던 모양입니다. 군인 중에는 어차피 자기는 죽을지 모른다며 넉넉하게 팁을 주는 사람도 있었다고 합니다.[10]

　　문옥주의 저금 잔고와 관련해서도 분명히 해둘 일이 있습니다. 이영훈 교수는 전쟁 말기 버마에서 진행된 하이퍼 인플레이션[Hyper-inflation]에 대해 일언반구도 하지 않습니다. 일본군은 1941년 11월 동남아에서 현지 통화 표시 군표(군사수표)를 발행하기로 결정했습니다.[11] 말라야와 싱가포르에서는 해협달러[Straits dollar][12] 군표, 버마에서는 루피 군표, 필리핀에서는 페소 군표가 발행됐습니다. 1942년에는 남방개발금고를 설립해 군표 발행 업무를 맡겼습니다. 남방개발금고도 자체적으로 화폐를 발행했는데 그것도 현지 통화 표시였습니다. 이들 화폐 어디에도 엔은 표시되지 않았음에도 일본인은 이를 모두 엔이라 불렀습니다. 군표를 발행하면서 환율을 1루피(버마)=1해협달러(말라야)=1엔(일본)으로 고정했기 때문입니다. 점령지 화폐와 본국 화폐 사이의 환율 변동을 허용하면서 자금 이동을 관리했던 독일의 경우와 달리, 일본은 이 고정환율의 원리를 끝까지 고수했습니다. 일본군과 일본 기업은 이 군표와 남방개발금고권으로 동남아 현지에서 전쟁물자를 대량으로 조달했습니다. 당연히 군표는 남발됐고 이는 하이퍼 인플레이션으로 이어졌습니다. 당시 동남아에서 가장 높은 물가 상승률을 보인 곳이 바로 버마입니다. 1941년 12월을 기준으로 할 때 1945년 8월 도쿄의 물가는 1.56배로 오른 데 그친 반면, 버마 랑군의 물가는 무려 1,856배로 폭등했습니다.[13]

1992년, 일본 우정성 구마모토 지부 저금사무센터에 보관되어 있던 문옥주 할머니의 군사우편저금 원장이 공개됐습니다. 모리카와 마치코가 일본에서 '문옥주 씨의 군사우편저금의 지급을 요구하는 모임'을 결성해 벌인 군사우편저금 반환 운동의 성과였습니다. 그 자료에 따르면, 1943년 3월 문옥주가 저금을 시작한 이후 1944년까지는 매회 저금액이 1,000엔을 넘지 않았습니다. 그런데 1945년에 들어오면 회당 저금액이 4월에 5,560엔, 5,000엔, 5월에는 1만 엔으로 급증합니다. 그 결과 저금 총액 2만 6,551엔 중 1945년 저금액이 79%를 차지하게 됩니다. 이 수치는 무엇을 의미

9 모리카와 마치코 지음, 김정성 옮김, 《버마전선 일본군 '위안부' 문옥주》, 아름다운사람들, 2005, 91~92쪽.

10 앞의 책, 79쪽.

11 堀和生, 〈東アジア歴史認識の壁〉, 《京大東アジアセンターニュースレター》 555, 2015.

12 해협 식민지Straits Settlements에서 사용된 화폐로, 영국 식민지 당시 말라야에서 발행되어 동남아 각지에서 사용됐습니다.

13 이타가키 류타·김부자 엮음, 배영미·고영진 옮김, 《Q&A '위안부' 문제와 식민지 지배 책임》, 삶창, 2016, 61쪽.

할까요? 군표의 가치가 급격히 떨어지면서 문옥주가 받는 팁의 명목 금액이 크게 올라갔음을 뜻합니다. 예전에는 일본군 장교가 팁을 10엔 줬다면 나중에는 50엔, 100엔 줬다는 이야기입니다. 물가 변동률을 고려할 때 문옥주가 버마에서 모은 저금 2만 6,551엔은 당시 일본에서는 고작 22엔의 가치밖에 없었습니다. 문옥주는 아무 가치 없는 루피 군표를 돈이 될 것으로 착각해 열심히 저축했던 것입니다. 그 돈은 엔이라 불렸지만 실은 루피였습니다. 게다가 그 얼마 안 되는 돈조차 한 푼도 인출하지 못했습니다. 1992년 2월 문옥주 할머니는 시모노세키 우체국을 방문해 위안부 시절 랑군에서 저축했던 저금을 돌려달라고 요구했습니다. 하지만 할머니는 1996년 별세할 때까지 저금을 돌려받지 못했습니다.

일본의 저명한 경제사학자 호리 가즈오堀和生 교토대 교수는 문옥주 할머니의 저금이 루피 기준이었음을 다음과 같이 증명합니다. 호리 교수는 낙성대경제연구소와 친분이 깊은 학자로 이영훈 교수의 절친입니다. 그런데 왜 이영훈 교수가 호리 교수의 견해를 참고하지 않는지 이해하기 어렵습니다.

문 씨의 경우 1943년 3월 6일부터 버마에서 일본의 통치가 붕괴하는 1945년 5월 23일까지 25,846엔을 저금했다. '만달레이 주둔 위안소 규정'(1943년 5월 26일 주둔지 사령부)의 유흥 요금표는 병사

30분에 1엔 50전이었다. 그녀가 그 저금액을 이 유흥 요금(화대)으로 벌려면, 휴일이나 경영주 몫을 고려할 때 하루 평균 100명이 넘는 병사를 상대해야만 했다는 계산이 나온다. 물론 그것은 있을 수 없는 일이다. 위안소에도 휴일도 있고 장병이 전혀 오지 않는 날도 있었다. (…) 그것이 의미하는 바는 단 하나, 문 씨의 저금은 일본 국내의 엔화가 아닌 하이퍼 인플레로 가치가 폭락하고 있던 루피 기준의 수입이었다는 것이다.[14]

윤명숙 박사가 〈한겨레〉에 기고한 《반일 종족주의》 반박 글에서 이와 유사한 주장을 하자, 이영훈 교수는 〈주간조선〉에 재반론하는 글을 게재해 전시 말기까지 일제는 대동아공영권에서 기축통화 엔과 각 지역의 통화가 등가로 교환되는 고정환율제를 고수했다는 말로 대답합니다. "윤명숙이 상정한, 각 지역의 인플레율을 고려한 변동환율제는 끝내 실시되지 않았다"라고도 합니다. 그리고 "버마에서 송금한 2만 6,000엔이 일본에서 20여 엔으로 인출됐다는 윤명숙의 주장은 사실이 아니"라고 단언합니다.[15] 말이 안 되는 답변입니다. 우선, 윤명숙 박사는 저금의 가치를 평가

---

14 堀和生, 〈東アジア歴史認識の壁〉, 《京大東アジアセンターニュースレター》 555, 2015.

15 이영훈, "'반일 종족주의' 이영훈의 '위안부' 재반론", 〈주간조선〉 2579호, 2019.

했을 뿐, 환율제도를 언급하지도 않았고 송금이나 인출을 거론하지도 않았습니다. 이영훈 교수의 글을 보면, 당시 문옥주가 버마에서 2만 6,000엔을 송금했고 그 돈이 일본에서 20여 엔으로 인출됐다고 윤 박사가 주장한 것처럼 되어 있습니다. 하지만 그런 일은 없었고 윤 박사가 그렇게 쓰지도 않았습니다. 이영훈 교수가 왜 이렇게 상대가 말하지 않은 내용을 가지고 억지 반박을 하는지 이해할 수가 없습니다.

더 큰 문제는 당시 환율제도에 대한 이영훈 교수의 이해에 있습니다. 일제가 독일과는 달리 고정환율제의 원리를 끝까지 고수했다는 것은 역사적 사실입니다. 하지만 앞서 말한 대로 일본과 동남아 사이에 인플레이션의 양상이 그렇게 달랐다면, 뭔가 특별한 제도적 장치 없이 고정환율제를 유지하는 것은 불가능합니다. 이 원리를 부인한다면 경제학자라고 할 수 없겠지요. 루피 군표가 남발돼 그 가치가 급격히 떨어지는데도 고정환율제를 유지했다면 군표와 남방개발금고권은 일본과 조선으로 쏟아져 들어갈 수밖에 없었습니다. 그랬다면 동남아의 하이퍼 인플레이션은 일본이나 조선에까지 파급됐겠지요. 일제는 이를 막기 위해 지역 간 자금 이동을 차단하는 쪽을 선택했습니다.

일본 정부가 팽창한 군표와 남방개발금고권의 이동을 차단하기 위해 취한 조치는 송금액 제한, 강제 현지 예금 제도, 조정금

징수¹⁶, 예금 동결, 인출 제한 등 다양했습니다. 위안부들이 조선
과 일본으로 송금한 돈도 예금 동결과 인출 제한의 대상이 되어,
수령인이 매월 조금씩밖에 인출할 수 없었습니다. 이와 같은 상
태에서 일본의 조선 지배는 종말을 맞았습니다. 그러니까 문옥주
할머니의 저금은 대부분 일본 엔으로 교환할 수 없는 '그림의 떡'
이었던 셈입니다. 위안부의 수입과 저금·송금에 대해서는 이영훈
교수와 함께 위안소 관리인의 일기를 번역하고 분석했던 안병직
선생이 균형 잡힌 해석을 내린 바 있습니다.

> (문옥주의—인용자) 이러한 화폐수입도 송금하는 데 엄청난 제약
> 이 있었을 뿐만이 아니라, 송금이 허락됐다고 하더라도 조선에서
> 그것을 현금으로 인출하는 데 있어서도 큰 제약이 있었다. 위안
> 부의 수입이 장군의 그것보다도 많았다는 일부의 주장은 사실의
> 왜곡이다.¹⁷

"그들은 결코 빈손으로 돌아오지 않았다." 윤명숙 박사의 〈한
겨레〉 칼럼에 재반론하며 〈주간조선〉에 게재한 글에서 이영훈 교

---

16   송금액의 일정 비율을 공적으로 징수하는 정책입니다.

17   안병직, 《일본군 위안소 관리인의 일기》, 이숲, 2013, 40쪽.

수가 내린 결론입니다. 그러나 호리 가즈오 교수는 이 결론이 틀렸음을《반일 종족주의》출간 전에 이미 명쾌하게 밝힌 바 있습니다. 그는 그때 선견지명의 능력을 발휘한 셈입니다. 호리 교수에 따르면 전쟁 말기에 운 좋게 귀국한 위안부가 군표와 남방개발금고권을 일본은행권이나 조선은행권으로 교환하는 경우 제한액 이상은 강제적으로 예금시켰습니다. 현지에 남아 있던 위안부가 갖고 있던 군표와 남방개발금고권은 연합군이 통용 무효를 선언하고 소각을 명령함으로써 모두 가치를 상실했습니다. 1944년 8월 버마 미치나에서 조선인 위안부 20여 명을 심문했던 연합군 대위 챈[Won-Roy Chan]은 1986년에 출간한 회고록에서 "이 소녀들이 쓸모없는 군표를 벌기 위해 버텼던 것을 생각하면 마음이 아팠다"[18]라고 기술했습니다. 그렇다면 "그들은 결코 빈손으로 돌아오지 않았다"가 아니라, "그들은 빈손으로 돌아오지는 않았으나 손에 한 푼도 남지 않았다"가 역사적 진실입니다.

이영훈 교수는 문옥주 할머니가 1944년 여름 귀국길에 오를 수 있었던 사유에 대해서도 사실을 숨기고 있습니다. 일단 그의 말을 인용해보겠습니다.

1944년 여름, 문옥주와 대구에서 같이 출발한 동료 5명은 귀국길에 올랐습니다. 버마에 온 지 벌써 2년이 되었습니다. 전차금도

상환하고 계약 기간도 만료된 상태였습니다. 그래서 돌아가고자 했는데, 6명 모두에게 여행 허가가 나왔던 것입니다.(324쪽)

이 사례는 이영훈 교수가 조선인 위안부에게 폐업의 자유가 있었음을 주장하는 중요한 근거입니다. 하지만 문옥주 할머니의 일대기에는 전차금도 상환하고 계약 기간이 만료돼서 귀국을 선택했다는 이야기는 전혀 나오지 않습니다. 문옥주는 랑군에서 비행기 폭격을 당하면서 위험을 느낀 나머지, 그곳을 벗어나기 위해 손님으로 온 군의관에게 부탁해서 폐병이 났다는 내용의 거짓 진단서를 발부받습니다. 군의관은 "당신이 너무 건강해 보이면 거짓 진단서인 것이 들통나서 내 목이 날아가니 꼭 병자처럼 행동해요"[19]라고 당부합니다. 문옥주는 그 진단서로 귀국 허가 증명서를 받았습니다. 이것을 자유로운 사람이 했던 행동이라고 할 수 있을까요? 귀국길에 베트남 사이공에 도착한 문옥주는 깜빡 잠든 사이 아버지가 귀국을 말리는 꿈을 꾸고는 발길을 돌립니다. 그때 상황에 대한 증언이 의미심장합니다. 문옥주가 심리적으로 일본군의 통제에

---

18   정진성, 《일본군 성노예제》, 서울대학교출판문화원, 2016(개정판), 134쪽에서 재인용.

19   모리카와 마치코 지음, 김정성 옮김, 《버마전선 일본군 '위안부' 문옥주》, 아름다운사람들, 2005, 127쪽.

얼마나 강하게 매여 있었는지를 보여주니 말입니다.

> 위안부였던 우리들은 사는 곳이나 갈 곳을 우리의 의지대로 자유롭게 결정할 수 없었기 때문에 귀국 허가를 받은 이상 반드시 돌아가야 했다. 그것은 군의 명령이었으니까. 그 명령을 따르지 않기로 한 우리에게 남은 길은 도망치는 길밖에 없었다.[20]

이상에서 이영훈 교수가 문옥주 할머니의 사례를 어떻게 다뤘는지 제법 소상하게 살펴봤습니다. 이 교수는 자신의 주장에 조금이라도 유리해 보이는 내용은 과도하게 부각하고 사료가 말하지 않는 부분까지 상상으로 추론하면서도, 불리한 내용은 숨기고 왜곡한다는 사실을 확인할 수 있었습니다. 한마디로 말해 이영훈 교수는 '부조적 수법의 달인' 그 자체입니다.

20 모리카와 마치코 지음, 김정성 옮김, 《버마전선 일본군 '위안부' 문옥주》, 아름다운사람들, 2005, 130쪽.

위안소 관리인의 일기를 이용해
상상의 나래를 펼치다

이영훈 교수는 위안부 성노예설을 부인하기 위해 앞서 잠깐 언급한 《일본인 위안소 관리인의 일기》도 많이 활용합니다. 이 책에 대해서는 먼저 한 가지 밝혀둘 사실이 있습니다. 이 책은 1940년 대 말 버마와 싱가포르에서 위안소 관리인으로 근무했던 박치근이 2년간 기록한 일기를 안병직 선생이 번역팀을 구성해 번역, 출간한 것입니다. 출간 후 위안부 모집 과정과 위안소 실태를 보여주는 귀중한 자료로 평가되어 큰 주목을 받았습니다. 책 표지에는 안병직 선생이 번역하고 해제를 붙였다고 되어 있지만, 이영훈 교수도 이우연 박사 등과 함께 일기의 독해와 번역에 관여했다고 합니다.

안병직 선생은 해제에서 "일기 자료가 밝혀주는 조선에서의 일본군 위안부 문제의 실체는 일본군 위안부의 동원이 전시동원 체제의 일환으로 이루어졌다는 사실에 있는 것이 아닌가" 하는 해설과 함께, 위안부는 일본군 편제의 말단조직으로 편입되어 군 부대와 같이 이동할 수밖에 없었고 폐업도 어려워서 '성적 노예상태'에 머물러 있었다고 봐도 무방하다는 매우 중대한 의견도 제시했습니다. 그러나 이영훈 교수는 《반일 종족주의》에서 일기의 내용을 적극적으로 활용하면서도 안병직 선생이 쓴 해제의 존재에 대해 일절 언급하지 않습니다. 그러고는 동일한 자료를 두고 안병직 선생과는 정반대의 결론을 도출합니다. 자신이 번역과 출간 과정에 주도적으로 참여했고 또 하늘 같은 스승이 내린 결론을 뒤집으면서 아무런 해명이 없었다는 사실이 놀라울 따름입니다.

박치근의 일기를 근거로 이영훈 교수가 주장하는 내용은 두 가지입니다. 하나는 위안부들이 열심히 돈을 모아 본가에 송금하거나 저축을 했다는 것이고, 다른 하나는 위안부의 폐업이 자유로웠다는 것입니다. 박치근이 위안부를 대신해 저금과 송금을 했다는 내용은 사실입니다. 일기에 관련 기록이 나오기 때문입니다. 이영훈 교수는 박 씨가 여러 차례 요코하마정금은행橫濱正金銀行을 통해 위안부의 돈을 대신 송금했다고 쓰고 있습니다. 송금액이 1만 1,000엔에 달했던 사례도 언급합니다. 마치 조선인 위안부들이 돈을 많이 벌어서 저금도 하고 고향의 가족들에게 수시로 송금도 한 것 같은 느낌을 받습니다. 하지만 유감스럽게도 이는 사실이 아닙니다.

박치근은 처음에는 버마에서, 나중에는 싱가포르에서 위안부 관리인으로 일했습니다. 그런데 버마 칸파치 클럽에서의 일기(1943년 1월 1일~1월 16일, 1943년 6월 1일~9월 9일)에는 단 한 번 요코하마정금은행에 가서 위안부 2명의 저금을 했다는 기록 외에, 위안부 대신 저금이나 송금을 했다는 이야기가 나오지 않습니다. 일기 분량이 4개월분이 채 안 돼서 단언할 수는 없지만, 버마 칸파치 클럽의 위안부들은 저금이나 송금을 부탁할 형편이 아니었다고 잠정 결론을 내려도 크게 잘못된 해석은 아닐 것입니다.

1943년 9월 29일 박치근은 싱가포르로 건너갑니다. 도착 후 그는 처음 몇 달 동안 해행사借行社 택시부에 근무했습니다. 1944년 2월 1일 그는 키쿠수이 클럽이라는 위안소의 관리인 자리를 맡아서 같은 해 12월 중순 귀국길에 오르기까지 거기서 일했습니다. 위안부의 돈을 저금하고 송금했다는 기록은 싱가포르 위안소에서 쓴 일기에 여러 번 나옵니다. 저금했다는 기록은 8차례, 송금했다는 기록은 10차례로 확인됩니다. 그런데 첫 번째 송금 시 박치근에게 송금을 부탁한 위안부가 2명이었기 때문에, 송금 건수로는 11건이라고 해야 정확합니다. 이 횟수만 보고, 이 교수는 위안부들이 열심히 돈을 모아 활발하게 저금하고 수시로 고향에 송금했다고 생각했을지도 모릅니다. 그러나 사안이 그리 간단치 않습니다.

박치근은 위안부 저금을 모두 요코하마정금은행에 했는데, 누가 얼마를 했는지에 대해서는 밝히지 않았습니다. 그냥 위안부 저금, 가업부稼業婦[21] 저금 등으로 기록했을 뿐입니다. 그러니까 키

---

21   위안부의 별칭입니다.

8장·일본군 위안부는 성노예가 아니었다?

쿠수이 클럽 위안부들의 저금과 관련해서는 상세한 내용과 특징을 파악하기 어렵다고 해야 맞습니다. 하지만 송금과 관련해서는 몇 가지 중요한 특징이 드러납니다. 10차례의 송금 기록은 모두 폐업했거나 폐업이 결정된 위안부의 부탁으로 본인 또는 그 가족에게 송금한 경우입니다. 위안부들이 폐업을 전후해서 송금한 돈은 아마 위안부 생활 중에 저금한 돈 아니면 급료를 정산한 돈일 것입니다. 키쿠수이 클럽 위안부 가운데 위안부 생활을 하는 도중에 돈을 벌어 그때그때 송금을 부탁한 사람은 없었습니다.

송금 건수 11건 중 5건은 사전에 요코하마정금은행에 송금 허가 신청서를 제출해서 허가를 받고 보낸 경우입니다. 나머지 6건은 김○선과 이○봉 2명의 부탁으로 각각 3번씩 송금한 내용으로, 우편국을 이용했고 사전에 송금 허가 신청서를 제출하지도 않았습니다. 상대적으로 금액이 큰 경우는 사전 허가를 받아 은행을 통해 송금하고, 소액의 경우 사전 허가를 받지 않고 우편국을 통해 송금했던 모양입니다. 앞에서 일제가 자금 이동을 규제하기 위해 동남아로부터의 송금액을 제한하는 조치를 취했다고 했는데, 그것이 사실이었음이 박치근의 기록을 통해서도 증명됩니다. 위안부들이 귀국 후에 송금받은 돈을 인출하려고 할 때 어떤 제약이 따랐을지는 앞서 소개한 제도로 미루어 짐작할 수 있습니다. 박치근이 싱가포르 키쿠수이 클럽 관리인으로 근무하던 기간에 위안

소를 떠나 고향으로 돌아간 위안부는 총 14명이었는데,[22] 그 절반
인 7명만이 박 씨에게 송금을 부탁했습니다. 그렇다면 나머지 폐
업 위안부는 빈손으로 귀국했다는 말이 됩니다. 게다가 7명 중 2명
은 소액 송금이었습니다. 이와 같은 정황으로 미루어 위안부들이
열심히 돈을 모아 활발하게 저금하고 수시로 고향에 송금했다고
결론짓기는 어려워 보입니다.

이제 이영훈 교수가 박치근의 일기를 분석하여 위안부의 폐
업이 자유로웠다고 주장하는 점에 대해 검토해보겠습니다. 박치
근이 근무하던 시기에 '폐업'하고 귀국한 위안부는 총 14명입니다.
결원은 새로운 위안부로 보충됐습니다. 이영훈 교수는 이렇게 말
합니다.

여인들은 전차금의 상환을 완료하고, 계약 기간이 만료되면, 작
부허가서를 반납하고 고향으로 돌아갔습니다. 1944년 1년간 박
씨가 관리한 키쿠수이 클럽에서 15명의 여인이 그러하였습니다.
그렇게 위안부업 역시 어디까지나 위안부 개인의 영업이었습니
다. 위안소 업주로서는 떠나간 여인의 빈자리를 채우는 일이 여

---

22   이영훈 교수는 총 15명이라고 했는데, 하녀였던 키누요緕代를 위안부로 잘못
      분류해서 나온 결과로 보입니다.

간 힘든 일이 아니었습니다.(319쪽)

1년이 채 안 되는 기간에 14명이나 폐업했으니 위안부 폐업이 자유로웠다는 이영훈 교수의 주장은 과연 사실일까요? 아닙니다! 이 교수의 주장에는 왜곡과 과장이 들어 있습니다. 우선, 후방 싱가포르는 전방 버마와 사정이 달랐음을 지적해야겠습니다. 박치근이 버마 랑군에서 쓴 일기에는 결혼해서 위안소를 떠났던 위안부 2명이 일본군의 명령으로 다시 김천관이라는 위안소에 위안부로 들어갔다는 기록이 나옵니다.

최전방이었던 버마 미치나에서 연합군에게 포로로 잡힌 위안소 업주 부부와 조선인 위안부 20명을 심문한 내용을 담은 보고서가 2건 전해지고 있습니다. 그중 하나인 '동남아시아 번역통역부(SEATIC) 심문회보 제2호'[23]에 따르면, 위안부들은 전차금 원금과 이자를 다 갚을 경우 조선까지의 무료 교통권을 받고 자유로이 귀국할 수 있게 되어 있었지만, 전쟁 상황 때문에 어느 위안부도 위안소를 떠나는 것이 허용되지 않았습니다. 1943년 6월에 제15군 사령부가 채무에서 벗어난 위안부의 귀향을 허용했으나, 그 조건을 충족하고 귀향을 원하는 위안부라도 머물러 있으라고 설득하면 쉽게 설득당했다고 합니다.[24] 안병직 선생은 《일본인 위안소 관리인의 일기》 해제에서 이를 언급하며 같은 버마라고 하더

276

라도 전투지에서는 폐업이 더욱 어려웠을 것으로 봅니다.[25] 매우 합리적인 견해임에도 이영훈 교수는 이를 완전히 무시한 채, 위안부 폐업이 빈번했던 키쿠수이 클럽 사례 하나로 전체 상황을 단정하는 '성급한 일반화의 오류'를 범합니다.

이쯤 되면 위안부들이 전차금의 상환을 완료하고 계약 기간이 만료되면 작부허가서를 반납하고 고향으로 돌아갔다는 이영훈 교수의 서술이 과연 박치근의 일기에 나오는지도 의심하지 않을 수 없습니다. 그래서 저는 박치근의 일기에서 '폐업' 기록이 나오는 부분을 일일이 조사했습니다. "전차금의 상환을 완료하고, 계약 기간이 만료되면"이라는 말은 단 한 번도 나오지 않았습니다. "작부인가서를 반납"했다는 말은 딱 한 번 나옵니다. 대부분은 보안과 영업계에 가서 폐업 절차를 밟았다든지, 귀국 여행 증명서 발급을 신청했다든지 하는 내용뿐입니다.

그러므로 일기 자료로는 위안부가 어떤 조건으로 폐업을 했는지 파악할 수 없다고 해야 맞습니다. 자기에게 유리해 보이는 내

---

23   원문이 《일본군 위안소 관리인의 일기》에 번역·수록되어 있습니다. 자료의 성격에 대해서는 일본 '위안부' 문제 연구소 웹진 〈결〉(http://www.kyeol.kr/node/195)을 참조하십시오.

24   안병직, 《일본군 위안소 관리인의 일기》, 이숲, 2013, 419쪽.

25   앞의 책, 38~39쪽.

용을 과도하게 부각하고 사료가 말하지 않는 부분까지 상상으로 추론하는 이영훈 교수의 습관이 여기서도 드러납니다. 입만 열면 '사료와 실증'을 외치는 이 교수가 왜 이렇게 사료를 무시하는지 도무지 이해하기 어렵습니다.

호사카 유지 교수는 최근 출간된 저서에서 《반일 종족주의》 필자들을 '신친일파'로 규정합니다.[26] 이영훈 교수가 일기에 대한 분석을 마무리하면서 박치근의 삶에 대해 내리는 평가를 보면, 그런 정의가 결코 지나친 것이 아님을 확인할 수 있습니다.

> 그는 원래 일본 천황의 만수무강과 일본 제국의 번성을 기원하는 충량한 '황국신민皇國臣民'이었습니다. 일기는 그러한 그의 내면을 잘 그리고 있습니다. 그렇지만 해방 후 그는 반공주의자로서 대한민국의 충실한 국민으로 변해 있었습니다. 저는 그 역시 그 시대를 살았던 보통 사람의 평범한 인생살이가 아닌가 여기고 있습니다.(320~321쪽)

처남과 더불어 여인 19명을 모아 동남아에 가서 위안소를 열었고, 1년 3개월 동안 현지 일본군 위안소에서 관리인으로 근무

---

26 호사카 유지, 《신친일파》, 봄이아트북스, 2020.

했던 사람의 인생을 '보통 사람의 평범한 인생살이'라고 여기다니 놀라울 따름입니다. 이영훈 교수는 박치근의 내면에 황국신민의 충성심이 들어 있었던 것에 대해서도 전혀 거부감을 느끼지 않습니다. 더욱이 해방 후 반공주의자로 변신한 것을 두고는 대한민국의 충실한 국민으로 변했다고 상찬합니다. 반공주의자로 변신한 황국신민은 바로 친일파의 본질 아니던가요? 그리고 그런 삶을 옹호하고 변명하는 것은 친일파의 습관적 언사이지요. 그러니 이영훈 교수는 호사카 교수의 비판에 억울해하면 안 됩니다. 다 자업자득 아니겠습니까?

교묘하게 각색해 근거로 삼은 미군 심문기록

이영훈 교수는 "미군 심문기록은 위안소가 군에 의해 편성된 공창제로서 고노동, 고수익, 고위험의 시장이었음을 더없이 생생하게 뒷받침하고 있습니다"(316쪽)라고 말합니다. 도대체 미군 심문기록에 무슨 내용이 들어 있길래 이런 파격적인 주장을 서슴없이 하는 것일까요?

　　　　　　　　　　　　　　　　8장·일본군 위안부는 성노예가 아니었다?

ⓒ미국국립문서기록관리청(NARA)

● 버마 미치나에서 연합군의 포로가 된 조선인 위안부 스무 명과 업주
　부부, 그리고 연합군 심문 책임자 챈 대위.

미군 심문기록의 내용을 살펴보기 전에 먼저 이 자료의 성격부터 잠깐 이야기해야겠습니다.[27] 이 심문기록은 1944년 8월 10일 버마 미치나에서 연합군에게 포로로 잡힌 조선인 위안부 20명과 업주 부부 2명을 미군 전시정보국 심리전팀이 심문한 결과를 담은 보고서입니다. 앞서 언급한 '동남아시아 번역통역부 심문회보 제2호'가 만들어지기 전에 작성된 보고서로 '미 전시정보국 49번 보고서'로 불립니다. 위안부 20명과 업주 부부 2명은 일본군 미치나 수비대 114연대에 배속된 교에이 위안소 출신이었습니다. 두 보고서는 모두 《일본인 위안소 관리인의 일기》 번역팀에 의해 번역되어 책 말미에 부록으로 실렸습니다. 이영훈 교수는 이 팀에 주도적으로 참여했으므로 두 보고서의 내용을 소상하게 알고 있을 것입니다.

아래의 내용은 이영훈 교수가 미군 심문기록을 인용한다고 하면서 제시한 내용입니다. 그는 내내 두 보고서 중 '미 전시정보국 49번 보고서'만 활용하는데 여기에도 모종의 의도가 있는 것으로 보입니다. 이에 대해서는 뒤에서 설명하겠습니다.

---

27 《탈진실의 시대, 역사부정을 묻는다》 3부와 일본 '위안부' 문제 연구소 웹진 〈결〉(http://www.kyeol.kr/node/196)에서 자세히 다루고 있으니 참조하기 바랍니다.

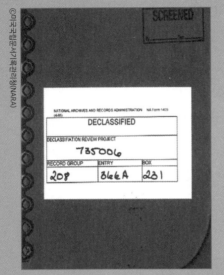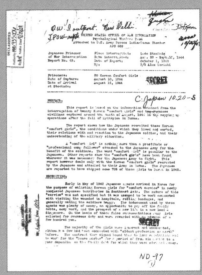

● '미 전시정보국 49번 보고서'의 표지와 본문 첫 페이지.

(사진 출처는 일본 '위안부' 문제 연구소 웹진 〈결〉.)

위안부란 일본군에 부속된 직업적 창녀들이다. 그녀들은 남자를 가지고 노는 방법을 알고 있다. 개인별로 독방에서 생활하고 영업하였다. 식사는 위안소의 업주가 제공하였다. 그녀들의 생활은 비교적 사치스러웠다. 식료와 물자를 구입할 수 있는 충분한 돈을 가지고 있었기에 그녀들의 생활은 좋았다.(315쪽)

독자들은 《반일 종족주의》에서 이 부분을 읽으면 당연히 미군 심문기록의 한 문단을 그대로 인용했으리라고 여길 것입니다. 하지만 놀랍게도 이 문단은 미군 심문기록에 나오지 않습니다. 실상은 미군 심문기록 몇 군데에서 뽑은 문장을 합쳐서 마치 한 문단인 것처럼 꾸며놓은 것입니다.[28] 뽑은 문장도 원문 그대로가 아니고 앞뒤가 잘린 채 교묘하게 각색되어 있습니다. 저도 역사 연구의 훈련을 오래 받았지만 이런 식으로 사료를 인용하는 것은 처음 봤습니다. 원문을 그대로 인용해보겠습니다.

'위안부'란 병사들이 이용하도록 일본군에 부속된 창녀Prostitute 혹은 '직업적 종군자'에 불과하다. ['위안부'라는 용어는 일본인 특유의 것이다. (…) 이 보고는 일본인에 의해서 동원되어 버마의

---

28 호사카 유지 교수도 《신친일파》에서 동일한 지적을 합니다.

8장·일본군 위안부는 성노예가 아니었다?

일본군에 부속된 조선인 '위안부'에 관해서만 다룰 것이다.][29]

[그녀의 태도는 모르는 사람 앞에서는 조용하고 얌전하지만] 그녀는 '여자의 간계'를 알고 있다.[30]

[미치나에서 그 여자들은 개인별 독방이 갖추어져 있는 2층짜리 대규모 가옥(보통 학교의 교사)에 배치됐다.] 그녀들은 각자 거기서 생활하고 잠자고 영업했다. [미치나에서 그녀들은 일본군으로부터 규칙적인 배급을 받지 않았기 때문에] '위안소 업주'가 제공하는 음식을 사 먹었다.

[버마에서] 그녀들의 생활은 [다른 곳과 비교하면] 사치스러울 정도였다.

[식료와 물자는 배급에 크게 의존하지 않았고] 원하는 물품을 구입할 수 있는 돈을 충분히 가지고 있었기 때문에, 그녀들의 생활

---

29   《일본군 위안소 관리인의 일기》의 부록으로 수록된 번역문에 오류가 보여서 영어 원문을 새로 번역했습니다. [　] 안의 내용은 이영훈 교수가 생략한 문구입니다. 이하 모두 동일합니다.

30   평균적인 위안부를 상정하고 쓴 표현이라서 단수형으로 되어 있습니다.

은 좋았다.

이영훈 교수의 글에서는 미군 심문기록이 조선인 위안부를 '직업적 창녀'로 보고 있었던 것처럼 되어 있지만, 실제 기록을 확인해보면 그렇지 않습니다. 위안부라는 일본인 특유의 단어를 영어로 설명하기 위해 'Prostitute'라는 단어를 사용한 데 지나지 않기 때문입니다. "병사들이 이용하도록 일본군에 부속된"이라는 수식어구가 붙어 있는 것이나 "직업적 종군자Professional camp follower"라는 표현을 뒤에 추가한 것을 보면, 'Prostitute'라는 단어는 매우 조심스럽게 사용되었음을 알 수 있습니다. 이 단어는 심문기록 전체에 걸쳐 한 번밖에 나오지 않습니다. 서문에서 위안부를 정의할 때를 제외하고는 위안부 또는 그녀(들)이라는 표현이 사용되었습니다.

이 교수는 "위안부란 일본군에 부속된 직업적 창녀들이다"라는 문장 뒤에 바로 "그녀들은 남자를 가지고 노는 방법을 알고 있다"라는 문장을 붙여 써서 마치 미군 심문관이 조선인 위안부들을 노련한 매춘부로 인식했던 것처럼 꾸미지만, 이는 왜곡입니다. 미군 심문기록에서 두 문장은 멀리 떨어져 있습니다. 같은 이야기를 하다가 나온 문장이 아니라는 말입니다. 게다가 "남자를 가지고 노는 방법을 알고 있다"라는 구절은 정확한 번역이 아닙니다. "남자를 가지고 노는 방법"의 원문은 "the wiles of a woman"인데, 이는 '여자의 간계' 혹은 '여자의 기술'로 번역해야 합니다. 여자의 간계가 무엇을 의미하는지는 확실하지 않습니다. 또 심문기록 원문에서 이 구절에는 큰따옴표가 붙은 것으로 보아 누군가의 말을 인용했을 가능성이 있는데, 호사카 교수는 위안소 업주가 한 말로 단정합니다. 그는 이영훈 교수가 큰따옴표를 빼버림으로써 업주의 말이 아닌 미군의 견해로 보이게 만들었다고 비판합니다.[31] 상당히 설득력 있는 비판입니다.

"식사는 위안소의 업주가 제공하였다"와 "그녀들의 생활은 비교적 사치스러웠다"도 중요한 구절을 삭제해서 교묘하게 각색한 문장들입니다. 이 문장들만 보면 식사를 위안소 업주가 무료로 제공했으며 위안부의 생활수준이 상당히 좋았다고 여기게 되지만, 그것은 오해입니다. 원문에서는 위안부 업주가 제공하는 음식을 "사 먹었다"라고 적고 있고, "다른 곳과 비교하면", 즉 상대적으로는 생활 형편이 괜찮았다는 의미로 서술하고 있기 때문입니다. 물론 미군 심문기록 원문이 미치나 교에이 위안소 위안부들의 삶을 비교적 좋게 묘사한 것은 사실입니다. 그렇다고 해서 이영훈 교수처럼 그 자료에서 위안부 생활을 미화한 부분만 뽑아서 각색한 다음 그 내용을 근거로 위안부 성노예설을 부정한다는 것은 있을 수 없는 일입니다. 사실 미군 심문기록의 일부 표현을 이용해서 위안부 성노예설을 부정하는 것은 일본의 극우세력이 예전부터 해오던 수법입니다.

이 미군 심문기록, 즉 '미 전시정보국 49번 보고서'를 해석할 때에는 주의할 필요가 있습니다. 이 심문기록은 알렉스 요리치[Alex Yorichi]라는 일본계 미군이 위안부 20명과 업주 부부 2명을 심문해서 만든 보고서입니다. 여기에서 눈여겨봐야 하는 부분은 문서 작성자가 일본계였다는 점입니다. 지금까지 발견된 포로 심문 보고서 가운데 이 심문기록이 유독 문서 작성자의 주관적 편견과 느낌을 과도하게 담고 있어서 하는 말입니다.[32] 이와 대조적으로 다른 심문 보고서들은 사실관계를 중심으로 해서 건조한 문투로 기술되어 있습니다. 요리치가 작성한 미군 심문기록은 위안부들에 대해 "무지하고 유치하며 엉뚱하고 이기적"이라고 평가하는가 하면, "일본인과 백인의 관점에서 볼 때 예쁘지 않다"라며 외모 품평을 하기도 합니다. "여자의 간계를 알고 있다"라는 표현도 그 언저리에서 나옵니다.

포로들이 뉴델리로 이송된 후 위안소 업주를 상대로 한 차례 심문이 더 이뤄졌다고 합니다. 그 결과를 담은 심문 보고서와 '미

---

31 호사카 유지, 《신친일파》, 봄이아트북스, 2020, 112쪽.

32 황병주, "미 전시정보국 49번 보고서, 작성자의 주관적 편견이 투영된 보고서", 일본 '위안부' 문제 연구소 웹진 〈결〉(http://www.kyeol.kr/node/196), 2020.

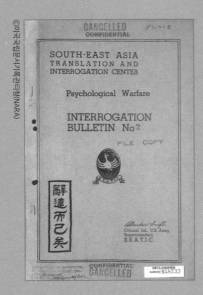

- '동남아시아 번역통역부(SEATIC) 심문회보 제2호'의 표지와 목차.

  (사진 출처는 일본 '위안부' 문제 연구소 웹진 〈결〉.)

전시정보국 49번 보고서' 두 가지를 근거 자료로 해서 동남아시아 번역통역부가 새로 작성한 심문 보고서가 하나 더 있습니다. 앞에서 소개한 '동남아시아 번역통역부 심문회보 제2호'입니다. 이 보고서는 전체적인 틀과 내용에서 '미 전시정보국 49번 보고서'와 유사합니다만, 거기에서 드러나는 주관적인 평가나 편견이 섞인 내용을 모두 배제하고 있다는 점에서 차이가 있습니다. 아마도 새 보고서 작성자가 '미 전시정보국 49번 보고서'에서 주관적 평가나 편견이 섞인 부분을 읽고 나서 문제가 있다고 판단했던 것 아닌가 짐작합니다.

'미 전시정보국 49번 보고서'는 한 가지 문제를 더 안고 있습니다. 심문 당시에 위안부들이 일본어에 서툴러서 위안소 업주 부부가 통역 내지는 대변인 역할을 했다는 사실입니다.[33] 업주들은 당연히 위안소 생활을 미화했을 것입니다. 이 보고서에 위안부의 생활수준에 대해 꽤 괜찮게 묘사하는 구절이 담긴 이유는 거기에 있지 않을까 생각합니다. 이런 구절들도 '동남아시아 번역통역부 심문회보 제2호'에서는 모두 빠졌습니다. 문서 작성자가 그런 부분들도 문제시했다는 뜻입니다.

---

[33] 황병주, "미 전시정보국 49번 보고서, 작성자의 주관적 편견이 투영된 보고서", 일본 '위안부' 문제 연구소 웹진 〈결〉(http://www.kyeol.kr/node/196), 2020.

8장 · 일본군 위안부는 성노예가 아니었다?

이영훈 교수는《반일 종족주의》에서 사료가 하나뿐이면 역사학자들은 그것을 의심해야 한다고 역설합니다. 그렇게 주장하는 그가 왜 두 종류의 위안부 관련 심문 보고서가 존재한다는 사실을 익히 알면서도, 조심스럽게 해석해야 할 보고서만 가지고 논의를 진행하는지 이해할 수가 없습니다. 이미 스스로 정해놓은 답이 있었다는 말 외에는 달리 설명할 방법이 없습니다.

실패한 변명

윤명숙 박사와의 논쟁 이후 이영훈 교수는 제가 앞에서 소개한 호리 가즈오 교수의 글을 읽은 것이 분명합니다. 이는《반일 종족주의와의 투쟁》3장에서 일제의 자금 이동 제한 정책을 제법 소상하게 소개하고, 3장 참고문헌에《반일 종족주의》에는 없었던 호리 교수의 글을 포함시킨 것으로 봐서 확실합니다. 그 글을 읽고 나서 이영훈 교수는 자신이《반일 종족주의》와 윤명숙 박사에 대한 반론 칼럼에서 얼마나 엉터리 주장을 했는지 어렴풋하게나마 깨달은 것으로 보입니다. 그래서《반일 종족주의와의 투쟁》3장에서는 이를 수습하려는 모습을 보이는데, 그 내용이 얼마나 허술한지 실소를 금할 수가 없습니다.

이영훈 교수는 일제가 고정환율제를 고수하면서 자금의 이동을 제한하기 위해 어떤 정책을 썼는지 제법 상세하게 이야기합니다.

> 등가 고정환율제를 고수하는 가운데 송금 및 인출이 자유로우면 각 지역의 인플레는 그대로 일본으로 밀려오게 마련입니다. 이를 방지하기 위해 전시금융당국은 송금의 용도를 제한하거나, 월별 송금액의 한도를 설정하거나, 일본에서 인출할 때 그 상당 금액을 강제저축 시키거나, 이후 일정 한도의 소액 인출만을 허용하는 정책을 시행하였습니다.(《반일 종족주의와의 투쟁》70~71쪽)

이 교수는 마치 제가 이 책에 "일본과 동남아 사이에 인플레이션의 양상이 그렇게 달랐다면, 뭔가 특별한 제도적 장치 없이 고정환율제를 유지하는 것이 불가능"하다며 "이 원리를 부인한다면 경제학자라고 할 수 없"을 것이라고 쓴 내용을 미리 본 듯이, 일제의 자금 이동 제한 정책을 상세하게 소개합니다. 하지만 그는 곧 이 정책이 조선에서 얼마나 철저하게 시행됐는지는 알 수 없다며 연막을 피웁니다. 이영훈 교수는 전시기 국제우편환 수취와 우편환 저금의 동태를 보여주는 통계표(표 3-1)를 제시하며, 1943년까지는 국제우편환의 인출에 하등의 제약이 없었다고 주장합니다. 다음은 이 교수가 《반일 종족주의와의 투쟁》 3장에서 서술한 내용입니다.

> **요컨대 그 이전엔 은행환이든 우편환이든 지역 간 송금과 인출에 별다른 제약이 없었습니다. 제약이 걸리는 것은 1944년 5월 이후인데, 그것도 그해 말까지는 금지적 수준은 아니었다고 보입니다.**(《반일 종족주의와의 투쟁》 77쪽)

1941년 2월을 100으로 할 때, 1944년 6월 도쿄의 물가지수는 121로 상승한 반면 버마 랑군의 물가지수는 무려 3,635로 폭등했습니다.[34] 그 사이에 동남아에서는 이미 하이퍼 인플레이션이 진행되고 있었던 것입니다. 이영훈 교수는 1944년 5월까지는 동남아로부터 일본·조선으로의 송금과 일본·조선에서의 인출에 제약이 없었다고 주장합니다만, 이는 사실이 아닙니다. 동남아와 일본·조선 간의 자금 이동에 제약이 없었다면, 두 지역의 물가상승 양상에 그처럼 큰 차이가 발생할 수 없기 때문입니다. 일본이 1944년

---

34 이타가키 류타·김부자 엮음, 배영미·고영진 옮김, 《Q&A '위안부' 문제와 식민지 지배 책임》, 삶창, 2016, 61쪽.

6월까지 동남아의 하이퍼 인플레이션이 일본·조선으로 확산되는 상황을 막을 수 있었다는 것은 그전에 이미 매우 강력한 정책으로 동남아로부터의 자금 유입을 차단하는 데 성공했음을 뜻합니다. 물론 일본의 하이퍼 인플레이션 차단 정책은 패전 때까지 효과를 발휘했습니다.

이영훈 교수는 위안부들의 송금과 송금액 인출에 별 제약이 없었음을 입증하기 위해, 박치근의 일기 중 송금 관련 기록을 제법 소상하게 검토합니다. 그 결과를 근거로 이 교수는 소액의 송금에는 별다른 제약이 없었으며, 큰 액수를 송금하는 경우에도 송금 허가를 신청한 후 허가가 나올 때까지 기다려야만 했으나 허가가 나지 않은 경우는 한 건도 없었다고 주장합니다. 《반일 종족주의》에서 위안부들이 열심히 돈을 모아 본가에 송금하거나 저축했다고 주장하며, 달랑 송금액이 1만 1,000엔이었던 사례 하나만 소개하고 끝냈던 것과는 대조적인 자세입니다. 하지만 문제는 여전히 남아 있습니다.

이영훈 교수는 위안부 송금을 소액과 큰 금액으로 구분해 그 차이를 설명하면서도, 어떤 금융기관을 통해 송금했는가에 대해서는 아무 말도 하지 않습니다. 이는 1943년까지 송금액의 인출에 하등의 지장이 없었음을 입증할 목적으로 제시한 표 3-1('전시기 국제우편환 수취와 우편환 저금의 동태')을 의식했기 때문이 아닌가 짐작합니다. 앞에서 말씀드린 것처럼, 박치근은 동남아에서 조선으로 송금할 때 몇백 엔 정도의 소액은 사전 허가를 받지 않고 우편국을 통해 보냈고, 큰 금액은 사전 허가를 받아 요코하마정금은행을 통해 보냈습니다.

그런데 이 교수의 표 3-1에는 은행 송금액, 즉 은행환 관련 통계가 빠져 있습니다. 그러므로 그 표로는 위안부 송금액의 인출에 대한 제약이 언제부터 생겼는지 정확하게 판단할 수 없습니다. 하지만 이영훈 교수는 1943년까지 국제우편환 금액과 우편환 저금[35]이 거의 같은 추세로 증가하다가 1944년에 우편환 저금이 갑자기 큰 폭으로 증가한 것을 가지고 송금액 인출에 대한 제약은 그때부터라고 주장합니다.

또한 이영훈 교수는 마치 표 3-1로 답을 찾을 수 있는 것처럼 "1만 엔 또는 그 이상의 금액은 어떠하였을까요?"라고 질문하기도 합니다. 그러나 그렇게 많은 돈은 우편국을 통해 부칠 수 없었기 때문에, 표 3-1의 통계로는 그 질문에 답을 할 수가 없습니다. 저는 그 시기 동남아와 일본·조선 간 물가 동향의 차이에 비추어서 은행환에 대해서는 훨씬 전부터 인출 제약이 가해졌을 것으로

35　우편환 저금이란 우편환을 전액 인출하지 않고 저금의 형태로 남겨둔 금액을 뜻합니다.

추측합니다. 이영훈 교수가 만든 표 3-1은 은행환에 가해지던 인출 제약이 마침내 소액 송금인 우편환에도 적용되기 시작했고 그 시기가 1944년이었음을 말해줄 뿐입니다. 하지만 이 교수는 이렇게 취약한 근거를 가지고 "1944년 5월까지 개인의 수만 엔 정도의 송금과 인출에는 큰 제약이 없었"다는 중대한 결론을 내리고 맙니다.

이영훈 교수가 박치근의 1944년 일기에 송금에 관한 기록이 30차례 이상 나온다고 쓰고 있는 부분(《반일 종족주의와의 투쟁》 74쪽)도 무척 이상합니다. 그 다음 페이지에서 박치근이 취급한 송금 업무가 30여 건이라고 쓰는 것을 보면 30차례라는 것은 분명히 송금 건수를 가리킵니다. 앞에서 언급했듯이, 1944년 박치근이 키쿠수이 클럽 위안부를 대신해 송금한 건수는 11건입니다. 그 가운데 6건은 2명이 각자 3번씩 송금한 것이고요. 30이라는 숫자가 왜 나왔는지 궁금해서 책을 펴서 다시 세어봤습니다. 위안부 대신 송금한 경우가 11건, 니시하라라는 업주의 부탁으로 송금한 경우가 6건, 박치근 자신의 송금이 6건으로 총 23건입니다. 이영훈 교수는 박치근이 취급한 총 송금 건수를 부풀린 것입니다. 게다가 위안부를 대신한 송금이 11건에 불과했고, 관련 위안부는 7명으로 모두 폐업했거나 폐업이 결정된 사람들이었다는 사실을 감추고 있습니다. 거짓과 과장으로 진실을 은폐하는 행태가 반복되고 있음을 확인합니다.

이영훈 교수는 《반일 종족주의와의 투쟁》 3장 마지막 부분에서 이렇게 말합니다.

위안부 생활이 매우 힘들고 위험했던 만큼 수익이 좋았던 것은 사실입니다. 그들이 빈손으로 돌아왔다고 이야기하는 것은 잘못입니다. 그렇다고 그들 모두가 큰돈을 벌었다고 이야기하는 것도 잘못입니다. (《반일 종족주의와의 투쟁》 79쪽)

기세등등하며 "대다수의 위안부는 그들의 고된 노동으로 이룩한 저축을 조선으로 송금하고 조선에서 그것을 액면대로 인출하는 데 큰 애로를 느끼지 않았다. 그들은 결코 빈손으로 돌아오지 않았다"[36]라고 외치던 모습과는 사뭇 다른 느낌입니다.

새 책 《반일 종족주의와의 투쟁》에서 이영훈 교수가 새로운 근거와 자료를 제시하면서 논조를 일부 순화하는 것은, 《반일 종족주의》에서의 서술이 너무 지나쳤다고 스스로 반성했기 때문일 수도 있고, 호리 교수의 글을 읽고 자신의 허점을 깨달은 나머지 그것을 나름대로 보완하기 위한 것일 수도 있겠습니다. 하지만 유

---

36   이영훈, "'반일 종족주의' 이영훈의 '위안부' 재반론", 〈주간조선〉 2579호, 2019.

감스럽게도 반성치고는 너무 미온적이고, 보완이라 하기에는 너무 허술합니다.

1.

지금까지 이 책에서 다룬 《반일 종족주의》 관련 내용을 한 번 요약해보겠습니다. 이영훈 교수는 한국인이 반일 종족주의에 사로잡혀 있다고 주장합니다. 이를 입증하기 위해 그는 거짓말에 서부터 이야기를 풀어나갑니다. 한국 국민은 물론이고, 한국 정치인, 한국 학자, 그리고 심지어 한국 재판관까지 거짓말 문화에 물들어 있다고 단언합니다. 거짓말 문화의 근본 원인으로는 물질주의를 지목합니다. 물질주의는 "돈과 지위를 위해서라면 수단과 방법을 가리지 않는 행동 원리"를 뜻하는데, 그 근원을 추구해 들어가면 오래된 샤머니즘을 만나게 된답니다. 이영훈 교수에 따르면 이 오래된 샤머니즘의 정체가 바로 반일 종족주의입니다. 하지만 이영훈 교수는 거짓말 문화, 물질주의, 샤머니즘의 실재를 제대로 입증하지 않습니다. 더욱이 한국 사회에서 반일 종족주의라는 샤머니즘이 어떻게 물질주의를 초래하고, 물질주의는 어떻게 거짓말 문화를 만들어내는지 그 인과관계에 대해서도 일절 설명하지 않습니다.

반일 종족주의의 기원에 관한 이영훈 교수의 인식은 매우 혼란스럽습니다. 어떤 곳에서는 반일 종족주의의 기원이 7세기 말이라고 했다가 다른 곳에서는 15세기라고 말합니다. 또 다른 어떤 곳에서는 해방 후 이승만의 시대와 박정희의 시대는 반공주의와 물질주의가 거대한 파도로 일렁였던 시대라고 했다가, 다른 곳에서는 1980년대 중반 이후 학문과 사상의 자유가 허락되면서 물질주의와 반일 종족주의가 폭발했다고 이야기합니다. 도대체 한국에서 반일 종족주의는 언제 생겼다는 말인지 알 수가 없습니다.

이영훈 교수의 '반일 종족주의론'은 일본 제국주의자들도 감히 펼치지 못한 극단적인 자학사관입니다. 한국 사회는 원시종교에 매여 있고, 한국 국민은 불변의 적대 감정에 사로잡힌 원시종족과도 같고, 한국인은 거짓말을 밥 먹듯 일삼으며 돈과 지위를 위해 수단 방법을 가리지 않는다는 이야기를 하고 있으니 말입니다. 그는 한국인의 반일 종족주의를 개탄하지만, 실은 자신이 '혐한 종족주의'에 빠져 있습니다.

이영훈 교수는 조정래 작가의 소설 《아리랑》이 "실재한 역사를 환상의 역사로, 곧 학살과 광기로 대체"했다고 평가합니다. 그의 눈에 이 소설은 한국 사회에 반일 종족주의를 뿌리내리게 한 주범입니다. 이 교수의 비판에 대해 조정래 작가도 반론을 펴서 두 사람 사이에 논쟁이 벌어졌지만, 이 논쟁은 애초부터 말이 안 되는 일이었습니다. 이 교수처럼 접근하자면 지금까지 나온 수많은 역사 소설과 사극은 모두 비판의 대상이 돼야 합니다.

일제가 신고주의를 활용해 조선 농민 소유지의 40%를 국유지로 수탈한 일은 없었다는 이영훈 교수의 지적은 대체로 정당합니다. 문제는 이영훈 교수뿐만 아니라 다른 학자들도 그렇게 주장한다는 사실입니다. 이 입장은 오늘날 한국 역사학계의 통설입니다. 하지만 이영훈 교수는 국사 교과서의 '오류'를 빙자하여, 마치 현재 한국의 역사학자들이 '40% 토지 수탈설'이라는 무지막지한 거짓말을 신봉하고 있는 듯 서술합니다.

이영훈 교수는 고령의 신용하 선생도 비판하는데, 선생에 대한 모함이 도를 넘고 있어서 문제입니다. 그는 '국사 교과서의 40% 토지 수탈설'이라는 절 바로 다음에 '피스톨과 측량기'라는 절을 배치해서, 마치 신용하 선생이 '40% 토지 수탈설'의 원흉인 것처럼 보이게 만들었습니다. 하지만 신용하 선생은 '신고주의를 활용한 토지 수탈'이 있었다고 주장하기는 했으나 조선 농민의 소유지는 대부분 신고한 대로 소유권과 경계가 결정됐음을 분명히 밝혔습니다. 신고가 없어서 국유지로 편입된 농경지는 전체 사정

대상 농경지의 0.05%에 해당하므로, 선생의 견해는 '0.05% 농지 수탈설'이라 해야 합니다.

토지조사사업은 오랜 세월에 걸쳐 국토 전반에 영향을 미쳤던 국가의 권리를 완전히 폐기하고 일물일권적 토지 소유권을 확립했습니다. 토지 소유권을 공적으로 증명하는 등기제도까지 도입되자, 일본인들은 한국에 와서 마음 놓고 토지를 매입하고 경영할 수 있게 됐습니다. 일제강점기에 일본인 대지주를 중심으로 식민지 지주제가 급속히 발달할 수 있었던 배경에는 바로 이런 토지제도의 정비가 있었습니다. 일본인들이 마음 놓고 토지를 매집할 수 있도록 보장하는 제도적 환경을 만들었으니, 이것이야말로 '고차원의 수탈 전략'입니다.

오늘날 한국에서는 부동산 투기와 부동산 불로소득으로 인한 불평등의 문제가 심각합니다. 그래서 사람들은 대한민국을 '부동산공화국'이라고 부릅니다. 하지만 대한민국이 부동산공화국으로 전락한 근본 원인이 무엇인지 제대로 파악하고 있는 사람은 많지 않습니다. 여러 가지 원인이 있겠지만, 일제가 토지조사사업으로 사람이 만들지 않은 토지를 절대적·배타적 소유의 대상으로 인정하는 제도를 도입했다는 사실이 핵심입니다.

《반일 종족주의》 3장에서 김낙년 교수는 일제가 조선을 식량 공급 기지로 만들어 쌀을 수탈해갔다는 견해를 논박하면서,

에필로그

'수탈'이라는 용어를 사용하는 것을 문제시합니다. 조선 농민들은 일본과 쌀을 자발적으로 거래했기 때문에, '수출'이라는 표현이 옳다는 것입니다. 그는 여기에서 한 걸음 더 나아가 조선 농민이 유리한 입장에 있었다는 등 산미증식계획이 조선 농민의 소득 증가에 크게 기여했다는 등 파격적인 주장을 서슴지 않습니다.

하지만 조선 농민들의 자발성을 강조하는 김낙년 교수의 주장은 현실과 부합하지 않습니다. 총독부는 산미증식계획을 추진하면서 조선 농민이 자발적으로 행동하도록 그냥 놔두지 않았습니다. 권력을 동원하여 농사개량을 명령하고, 농민이 관청의 지시를 따르는지 일일이 감시했습니다. 토지개량 사업을 담당했던 수리조합도 총독부의 엄격한 감독과 통제 아래 놓여 있었습니다.

조선총독부의 조선 쌀 대량 증산을 통한 대량 이출 정책에는 일본인 대지주를 중심으로 한 지주층이 적극적으로 협력했습니다. 총독부는 산미증식계획을 추진하면서 대지주들을 적극적으로 활용했습니다. 농사개량과 토지개량의 지침을 이들에게 직접 전달하거나 이들을 매개로 농민에게 하달했습니다. 대지주들은 관청의 지도와 감독에 편승해 자기 토지를 경작하는 소작농에 대한 통제와 지대 수취를 강화했으며, 급속히 확대되고 있던 쌀 상품화 과정에 대응하며 비약적으로 발전했습니다. 이들은 동태적 지주라고 불립니다.

수리조합은 동태적 지주들이 맹활약을 펼친 주요 무대였습니다. 강 주변 저습지나 상습 침수지를 싸게 매입한 일본인들은 자기 토지의 개량을 위해 주변 일대의 농지까지 편입하여 수리조합을 설치했습니다. 조합 설립을 주도한 일본인 지주들은 사업비 부담을 전가하기 위해 이미 수리시설을 갖춘 우량 전답이나 아예 관개 개선이 불가능한 토지를 가진 조선인 토지 소유자들을 조합원으로 강제 편입했습니다. 수리조합 지역 내에서 토지 등급 사정이나 수리조합비 등급별 부과액 책정은 조합의 실권을 장악하고 있던 일본인 대지주에게 유리했습니다. 조선인 토지 소유자는 수리조합 사업으로 혜택을 보지 못하면서도 무거운 조합비를 부담했던 반면, 일본인 대지주는 상대적으로 가벼운 조합비를 부담하면서 토지개량과 지가 상승의 효과를 누릴 수 있었습니다. 그 결과 수리조합 지역 내에서는 수리조합비 부담이 너무 무거워서 소유 토지를 팔아버리는 조선인들이 속출했습니다. 조선인들이 방매하는 토지는 근방의 일본인 대지주들이 헐값으로 매집했습니다.

일제강점기를 거치는 동안 일본인들의 토지 소유는 급속하게 증가했습니다. 이는 토지조사사업이 창출한 제도적 환경, 일제의 권력적 강제와 지주 중심적 농업정책, 그리고 일본인 대지주의 토지 겸병 의지가 함께 작용한 결과입니다. 토지 수탈이라는 용어 외에는 이 현상을 표현할 말이 없습니다.

수리조합 구역 내 일본인 대지주 농장에서 농사를 지었던 소작농들은 물샐틈없는 지배체계 아래에서 농사를 지으면서, 다른 지역보다 더 무거운 60% 소작료까지 부담했습니다. 그 결과 수리조합 구역 내 일본인 대지주는 수리개선에 따른 생산성 상승의 이익을 마지막 한 방울까지 짜낼 수 있었고, 그렇게 조선인 소작농을 들들 볶아서 걷은 쌀을 직접 또는 미곡상에게 팔아서 일본으로 이출했습니다. 이는 쌀 수탈이라는 말 외에는 달리 표현할 방법이 없습니다.

　　조선인 1인당 쌀 소비량은 산미증식계획 기간을 거치면서 현저하게 감소했습니다. 이 시대를 연구한 학자들은 대부분 이를 '기아 이출'의 증거로 봅니다. 하지만 김낙년 교수는 이에 대해 희한한 해석을 내놓습니다. 조선 농민이 비싼 쌀을 팔고 대신 값이 싼 잡곡을 더 소비한 것은 맞지만, 이는 생활수준의 하락을 뜻하지 않는다는 것입니다. 쌀 판매금으로 다른 소비나 저축을 더 했다는 주장입니다. 이 주장은 경제학원론에서 배우는 초보적인 경제이론과 배치됩니다. 쌀은 우등재이고, 잡곡은 열등재이기 때문에, 일제강점기에 조선 농민의 소득이 증가하고 생활수준이 향상됐다면, 재화의 속성상 당연히 쌀의 소비량은 늘고 잡곡의 소비량은 줄어야 합니다. 그러나 김 교수는 반대로 주장해서 자신의 주장이 억지라는 것을 스스로 증명했습니다.

김낙년 교수는 쌀 소비 감소가 생활수준의 하락을 뜻하는 것이 아님을 강변한 절 바로 다음에, 조선 농민이 왜 그렇게 가난에서 벗어나지 못했는지 설명하는 절을 배치했습니다. 그가 제시하는 이유는 두 가지입니다. 하나는 조선의 농업 생산성이 낮았다는 것이고, 다른 하나는 지주제가 강고하게 유지되어 소작농의 지위가 열악했다는 것입니다. 김낙년 교수는 조선 농민의 경제 형편에 관해 생각이 오락가락하고 있습니다. 앞에서는 산미증식계획으로 쌀 생산량이 증가하고 대규모 쌀 수출시장이 열려서 조선 농민의 소득이 증가하고 생활수준도 올라갔다고 주장하다가, 뒤에 가서는 낮은 농업 생산성과 지주제 때문에 조선 농민이 가난에서 벗어나지 못했다고 이야기하니 말입니다.

김낙년 교수는 지주제가 강고하게 유지된 원인을 전통사회 이래의 함정, 즉 토지에 비해 인구가 과잉이었던 데서 찾습니다. 일제의 지주 중심적인 농업정책과 지주의 소작료 수탈 등 명백한 사회적 원인이 존재함에도 그에 관해서는 일절 언급하지 않고, 농촌 인구의 증가라는 일종의 자연현상을 단일 원인으로 꼽는 점이 특이합니다. 일제강점기에 발생한 소득 증가와 생활수준 향상 등 긍정적인 현상은 일제의 경제정책 덕분이고 가난과 같은 부정적인 현상은 조선 전통사회에서부터 비롯됐다고 본다는 점에서 그의 견해는 식민사관의 재판再版에 지나지 않습니다.

산미증식계획 기간에 대가 없이 무력으로 빼앗는 쌀 수탈은 없었습니다. 그 기간의 쌀 이출은 형식상 '자발적' 거래를 통해 이뤄졌습니다. 하지만 일제강점기 말이 되면 총독부는 강제적으로 조선 농민의 쌀을 수매해서 일본으로 이출하거나 군용미로 공급하는 쌀 공출제도를 시행합니다. 공출제도 아래에서 조선 농민은 쌀을 자유롭게 판매할 수 없었고, 정해진 할당량을 강제로 공출해야만 했으며, 나중에는 자가소비용 쌀까지 압수당했습니다. 그런 점에서 쌀 공출은 이영훈 교수나 김낙년 교수가 말하는 '수탈'에 해당합니다. 명백한 쌀 수탈이 1939년부터 1945년까지 자행됐는데도 두 사람은 이에 대해 일절 언급하지 않습니다.

공출제도가 강화되면서 생산량 대비 공출량의 비율은 해가 갈수록 올라갔습니다. 이와 같은 공출 비율의 상승은 조선의 쌀 생산이 크게 감소하는 가운데 일어났습니다. 그 결과 농가 보유쌀은 크게 줄어들었고, 1인당 쌀 보유량도 격감했습니다. 일제는 쌀 공출 강화 때문에 생기는 농가의 식량 부족을 만주산 잡곡과 공출 잡곡의 환원 배급으로 해결하고자 했습니다. 그러나 만주산 잡곡의 수입은 제대로 이뤄지지 않았고 조선의 잡곡 생산량도 지속적으로 감소했기 때문에, 환원 배급에 의한 농가 식량 보충은 계획대로 이뤄지지 않았습니다.

공출 쌀을 최대한 확보해야만 했던 총독부는 관헌을 시켜 죽창을 들고 농가를 찾아가서 숨긴 쌀이 없는지 수색하게 할 정도로 가혹한 수탈을 자행했습니다. 이에 관해서는 일본 정부 보고서나 조선 내 지방경찰의 일일보고 등에 기록이 남아 있기 때문에, 《반일 종족주의》 필자들도 감히 반박하지 못할 것입니다. 일제강점기 쌀 공출제도는 수탈을 어떻게 정의하든 명백히 일본이 조선 농민에게서 쌀을 강제로 빼앗아간 수탈 정책이었습니다. 이런 엄청난 수탈의 역사에는 눈을 감은 채, 조선은 일본에 쌀을 수탈당한 것이 아니라 자발적으로 수출했다고 주장하는 것이야말로 '진짜 거짓말'입니다.

《반일 종족주의》에서 한일 청구권 협정을 주로 다룬 주익종 박사는 국제법적으로 한국은 식민지 피해에 대한 배상을 요구할 수 없는 입장이었으며, 한국만이 아니라 일본도 청구권을 갖고 있었다고 주장합니다. 하지만 이는 잘못된 법 해석입니다. 국제법적으로 조약은 체결 당사국 간에만 법적 효력을 갖기 때문에, 조약 당사국에서 배제된 한국은 조약 준수의 의무에서 벗어나 있었습니다. 그러므로 한국은 오히려 얼마든지 식민지 지배의 책임을 물을 수 있는 국제법적 지위를 확보하게 된 것입니다. 일종의 역사적 아이러니입니다. 샌프란시스코 조약 제4조 (b)항에 따라 이미 일본은 미 군정이 한국에서 행한 일본인 재산의 몰수가 유효함을 인정했습니다. 한일 청구권 협정 협상 당시 일본은 역청구권을 주장할 입장이 아니었음에도 협상 과정에서 그렇게 한 것은 한국의 대일 청구권을 최소화하기 위한 교섭 요령의 일환이었습니다.

주익종 박사는 한일 청구권 협정 협상 과정에서 한국이 청구할 수 있는 금액이 얼마 안 된다는 사실이 드러났다는 주장도 합니다. 하지만 제시하는 근거가 모두 당시 일본 측이 내놓은 반박 자료입니다. 협상 당사자들이 상대방의 주장을 반박하면서 그 요구액을 최대한 줄이려는 것은 당연한 일임에도, 주 박사는 일본의 반박과 주장에 대해 한 치의 의문도 제기하지 않고 100% 수용해 버립니다. 협상이 무상 3억 달러, 유상 2억 달러의 경제협력 자금 제공으로 타결된 것도 한국 측 주장이 다 틀렸고 일본 측 주장이 다 맞아서 그리된 것은 아닙니다. 거기에는 경제개발 자금이 절실했던 박정희 정권의 사정, 동북아 원조에서 일본의 역할을 원했던 미국의 적극적인 개입과 압력, 식민지 지배에 대한 배상 요구를 두려워했던 일본 측 사정이 복합적으로 작용했습니다.

청구권 협정으로 일체의 청구권이 완전히 정리됐으며 한국 대법원이 청구권 협정을 위반했다는 말은 주익종 박사의 일방적인 주장입니다. 협정 체결 후 한일 양국 정부는 협정문 해석에서 식민지 피해에 대한 손해배상 청구권은 '해결된 권리' 속에 포함되지 않았다는 데 의견이 일치했습니다. 민사상 채권·채무 관계로 인한 보상 청구권에 대해서도 일본 정부는 협정 체결 후 30여 년간 외교 보호권이 소멸했을 뿐 개인 청구권은 소멸하지 않았다는 입장을 유지했습니다. 물론 이 문제에 관해서는 현재 학계 논쟁이 진행 중이지만, 샌프란시스코 조약과 한일 청구권 협정의 관계나 '해결된 권리'에 대한 한일 정부의 해석을 고려할 때 식민지배에 대한 손해배상 청구권과 민사상 피해 보상에 대한 개인 청구권은 소멸하지 않았다고 판시한 한국 대법원의 입장이 더 타당합니다. 전체적으로 주익종 박사의 논리에는 큰 모순이 존재합니다. 앞에서는 청구권 협정이 민사상 재산의 반환, 채권의 상황을 처리하기 위한 것이었다고 하고서, 뒤에 가서는 청구권 협정으로 일체의 청구권이 소멸했다고 주장하기 때문입니다. 식민지 지배로 인한 피해가 아예 의제가 되지 않았으니, 식민지 지배에 대한 손해배상 청구권까지 소멸하는 일은 일어날 수 없었습니다.

2018년에 한국 대법원이 내린 강제동원 노동자 소송에 대한 확정 판결은 주익종 박사와 이영훈 교수에게는 길 가다가 걷어찬 돌부리와도 같았습니다. 그들이 《반일 종족주의》 여기저기에서 유난히 대법원 확정 판결을 유독 물고 늘어지는 것은 그 판결이 그들이 기를 쓰고 은폐해야 할 역사적 진실을 명확히 밝히고 있기 때문입니다.

이영훈 교수는 일본군 위안부제의 본질을 민간의 공창제가 군에 의해 동원되고 편성된 것으로 파악하면서 그것을 한국 사회 매춘업의 장기 역사 가운데 위치시킵니다. 이렇게 하는 것은 중대한 전제를 받아들이는 것과 같습니다. 바로 '일본군 위안부=매춘부'라는 인식입니다. 위안부로 끌려가기 전의 여성이 매춘부가 아니었다면, 일본군 위안부제는 당연히 매춘업의 역사와 따로 떼어서 파악해야 합니다. 사실 '일본군 위안부=매춘부'라는 주장은 일본 극우세력의 단골 메뉴입니다.

일본군 위안부제가 공창제의 일환이었다는 말은 민간 매춘업자의 영업소를 일본군이 활용했다는 뜻입니다. 위안소 운영에 대해 일본군이 통제하기는 했으나, 위안부 모집과 위안소 운영은 어디까지나 민간 주선업자와 민간업주의 책임 아래 이뤄졌다는 것입니다. 만약 이 주장이 옳다면, 일본군의 책임은 크게 경감됩니다. 하지만 윤명숙 박사는 ① 일본군 상층부가 군 위안소 설치를 지시·허가 확충한 사실, ② 위안부 모집·이송에 일본 정부와 군이 직간접적으로 관여·협력·통제·감독한 사실, ③ 군 위안소 운영을 일본군이 통제하고 감독했다는 사실을 들어 일본군 위안부제는 일본군이 저지른 성폭력의 한 형태이자 국가가 저지른 전쟁범죄라고 단정합니다.

이영훈 교수와 주익종 박사는 위안부 문제를 다룰 때도 토지조사사업을 다룰 때와 똑같은 방법을 사용합니다. 폭력적 위안부 모집의 정의를 '사냥하듯 끌고 가는 강제연행'으로 좁혀놓고는 그런 일이 있었다는 명백한 증거를 찾을 수 없으니, 일본군 위안부 제를 일본의 전쟁범죄로 보기 어렵다는 결론을 끌어내는 것입니다. 위안부 모집 방식에 치중해서 일본의 국가책임을 부정하는 것은 일본 극우파의 오래된 입장입니다.

이영훈 교수는 위안부 피해자 할머니들의 증언 내용이 시간이 가면서 달라진다는 사실을 지적하면서 일본군에게 노예사냥을 당하듯 끌려갔다는 증언을 대부분 조작된 것으로 봅니다. 주익종 박사는 후기로 갈수록 유괴·약취·납치로 위안부가 됐다는 증언의 비율이 높아지는 것을 근거로 할머니들이 정대협 연구자의 구미에 맞게 대답했다고 주장합니다.

1990년대 초 정대협의 조선인 군위안부 증언 조사에 주도적으로 참여했던 안병직 선생은 정대협 조사자들이 위안부 피해자 할머니들의 증언을 자기 입맛대로 조작하기는커녕 오히려 반대로 진상을 파악하기 위해 최대한 노력했음을 증언한 바 있습니다. 조사자들은 증언의 한계를 잘 인지하고 있었고 그 한계를 극복하기 위해 밀착 조사, 5, 6차례 이상의 면접 조사, 기록자료를 활용한 확인 등의 과정을 거쳤습니다. 한계를 극복하기 어려운 경우에는 조사를 중단하기까지 했습니다. 정대협 조사자들의 태도는 충직함 그 자체였습니다.

이영훈 교수는 위안부 문제 서술에서 문옥주 할머니를 매우 중요하게 다룹니다. 그런데 그 문옥주 할머니가 자신은 일본인 헌병, 조선인 헌병, 조선인 형사에게 강제연행됐다고 증언했습니다. 이영훈 교수는 문옥주 할머니의 다른 증언은 다 받아들여 활용하면서도 이 증언만은 믿기 어렵다며 잘라버립니다. 그리고는 어머니나 오빠의 승낙 하에 주선업자에 끌려간 것을 그렇게 둘러대었다고 단정합니다. 하지만 문옥주의 일대기에는 이영훈 교수의 이런 주장을 정면으로 부정하는 내용이 나옵니다. 어머니나 오빠는 문옥주를 데려가라고 승낙한 일이 없습니다.

이영훈 교수는 군 위안부 모집이 주선업자와 보호자 사이의 합의로 이뤄졌다고 봅니다. 민간 주선업자가 여인을 모집할 때 보호자의 취업승낙서가 필요했는데, 그들이 가난한 호주들을 만나서 감언이설로 유혹하며 약간의 전차금을 지급하면 호주들은 마지못해 또는 얼씨구나 하고 딸이나 동생을 위안부로 넘겼다는 것입니다. 이렇게 되면 일본군은 위안부에 대한 책임을 완전히 면제받게 됩니다. 일본군 위안부제가 일본의 전쟁범죄임을 전면 부정한 셈인데, 문제는 이처럼 전복적인 주장을 하면서 직접적인 증거를 하나도 제시하지 않는다는 사실입니다.

일본군 위안부 모집 시 가난한 아버지가 딸을 팔아넘긴 케이스가 있었습니다만, 극소수였습니다. 조선에서는 딸을 파는 관습이 거의 없었습니다. 피해자들은 대부분 취업 사기나 폭력으로 딸을 빼앗기며 절규하는 부모의 모습을 증언했습니다. 이영훈 교수와 주익종 박사가 극구 위안부 피해자 증언의 가치를 깎아내리려 하는 이유는 다른 연구자들처럼 위안부 피해자의 증언을 자료로 하여 분석하면 두 사람의 주장은 아예 설 자리를 잃어버리기 때문입니다. 위안부 모집에서 모집업자에 의한 취업 사기의 경우가 많기는 했지만, 두 사람이 극구 부정하는 일본군에 의한 강제연행도 실제로 행해졌습니다. 일본군과 조선총독부는 민간 모집업자에게 범죄를 교사하며 측면 지원하는 역할을 넘어서 협박과 폭력으로 직접 '범행'을 벌인 경우도 많았으니, 아무리 면죄시켜 주고 싶어도 그럴 수가 없는 일입니다.

이영훈 교수는 조선인 위안부를 끌려가서 속박당하고 착취당했던 무능력한 존재가 아니라, 자유를 누리며 자신의 인생을 개척했던 사람들로 성격을 재규정합니다. 그에 따르면, 위안소는 위안부들에게 수요가 확보된 고수익의 시장이었습니다. 조선인 위안부들은 그 시장에서 돈을 꽤 잘 벌었고, 외출 시 그 돈으로 고급 물품을 사기도 하고 고향에 송금하거나 저축하기도 했습니다. 그들에게는 폐업의 자유도 보장됐습니다. 한마디로 위안부들은 "전쟁특수를 이용하여 한몫의 인생을 개척한 사람들"이었습니다.

이영훈 교수는 문옥주가 악착같이 꽤 많은 돈을 벌었으며, 인기가 있고 능력이 있는 위안부였다고 말합니다. 문옥주는 랑군

에필로그

회관이라는 위안소에 있으면서 장교클럽에도 자주 불려가곤 해서 돈을 많이 벌었다고 합니다. 그 돈으로 외출을 나가서 제법 비싼 물품을 사기도 했고, 고향에 송금하고 저금도 했습니다. 1945년 9월에 문옥주의 저금 총액은 2만 6,551엔에 달했는데, 그 금액은 이영훈 교수의 계산법으로 하면 현재가치 약 8억 3,000만 원에 해당합니다. 1944년 여름 전차금도 상환하고 계약 기간도 만료된 문옥주는 동료 5명과 함께 귀국길에 올랐다가 베트남 사이공에서 귀국선에 타지 않고 다시 랑군회관으로 되돌아갔습니다. 이를 두고 이영훈 교수는 위안부 생활은 어디까지나 위안부 자신의 선택과 의지에 따른 것이었다고 해석합니다.

하지만 문옥주 할머니는 위안소 관리인에게서 급료를 거의 받지 못했습니다. 관리인은 위안부들이 건네주는 표를 받기만 하고 돈을 한 푼도 주지 않았다는 것이 할머니의 증언입니다. 문옥주는 급료가 아니라 군인들에게서 받은 팁으로 저금을 했던 것입니다.

전쟁 말기 버마에서는 하이퍼 인플레이션이 발생했습니다. 일본군과 일본 기업이 동남아 현지에서 군표와 남방개발금고권을 남발하여 전쟁물자를 대량으로 조달했기 때문입니다. 당시 동남아에서 가장 높은 물가 상승률을 보인 곳은 버마입니다. 1941년 12월을 기준으로 할 때 1945년 8월 도쿄의 물가는 1.56배로 오른

데 그친 반면, 버마 랑군의 물가는 1,856배로 폭등했습니다. 문옥주는 아무 가치 없는 루피 군표를 돈이 될 것으로 착각해 열심히 저축했던 것입니다. 그 돈은 엔이라 불렸지만, 실은 루피였습니다.

일제는 하이퍼 인플레이션이 일본과 조선으로 파급되는 것을 막기 위해, 송금액 제한, 강제 현지 예금 제도, 조정금 징수, 예금 동결, 인출 제한 등 지역 간 자금 이동을 차단하는 조치를 취했습니다. 위안부들이 조선과 일본으로 송금한 돈도 예금 동결과 인출 제한의 대상이 되어, 수령인이 매월 조금씩밖에 인출할 수 없었습니다. 전쟁 말기에 운 좋게 귀국한 위안부가 군표와 남방개발금고권을 일본은행권이나 조선은행권으로 교환하려 할 경우에도 제한액 이상은 강제적으로 예금시켰습니다. 이와 같은 상태에서 일본의 조선 지배는 종말을 맞았습니다. 현지에 남아 있던 위안부가 갖고 있던 군표와 남방개발금고권은 연합군이 통용 무효를 선언하고 소각을 명령함으로써 모두 가치를 상실했습니다. 문옥주 할머니의 저금은 대부분 일본 엔으로 교환할 수 없는 '그림의 떡'이었던 셈입니다. 게다가 문옥주는 그 얼마 안 되는 돈조차 한 푼도 인출하지 못했습니다.

이영훈 교수는 《일본인 위안소 관리인의 일기》를 근거로 위안부들이 열심히 돈을 모아 본가에 송금하거나 저축했으며, 위안부의 폐업도 자유로웠다고 주장합니다. 그는 위안소 관리인이었던 박치근이 여러 차례 요코하마정금은행을 통해 위안부의 돈을 대신 송금했다고 쓰고 있습니다. 송금액이 1만 1,000엔에 달했던 사례도 언급합니다. 마치 조선인 위안부들이 돈을 많이 벌어서 저금도 하고 고향의 가족들에게 수시로 송금도 한 것 같은 느낌을 받습니다. 하지만 유감스럽게도 이는 사실이 아닙니다.

박치근이 버마 칸파치 클럽에서 근무할 때 쓴 일기에는 단 한 번 요코하마정금은행에 가서 위안부 2명의 저금을 했다는 기록밖에 나오지 않습니다. 따라서 칸파치 클럽의 위안부들은 저금이나 송금을 부탁할 형편이 아니었다고 볼 수 있습니다. 반면 박 씨가 싱가포르 키쿠수이 클럽에서 근무할 때 쓴 일기에는 저금했다는 기록이 8차례, 송금했다는 기록이 10차례 나옵니다. 하지만 저금에 대해서는 요코하마정금은행에 했다고만 기록했을 뿐 누가 얼마를 했는지는 밝히지 않았습니다. 10차례의 송금 기록은 모두 폐업했거나 폐업이 결정된 위안부의 부탁으로 본인 또는 그 가족에게 송금한 경우입니다. 키쿠수이 클럽 위안부 가운데 위안부 생활을 하는 도중에 돈을 벌어 수시로 송금을 부탁한 사람은 없었습니다. 박치근이 키쿠수이 클럽 관리인으로 근무하던 기간에 위안소를 떠나 고향으로 돌아간 위안부는 총 14명이었는데, 그 절반인 7명만이 박 씨에게 송금을 부탁했습니다. 그렇다면 나머지 폐업 위안부는 빈손으로 귀국했다는 말이 됩니다. 게다가 7명

중 2명은 소액 송금이었습니다.

　이영훈 교수는 교에이 위안소 출신 위안부 20명과 업주 부부 2명을 심문한 미군 심문기록, 즉 '미 전시정보국 49번 보고서'에 위안소가 군에 의해 편성된 공창제로서 고노동, 고수익, 고위험의 시장이었음을 뒷받침하는 내용이 들어 있다고 말합니다. 그 증거로 문단 하나를 인용문처럼 제시하는데, 사실 그 문단은 미군 심문기록에 나오지 않는 것입니다. 그것은 미군 심문기록 몇 군데서 뽑은 문장을 합쳐서 마치 한 문단인 것처럼 꾸며놓은 것으로, 뽑힌 문장도 원문 그대로가 아니고 앞뒤가 잘린 채 교묘하게 각색되어 있습니다. 한마디로 이 교수의 미군 심문기록 활용은 왜곡과 과장 그 자체입니다.

　게다가 이 교수는 그 심문기록 자체가 문제가 많다는 사실을 밝히지도 않습니다. '미 전시정보국 49번 보고서'는 지금까지 발견된 포로 심문 보고서 가운데 유독 문서 작성자의 주관적 편견과 느낌을 과도하게 담고 있습니다. 동남아시아 번역통역부가 동일한 사안을 두고 새로 작성한 보고서에는 미군 심문기록에서 드러나는 주관적인 평가나 편견이 섞인 내용은 모두 빠져 있습니다. 새 보고서 작성자가 그 부분을 읽고는 문제가 있다고 판단했던 것으로 보입니다. 이영훈 교수는 두 종류의 위안부 관련 심문 보고서가 존재한다는 사실을 익히 알면서도, 주의를 기울여 해석해야 할 보고서만 가지고 논의를 진행합니다. 이미 스스로 정해놓은 답이 있었다는 말 외에는 설명할 방법이 없습니다.

2.

《반일 종족주의와의 투쟁》은 《반일 종족주의》에서 필자들이 했던 무리한 주장을 순화하고 보완하는 내용을 일부 담고 있습니다. 그러나 이전 책에서 보여준 오만과 거짓은 새 책에서도 여전합니다. 《반일 종족주의와의 투쟁》에서 이영훈 교수는 문재인 대통령이 평소 외교 철학을 담아 운명공동체 발언을 한 것을 빌미로, 대통령이 친중 사대주의에 빠져 있다는 둥 유라시아 대륙을 거쳐온 혁명사관을 품고 있다는 둥 남한에서 못다 이룬 민족·민주 혁명의 길을 꿈꾸고 있다는 둥 마구 모함하는 내용을 아무렇지 않게 쓰고 있습니다. 침소봉대의 전형이요, 몽땅 거짓말입니다. 《반일 종족주의》에서는 한국 국민더러 샤머니즘에 빠져 있다고 비난을 퍼붓더니 《반일 종족주의와의 투쟁》에서는 중세적 환상과 광신이 한국 국민을 사로잡고 있다고 탄식합니다.

일제 식민지 지배를 상찬하는 수위는 더 높아졌습니다. 1912년 일제가 조선민사령과 조선형사령을 공포한 것을 계기로 한국인은 비로소 법 앞에 평등한 자유인으로서 사권을 행사하기 시작했고

자의적이며 폭압적인 재판 권력으로부터도 해방됐다며, 그 해를 한국 근대의 출발점으로 삼습니다. 일본 법원에 소송을 제기해 자유로운 개인으로서 자기 권리를 당당하게 행사한 강제동원 피해자들을 두고, 옛날 일본에서는 그런 경우 목을 쳤다느니 몇 푼의 돈을 위해 신생국 국민이 원 지배국에 가서 소송을 제기해 모국의 명예를 훼손했다느니 막말을 퍼붓습니다.

토지조사사업에 관한 실증 연구가 깊이 진행된 오늘날, 신고주의를 이용한 토지 수탈이나 민유지 약탈을 통한 국유지 창출을 주장하는 역사학자는 거의 없습니다. 그런데 《반일 종족주의와의 투쟁》에서는 《반일 종족주의》에서와 마찬가지로 토지 약탈을 강조한 조정래 작가와 신용하 선생을 집중적으로 공격합니다. 부조적 수법을 구사한다는 것은 알겠는데, 역사학계의 통설을 외면한 채 계속해서 두 분에게 화살을 겨누는 집요함을 어떻게 이해해야 할지 모르겠습니다.

《반일 종족주의와의 투쟁》에서는 저도 비판의 대상이 됩니다. 제가 《반일 종족주의》를 비판하는 칼럼에서 '대가 없이 강제로 빼앗는 약탈'과 '제도와 정책을 통한 수탈'을 구분해야 한다고 주장했던 것에 대해 김낙년 교수가 "형식 논리의 모순", "앞뒤가 맞지 않는 얘기"라고 반박한 것입니다. 서로 다른 현상을 달리 구분해서 표현하자는 지극히 상식적인 생각을 그렇게 폄하하다니 이해할 수가 없습니다. 김낙년 교수가 지적하는 이른바 '형식 논리의 모순'을 피하려면 한 가지 방법밖에 없습니다. 바로 일제의 경제적 수탈은 없었다고 주장하는 것입니다. 김 교수는 '수탈=대가 없이 강제로 빼앗는 것'이라는 좁은 개념에 매여서, 다른 방식으로 빼앗는 일이 얼마든지 가능하다는 사실을 인정하지 않습니다. 단어가 함축하는 의미를 좁게도, 넓게도 규정할 수 있다는 언어학의 기초 상식을 모르는 것입니다.

《반일 종족주의와의 투쟁》에서 김낙년 교수는 간단한 계산으로 일제가 추진한 수리조합 사업에 경제성이 있었음을 입증하고자 했지만, 집계치가 갖는 함정을 인식하지 못했습니다. 저는 오래전에 쓴 논문에 실린 통계표로 김낙년 교수 주장이 틀렸음을 증명했습니다. 많은 지역의 조선 농민들이 수리조합 사업 때문에 손해를 보고 몰락해갔다는 것이 역사의 진실입니다. 저는 김낙년 교수가 저를 비판한 〈주간조선〉 칼럼에서 식민지 지주제 확대와 소작농 빈곤의 원인으로 식민지 경제정책이나 지주의 소작료 수탈과 같은 사회적 요인을 무시한 채 오로지 농가 인구의 증가만을 제시하는 것을 비판한 바 있습니다. 그가 경제학 개념을 운운하며 이런 주장을 펼치길래 저는 도대체 무슨 경제학 이론인지 밝혀달라고 요청했습니다. 하지만 《반일 종족주의와의 투쟁》에서 김 교수는 저의 요청에 일언반구 대답도 없이 기존 서술을 그대로 반복합니다. 그래서 저는 일제가 실시한 산미증식계획이 조선 농민의 소득을 늘렸다는 주장을 뒷받침하는 "현재의 경제학 개념"이란 도대체 무엇인지 다시 묻고 싶습니다.

《반일 종족주의와의 투쟁》 7장에서 주익종 박사는 신일철주금 소송 원고 네 분의 행적으로 추적하여 그분들이 애초에 소송을 제기할 자격이 없었음을 입증하고자 합니다. 원고 두 분의 진술 녹취록과 일본제철의 미불금 공탁 보고서 등을 근거로 주 박사는 그분들이 자유 응모로 일본에 갔고, 일본제철 오사카제철소에서의 생활은 힘들기는 했지만 강제노동과 감금으로 고통을 받았다고 할 수는 없으며, 임금은 제대로 지급되었다고 주장합니다. 대한민국 대법원이 지적한 '반인도적 불법행위'는 없었다는 것이 주익종 박사의 결론입니다.

그러나 주 박사의 분석에는 결정적인 하자가 존재합니다. 그는 강제동원 피해자가 남긴 진술 녹취록을 부조적 방법으로 활용합니다. 자신이 원하는 내용은 의도적으로 과장해서 부각하고 원치 않는 내용은 일절 언급하지 않습니다. 일본제철의 미불금 공탁 보고서에 심각한 결함이 있다는 사실은 익히 드러났음에도, 주 박사는 이를 완전히 무시합니다. 실상은 주 박사의 주장과는 정반대였습니다. 신일철주금 소송 원고들은 모집에 응해 일본에 가기는 했으나 출발 당시부터 관헌과 지도원의 감시를 받았고, 오사카제철소에서는 구타와 감시, 그리고 강제노동에 시달렸으며, 임금은 소액의 용돈 외에는 손에 쥐어보지도 못한 채 전액 강제저금을 해야만 했습니다. 주 박사는 오사카제철소가 미불금 공탁 시에 강제저금을 공탁에서 제외하는 바람에 공탁 보고서에는 미불금이 대폭 축소되어 기재됐다는 사실을 무시한 채, 미불 예금을 가진 조선인 노동자는 많지 않았다는 둥 조선인 노동자는 임금을 제대로 다 받았다는 둥 미불 예금이 비교적 많은 것으로 드러난 소송 원고 두 사람은 나이가 어린 편이라서 급여 중 상당액을 강제저금한 예외적인 경우에 해당한다는 둥 파격적인 주장을 늘어놓습니다. 하지만 이는 모두 거짓입니다. "툭 건드리기만 해도 쓰러지는 수수깡 집"을 만든 것은 한국 대법원이 아니라 주익종 박사 자신입니다.

《반일 종족주의와의 투쟁》에서도 위안부 관련 서술은 이영훈 교수 몫입니다. 이 교수는 새로운 통계표를 제시하고 《반일 종족주의》에서 밝히지 않았던 새로운 사실을 소개하며 자신의 기존 주장을 보강하려고 시도합니다. 그러나 그의 시도는 별로 성공적이지 않은 것 같습니다. 이영훈 교수는 약취·유괴 범죄에 관한 통계를 근거로, 원래부터 창기, 작부, 예기, 여급이었던 여인들이 위안부로 갔던 경우가 적지 않고 위안부 모집업자들이 각종 서류를 구비해 형식 요건을 갖추었기 때문에 훈방되거나 무죄 판결을 받았다는 결론을 내리지만, 이는 정말 번지수를 잘못 찾은 경우입니다. 왜냐하면 위안부 약취·유괴는 검거 대상이 아니었고 따라서 이 통계표에는 당연히 위안부 약취·유괴 통계가 빠져 있기 때문입니다.

이영훈 교수는 한 번 더 잘못된 통계표를 사용합니다. 그는 국제우편환 관련 통계표를 가지고 동남아로부터의 송금과 조선에서의 송금액 인출에 제약이 가해진 시기를 가려냅니다. 하지만 그 통계표에는 은행 송금액, 즉 은행환 통계가 빠져 있기 때문에, 그것만 가지고 위안부 송금액의 인출에 대한 제약이 언제부터 생겼는지 정확하게 판단할 수 없습니다. 저는 1940년대 전반 동남아와 일본·조선 간 물가 동향의 차이에 비추어 은행환에 대해서는 훨씬 이전부터 인출 제약이 가해졌을 것으로 추측합니다. 이영훈 교수가 만든 통계표는 은행환에 가해지던 인출 제약이 마침내 소액 송금인 우편환에도 적용되기 시작했고 그 시기가 1944년이었음을 말해줄 뿐입니다. 이영훈 교수는 이렇게 취약한 근거를 가지고 "1944년 5월까지 개인의 수만 엔 정도의 송금과 인출에는 큰 제약이 없었"다는 중대한 결론을 내립니다. 용감한 것인지 무모한 것인지 모르겠습니다.

《반일 종족주의와의 투쟁》에서는 근거 자료가 보강되고 논조도 일부 순화되기는 했지만, 부조적 수법과 과장·왜곡, 그리고

에필로그

거짓말은 여전히 드러납니다. 그래서 저는 '《반일 종족주의와의 투쟁》과의 투쟁'을 벌이지 않을 수 없었습니다.

3.

이 책에서 저는 《반일 종족주의》와 《반일 종족주의와의 투쟁》의 필자들이 펼친 전복적인 주장 가운데 대표적인 것들에 대해 검토했습니다. 그들의 논리가 정합성을 갖는지, 사료가 그들의 주장을 뒷받침하는지, 사료의 활용 방법이 적절한지 등에 초점을 맞추었습니다. 그 결과 저는 《반일 종족주의》와 《반일 종족주의와의 투쟁》의 내용이 예상보다 너무 형편없다는 결론에 다다랐습니다. 자가당착, 사료 왜곡, 억측 등이 너무 많아서, 과거에 제가 알던 이영훈, 김낙년, 주익종이 맞나 하는 생각이 들 정도였습니다. 한국의 역사학계와 사회학계를 몽땅 거짓말하는 집단으로 매도하면서 어떻게 이런 허술한 논리와 실증을 보여줄 수 있는지 정말 의아합니다. 한 사회의 다수가 공유하고 있는 역사적 상식에 의문을 제기하려면 논리와 실증 양면에 빈틈이 없어야 합니다. 하지만 《반일 종족주의》와 《반일 종족주의와의 투쟁》은 그 양면에서 모두 불합격입니다. 저는 그 이유를 논리와 실증 양면에서 일일이 밝혔습니다. 그러니 앞으로 두 책의 필자들은 기존 주장을 계속하려면, 제가 이 책에서 제시한 반박 논리와 증거를 제대로 뒤집어야 할 것입니다.

이영훈, 김낙년, 주익종 세 사람이 말하는 '한국인은 반일 종족주의에 빠져 있다', '토지 수탈은 없었다', '쌀 수탈도 없었다', '한일 협정으로 한국인의 대일 청구권은 모두 소멸했다', '일본군 위안부제는 전쟁범죄가 아니다', '일본군 위안부는 성노예가 아니었다' 등의 주장은 모두 사실이 아닙니다. 보통의 한국 사람이 알고 있는 대로 그 반대가 사실입니다. 독자 여러분은 이들이 통계와 실증에 능하다고 하니, 또 저명한 학자들이 그토록 강하게 주장한다고 하니, '어? 혹시 내가 틀렸나?' 하고 잠시 헷갈렸을 수 있습니다. 하지만 안심하십시오. 여러분이 이미 알고 있는 역사적 상식이 진실입니다. 물론 우리가 배운 역사적 상식에는 과장도 있고 오류도 있습니다. 하지만 그것은 상식을 뒤집을 정도의 잘못은 아닙니다.

《반일 종족주의》와 《반일 종족주의와의 투쟁》의 필자들은 세상을 뒤집을 듯한 기세로 한국 사람, 한국 학자, 한국 재판관들을 거짓말쟁이라고 질타했지만, 정작 자신들이 책 곳곳에서 거짓말을 쏟아냅니다. 이런 말이 성립할지 모르지만, 반일 종족주의가 아니라 이들의 혐한 종족주의가 문제입니다. 이들이 딛고 있는 기반이 얼마나 허약한지는 이들이 제시하는 현실 인식과 대안 제시

에필로그

에서 여지없이 드러납니다.[1]

　대표 필자 이영훈 교수는 반일 종족주의 때문에 이 나라의 경제, 정치, 사회 모든 방면에서 위기에 빠졌다고 주장합니다. 경제가 감속 성장의 추세를 밟은 지 20년이나 됐다며 한탄하기도 합니다. 한국 경제의 실태와 특질을 알지 못하는 아마추어 집권 세력이 분배 지향과 규제 일변의 정책을 고집하고 있어서 앞으로 더 어려워질 것처럼 예측합니다. 박근혜 탄핵에 대해서는 국민의 절반이 비통의 눈물을 흘렸다며 가슴 아파합니다. 그 때문에 앞으로 엄청난 갈등이 이어지고 파국이 초래되리라고 예견합니다. 거창한 진단을 하지만, 문제를 해결할 대안을 제시하지 않습니다. 대안으로 자유를 부르짖는 것 같은데, 정책 대안이라고 할 만한 내용은 하나도 말하지 않습니다. 제가 애써서 추론해보니, 이영훈 교수의 대안은 이런 정도가 되지 않을까 싶습니다. '국민은 반일 종족주의를 버리고 거짓말하지 말자. 정부는 일본의 심기를 건드리지 말고 잘 협력하자. 그리고 분배 지향과 규제 일변의 정책을 폐기하고 성장 중심의 기업 친화적인 정책을 시행하자. 박근혜 탄핵은 잘못된 것이니 당장 풀어주자.'

1　《반일 종족주의와의 투쟁》에는 '거짓말하지 맙시다!'라는 정도 말고는 대안 제시라고 할 만한 내용이 나오지 않습니다. 따라서 현실 인식과 대안 제시에 관해서는 《반일 종족주의》 중심으로 논의하겠습니다.

경제학자를 자처하는 사람이 선진국이 될수록 경제성장률은 하락한다는 사실도 모르고 있습니다. 문재인 정부가 말로만 소득주도성장과 공정경제를 지향했지 사실은 재벌·대기업의 이해를 일절 건드리지 않고 기존의 성장 정책을 거의 그대로 답습하고 있다는 사실도 깨닫지 못하고 있습니다. 그러니 어떻게 현실에 맞는 경제정책을 제안할 수 있겠습니까? 박근혜 탄핵 때 국민의 절반이 비통의 눈물을 흘렸고 그 때문에 앞으로 큰 위기가 초래되리라고 믿는 대목에서는 실소를 금하기 어렵습니다. 그러니 이영훈 교수가 2020년 4·15 총선의 결과에 대해 어떻게 평가할지 참 궁금해집니다.

《반일 종족주의》에서 주장하는 바가 너무 파격적이고 어조에 자신감이 넘쳐서 뭔가 대단한 내용이 있는 줄 알았습니다. 저도 여기에 대응해야겠다고 생각하면서부터 바짝 긴장했습니다. 그런데 막상 분석을 해보니 그들의 논리와 실증이 너무 허술해서 김이 새버렸습니다. 물론 일본의 우익세력은《반일 종족주의》와《반일 종족주의와의 투쟁》에 엄청난 환호를 보내고 있습니다. 그러나 그것은 책 내용이 훌륭해서가 아니라, 자기들이 할 말을 한국 사람이 그것도 책까지 써서 대신 해주니 고마워서 그럴 따름입니다.

이쯤에서 저로서는 무척 길었던 여정을 마무리하겠습니다. 《반일 종족주의》와《반일 종족주의와의 투쟁》은 한국에서 때때

에필로그

로 출현했던 친일 행각의 연장에 불과합니다. 명백히 친일적이고 자학적인 책입니다. 바라건대 저의 이 책에 대해서 《반일 종족주의》와 《반일 종족주의와의 투쟁》 필진 측으로부터 진지한 학문적 반론이 있으면 좋겠습니다. 학문적 토론이 이뤄지는 가운데 이영훈, 김낙년, 주익종 세 사람이 원래 자리로 돌아가는 일이 생긴다면, 그것은 제게 망외望外의 성과일 것입니다.

참고문헌

- 강병근, 〈국제법적 관점에서 본 일제 강제징용 배상판결의 주요 쟁점에 관한 연구〉, 《저스티스》 143, 2014.

- 강성현, 《탈진실의 시대, 역사부정을 묻는다》, 푸른역사, 2020.

- 국사편찬위원회·한일역사공동연구위원회 한국측위원회, 《일본제철 강제동원 소송기록》 1~3, 2005.

- 김낙년, "'반일 종족주의'에 대한 비판을 비판한다", 〈주간조선〉 2574호, 2019.

- 김창록, 〈한일 '청구권 협정'에 의해 '해결'된 '권리'〉, 《법학논고》 49, 2015.

- 김창록, 〈대법원 강제동원 판결의 위상〉, 《황해문화》 105, 2019.

- 김호경·권기석·우성규, 《일제 강제동원, 그 알려지지 않은 역사》, 돌베개, 2010.

- 도리우미 유타카, 《일본학자가 본 식민지 근대화론》, 지식산업사, 2019.

- 도시환, 〈한일 청구권 협정 관련 대법원 판결의 국제법적 평가〉, 《국제사법연구》 19-1, 2013.

- 마츠모토 다케노리, 〈'식민지근대화론' 논쟁을 넘어가기 위한 귀중한 걸음 — 허수열, 《일제 초기 조선의 농업 — 식민지근대화론의 농업개발론을 비판한다》에 대한 서평〉, 《내일을 여는 역사》 48, 2012.

- 모리카와 마치코 지음, 김정성 옮김, 《버마전선 일본군 '위안부' 문옥주》, 아름다운사람들, 2005.

- 서울대 인권센터 정진성 연구팀, 《끌려가다, 버려지다, 우리 앞에 서다》, 푸른역사, 2018.

- 신용하, 《조선토지조사사업연구》, 지식산업사, 1982.

- 신용하, 《일제 조선토지조사사업 수탈성의 진실》, 나남, 2019.

- 안병직 번역·해제, 《일본군 위안소 관리인의 일기》, 이숲, 2013.

- 안병직·이영훈,《대한민국 역사의 기로에 서다》, 기파랑, 2007.

- 애덤 스미스 지음, 김수행 옮김,《국부론》(상), 비봉출판사, 2003.

- 오타 오사무, 〈한일 청구권 협정 '해결완료'론 비판〉,《역사비평》 129, 2019.

- 윤명숙 지음, 최민순 옮김,《조선인 군위안부와 일본군 위안소제도》, 이학사, 2015.

- 윤명숙, "돈벌이 좋은 개인영업자라니… 일본군 위안소 제도 만들고 소녀들 짓밟은 건 누구인가", 〈한겨레〉 2019년 9월 5일자 칼럼.

- 이영채·한홍구,《한일 우익 근대사 완전정복》, 창비, 2020.

- 이영훈, 〈토지조사사업의 수탈성 재검토〉,《역사비평》 22, 1993.

- 이영훈,《대한민국 이야기》, 기파랑, 2007.

- 이영훈,《대한민국 역사》, 기파랑, 2013.

- 이영훈,《한국경제사》 II, 일조각, 2016.

- 이영훈, "'반일 종족주의' 이영훈의 '위안부' 재반론", 〈주간조선〉 2579호, 2019.

- 이영훈·김낙년·김용삼·주익종·정안기·이우연,《반일 종족주의》, 미래사, 2019.

- 이영훈·김낙년·차명수·김용삼·주익종·정안기·이우연·박상후,《반일 종족주의와의 투쟁》, 미래사, 2020.

- 이타가키 류타·김부자 엮음, 배영미·고영진 옮김,《Q&A '위안부' 문제와 식민지 지배 책임》, 삶창, 2016.

- 이현진, 〈한일회담과 청구권 문제의 해결 방식〉,《동북아역사논총》 22, 2008.

- 전강수, 〈일제하 수리조합 사업이 지주제 전개에 미친 영향〉,《경제사학》 8, 1984.

- 전강수, 〈식민지 조선의 미곡정책에 관한 연구〉, 서울대학교 박사학위 논문, 1993.

- 전강수,《부동산공화국 경제사》, 여문책, 2019.

- 전영길·이성익, 〈토지조사사업을 통한 일제의 토지수탈 사례 연구〉,《한국지적정보학회지》 19-3, 2017.

- 정진성,《일본군 성노예제》, 서울대학교출판문화원, 2016(개정판).

- 정혜경, 〈기억에서 역사로: 일제 말기 일본제철(주)에 끌려간 조선인 노동자〉, 《한국민족운동사연구》 41, 2004.

- 정혜경·허광무·조건·이상호, 《반대를 론하다》, 선인, 2019.

- 한국역사연구회 토지대장연구반, 《일제의 창원군 토지조사사업》, 선인, 2013.

- 한국정신대문제대책협의회 정신대연구회 편, 《강제로 끌려간 조선인 군위안부들》 1, 한울, 1993.

- 한국정신대문제대책협의회 정신대연구회 편, 《강제로 끌려간 조선인 군위안부들》 2, 한울, 1997.

- 허수열, 《개발 없는 개발》, 은행나무, 2005.

- 허수열, 《개발 없는 개발》, 은행나무, 2016(개정 2판).

- 허수열, 〈식민지기 조선인 1인당 소득과 소비에 관한 논의의 검토〉, 《동북아역사논총》 50, 2015.

- 허수열, "식민지 근대화론은 '불편한 진실' 아닌 '불편한 허구'다", 〈한겨레〉 2019년 9월 1일자 기사.

- 호사카 유지, 《신친일파》, 봄이아트북스, 2020.

- 황병주, "동남아시아 번역통역부 심문회보 제2호, 기존 보고서에 근거한 2차 보고서", 일본 '위안부' 문제 연구소 웹진 〈결〉(http://www.kyeol.kr/node/195), 2020.

- 황병주, "미 전시정보국 49번 보고서, 작성자의 주관적 편견이 투영된 보고서", 일본 '위안부' 문제 연구소 웹진 〈결〉(http://www.kyeol.kr/node/196), 2020.

- 《經濟治安日報綴》(국가기록원 소장 자료), 1942.

- 高橋龜吉, 《現代朝鮮經濟論》, 千倉書房, 1935.

- 大藏省管理局, 《日本人の海外活動に關する歷史的調査》, 朝鮮篇 第9分冊, 1946.

- 久間健一, 《朝鮮農政の課題》, 成美堂, 1943.

- 藤井寬太郎, 〈水利組合に對する世評と眞相〉, 《朝鮮》 183, 1930.

- 堀和生, 〈東アジア歷史認識の壁〉, 《京大東アジアセンターニュースレター》 555, 2015.

《반일 종족주의》의 오만과 거짓
ⓒ전강수

초판 1쇄 인쇄 2020년 7월 3일
초판 1쇄 발행 2020년 7월 10일

지은이 전강수
펴낸이 이상훈
편집인 김수영
본부장 정진항
기획편집 고우리
마케팅 천용호 조재성 박신영 조은별 노유리
경영지원 정혜진 이송이

펴낸곳 한겨레출판(주) www.hanibook.co.kr
등록 2006년 1월 4일 제313-2006-00003호
주소 서울시 마포구 창천로 70(신수동) 화수목빌딩 5층
전화 02)6383-1602~3 **팩스** 02)6383-1610
대표메일 book@hanibook.co.kr

ISBN 979-11-6040-396-1 03910